내 훈
(內 訓)

일러두기

1. 이 「내훈(內訓)」 한 책은 조선조 성종(成宗;1457~1494)의 모후
   인 인수대비(仁粹大妃;昭惠王后 韓氏)가 성화을미(成化乙
   未;1475)에 찬술한 책이며,

2. 간행연도는 분명치 않으나 다만 을해자(乙亥字;1456)로 반듯하
   고 아려한 활자로 인쇄 된 것으로 보아 성종연간에 간행된 책으
   로 보인다.

3. 이 책은 성균전적(成均典籍) 심충겸(沈忠謙;1545~1594)에게 내
   사한 내사기(內賜記)가 만력원년(萬曆元年;1573)인 것으로 보아
   임진왜란 때 왜병들이 탈취하여 간 책이 분명하다.

4. 이 책은 1960년대까지 일본 나고야죠(名古屋城) 안에 있는 호사
   분꼬(蓬左文庫)에 소장되어 오던 책을 필자가 1961년에 마이크
   로필름에 촬영해 와서 1969년에 연세대학교 인문과학연구소의
   연구총서 제4집으로 영인 발행한 바 있다.

5. 필자는 1961년부터 1965년대까지 일본에 있는 한국 귀중문헌을
   조사 발굴하여 10여건의 귀중도서를 촬영해다가 영인 광포하면
   서 그 필름을 명저 발간의 명문인 명문당(明文堂) 김동구(金東
   求) 사장에게 기증하였던 바 이번 원본대로 확대 수정하고 연구
   논문을 붙여 영인 발간하는 것이다.

6. 이 「내훈(內訓)」은 15세기 조선귀족 여성들이 지켜야 할 규범을
   담은 교양서이며, 15세기어가 순 국문으로 표기된 언어학적 연
   구 자료서가 된다.

7. 이 책을 영인 간행함에 있어 해제 대신에 "내훈(內訓)에 관한 연
   구"라 제하고, 이 책 속에 담겨져 있는 15세기어 약 520여 어휘
   를 추려 뽑아 신진연구가들의 연구 자료로 제공한다.

8. 이 「내훈(內訓)」은 대학 인문계의 필수도서가 되도록 발간한다.

9. 이 책은 가로쓰기 우향 편집이지만 원본 영인은 세로의 좌향 형
   태이고 판곽 상단에 각각 면수를 표시하였다.

「내훈(內訓)」에 관한 연구

차 례

「내훈(內訓)」에 관한 연구

머 리 말

임진왜란(壬辰倭亂)을 당했을 때 우리의 문화재가 수 없이 일본에 빼앗겨 갔고 그 중에서도 문헌이 더 많이 건너갔다.

이때 일본이 가져 간 문헌은 16세기 이전 우리 선조들이 유전(遺傳)하던 문화재 중에서도 그 내용이나 서지적(書誌的) 가치 뿐만 아니라 인쇄에 있어서도 가장 오래고 귀중한 것들이었다.

임진 후 우리 선조들이 그 문헌을 탐색했으나 대부분 잃은 뒤였고 간혹 남아 있는 문헌에 대해서는 그 뒤 복간(覆刊)하거나 재판(再版) 등으로 다시 발간했지만 그 내용이 달라지고 언어 문자의 표기(表記)가 예와 같지 않을 뿐더러 인쇄에 있어서도 임진전판보다 그 각자(刻字)가 못한 것이 많았다.

이러한 한국의 귀중한 고문헌(古文獻)이 현재 일본이 비장(秘藏)하고 있음은 불행 중 다행한 일이며, 이를 발굴하여 인멸(湮滅)의 직전에 있는 우리의 문화를 계승 보전하는 일은 시대적이요, 국가나 민족적 사명이 아닐 수 없다.

20세기 후반기에 사는 우리가 이를 중계(中繼)하여 민족문화를 부흥 유전하려는 뜻에서 필자는 1961년부터 일본에 여행하면서 이를 발굴하고 촬영하여 왔거니와, 1969년도에 문교부의 연구보조비로 그 중 "내훈(內訓)" 등 10여종 귀중문헌을 발굴 촬영하여 영인(影印), 광포(廣布)하는 동시 이에 조사와 연구를 더하여 논문으로 발표하는 것이다.

이 "내훈"은 15세기 말엽, 조선조 성종(成宗)의 모후인 소혜왕후

(昭惠王后) 한씨(韓氏)가 찬술한 책으로 당시 상류사회 여성을 가르치는 교훈서(敎訓書)요, 서민사회 부녀자에게도 수준 높은 교양서가 되는 문헌이다.

당시의 교양있는 여성들은 이 규잠서(規箴書)대로 언행(言行)하고 생활했다. 따라서 이 문헌은 조선조 여성의 언행과 생활을 알 수 있는 조감도이며 조선시대 여인사(女人史)를 알 수 있는 귀중한 역사서이기도 한 문헌이다.

이 중에는 낡아서 버려야 할 점도 있지만, 아직도 오히려 현대 한국여성들이 배워서 실천해야 할 아취(雅趣)와 한국의 여성미가 담뿍 담겨져 있는 것이다. 그러므로 이를 널리 펴서 알려야 할 중대 사명감이 우리에게 있다.

그런데 이 책은 초간본(初刊本)으로는 국내에서 아직까지 볼 수 없고, 다만 임진 이후의 중간본이 있을 따름이니, 이를 원본대로 영인했고(연세대학 인문과학연구소, 인문과학자료총서 제4집-1969), 이에 연구를 더한 것이다. 이 "내훈 연구"에서는 ① "내훈"의 서지적 고찰. ② "내훈"의 내용과 그 사상적 고찰. ③ "내훈"에 수록된 중요 어휘 색인. ④ "내훈"에 비춰진 조선시대 여인들의 생활상 등으로 구분하여 연구하고 그 Ⅰ, Ⅱ, Ⅲ항은 "인문과학자료총서" 제4집에 발표되고, 그 Ⅳ항은 "아세아여성연구" 제7집에 발표 되었다.

부기; 필자는 일본의 각 문고나 도서관에 있는 우리 옛(임진왜란 전) 귀중 문헌 10여건을 촬영해다가 그 대부분을 영인 해제하여 학계에 발표했고, 그 필름은 판권과 함께 귀중도서 출판의 명문(名門)인 명문당(明文堂)에 기증했다.

Abstract

During the Japanese invasion in the year of Imjin(A.D. 1592), countless items of cultural importance were confiscated by the Japanese government and were taken to Japan. Ancient volumes of priceless value went into the possession of the Japanese along with other items of cultural importance, These 16th century materials were of extreme significance not only from the point of view of their contents but also from the point of view of the history of paper manufacturing and printing.

At the end of the war, our ancestors made frantic efforts searching for these materials; but most of the materials were beyond their reach - they were in the hands of the Japanese. A few remaining volumes were reprinted; but the corruption of the contents, vocabulary, spelling and the poor quality of paper made the reprints incomparable to the originals.

It is extremely fortunate that the priceless, ancient volumes taken to Japan have been kept in good condition. Our national consciousness compels us to try to secure, safeguard and study these works.

It was to accomplish this national goal that the writer of this report has made several trips to Japan since 1961. The Research Grant from the Ministry of Education in 1969 enabled the writer to microfilm "Nae-Hun" in Japan and study it. The thesis, Research on "Nae-Hun" is the result of these studies.

"Nae-Hun" falls into the category of books on etiquette and mannerisms. It was written by empress So Hae, mother of King Song-Jong of the Lee Dynasty, for the purpose of teaching mannerisms and feminine virtues to the woman of the aristocracy at that time. The contents of this book relate the thoughts and behavior of the women of the Lee Dynasty and tell about the status of the women of day to modern Koreans.

We cannot expect the teachings emphasized in "Nae-Hun" to be accepted by modern women. Nevertheless, much of the contents related in this volume still hold true for the women of today who are striving for feminine virtues.

There is another edition of "Nae-Hun" in Korea that was made after the war of 1592, and the microfilm of "Nae-Hun" made by the writer comes closest to the original. A copy made from the microfilm is in the Yonsei University collection(Humanities Research Center, Series of Materials on the Humanities Volume 4, 1969)

The "Research of "Nae-Hun" proposes to shed light on the following points: 1) The study of "Nae-Hun" in terms of the paper itself. 2) The study of the contents and philosophy of "Nae-Hun". 3) Study of the vocabulary of "Nae-Hun". 4) The life and thoughts of the women of the Lee Dynasty reflected in "Nae-Hun".

The first three parts can be found in the "Series of Materials on the Humanities. Vol. 4"(Inmun Kwahak Charyo Chongso) published by the Yonsei University. Humanities Research Center(Inmun Kwahak Yonguso). The last section was published in the Study of Asian Women. Volume 7.

Ⅰ. 「내훈(內訓)」의 서지적(書誌的) 고찰

이 「내훈(內訓)」 3권 4책은 소혜왕후(昭惠王后) 한씨(韓氏)가 궁중(宮中) 비빈(妃嬪)과 부녀자(婦女子)들에게 교훈하기 위해 성종(成宗) 6년(1475년)에 찬술한 책이며, 현재 일본(日本) 나고야(名古屋)의 호사분꾜(蓬左文庫)에 소장되고 있는 유일한 임진전(壬辰前) 판본(版本)이다.

을해자(乙亥字) 활자본(活字本)인 이 내훈은 광곽(匡郭)이 〈32cm×19.5cm〉이고 사주쌍변(四周雙邊)에 9행, 각 행의 자수는 17자요, 주는 쌍행(雙行), 판심(版心)에는 상, 하 화문어미흑구(花紋魚尾黑口)가 있고, 「어본(御本)」이란 주인(朱印)과 「선사지인(宣賜之印)」이 있으며,

만력 원년(선조 6 ; 1573) 12월 일(萬曆元年 十二月 日)

내사 성균관전적 심충겸 내훈1건(內賜 成均館典籍 沈忠謙 內訓一件) 명제사(命除謝) 은(恩)의 내사기(內賜記)가 있다.

이 내훈은 중국의 명(明)나라 인효문황후(仁孝文皇后)의 내훈(內訓)과는 다른 문헌으로 당시 열녀(烈女), 여교(女敎), 소학(小學), 명감(明鑑)은 권질(卷帙)이 아주 많고 번잡하여 초학자에게는 어려우므로 이 네 책 중에서 "손수 뽑아 엮되[親自睿斷]" "그 요긴한 부분만 추려서[撮其切要]" 찬자인 소혜왕후의 교훈을 "엮어 넣어[綴輯]" 모두 7장으로 만든 책인데 그 편차(編次)는 자서(自序)에 이어

1. 언행(言行) 2. 효친(孝親) 3. 혼례(婚禮) 4. 부부(夫婦) 5. 모의(母儀) 6. 돈목(敦睦) 7. 염검(廉儉)으로 나누고 먼저 한문으로 표기하고 국문자로 현토(懸吐)하여 엮은 다음, 이어 국문으로 풀이했다.

찬자의 자서에 의하면 찬술 시기를 성화(成化) 11년(을미(乙未);1475년) 맹동(孟冬) 10월 5일이라 했고 상의(尙儀) 조씨(曹氏)가

발문(跋文)을 쓰되 역시 성화 11년 을미 맹동 10월 5일이라 했다.

　내훈 간행의 경위를 살펴보면,

　① 성종 6년(1475)에 찬술 직후에 반드시 간행되었겠으나 인간(印刊)의 기록을 볼 수 없고 어제(御製)라는 점과 왕후(王后)의 권위, 여성의 필수 긴급한 교양서라는 점에서 또는 이 호사분꼬본이 있음으로써, 성종 때에 간행은 꼭 있었을 것이라고 여겨지며

　그 뒤의 각 문헌 중 내훈 간행의 기사를 종합하여 보면,

　② 중종(中宗) 17년(1522)에 "이를 간행할 것을 명하다[命印之]"한 일이 있고〈중종실록 권44〉

　③ 선조(宣祖) 6년(1573) 4월에 「분(分)」자가 「공(公)」자의 잘못이라는 논의가 있은 뒤 "고쳐 더해 간행할 것을 교서관에 내려 보냈다.[加印出事 下校書館]"〈선조실록 권7〉는 일이 있고,

　④ 동년 6월에 "대전 및 내훈을 을해자로 간행했다.[大全及 內訓 以乙亥字印出]"〈미암일기초(眉岩日記草) 8〉의 기록이 있고,

　⑤ 광해군(光海君) 2년(1611) 3월에 "임금께서 전하기를 내훈…간행하여 널리 배포하라.[傳曰 內訓…印出廣布)]"〈광해군일기 권26〉의 기사가 있은 다음

　⑥ 동년 9월에 "…내훈을 먼저 간행하라 하니…그 작업을 빨리 끝냈다.[內訓 先爲印出…役速畢印]"는 기록이 있고,

　⑦ 효종(孝宗) 7년(1656) 7월에 "삼남 감사에게 분부하여(내훈을) 간행하여 널리 퍼게 분부 하소서 하니, 이에 따랐다.[請令三南監司 刊印廣布…從之]"〈효종실록 권17 증수척주지(增修陟州志)〉라는 기사와 함께

　⑧ 동년 7월에 "내훈과 경민편을 간행하라 명하였다.[命刊行 內訓 及 警民編]"〈국조보감(國朝寶鑑) 권38〉이라는 기사가 있고,

　⑨ 영조(英祖) 12년(1736) 12월에 "여사서와 내훈…교서관에서 간

행하여 바치라"는 …[女四書與內訓…命校書舘印進…] 영조실록 기사들이 있다.

이것으로 보면 「내훈」은 적어도 7차의 간행이 가능했는데 이 중에서 「명인(命印)」이나 "간행할 것을 교서관에 내려 보냈다.[印出事 下校書館]"은 반드시 인출을 의미하지는 못하지만 현존 이본들을 조사해 보면

1) 임진전판 〈호사분꼬본〉

2) 광해군 2년, 즉 만력(萬曆) 38년판(1610) 〈규장각본(奎章閣本)〉

3) 효종 7년, 즉 순치(順治) 병신판(丙申版)(1656) 소재 불명

4) 영조 12년, 즉 건륭원년판(乾隆元年版)(1736) 「어제내훈(御製內訓)」〈서울대도서관 · 봉모당(奉謨堂) 등에 소장됨〉

5) 간년미상(刊年未詳)의 목판본 (일사본) (가람본) 등 5종의 이본을 볼 수가 있다.

그러고 보면 대개가 실록이나 다른 문헌의 간행 기록과 일치하고 있는데 다만 선조 6년 만력원년(萬曆元年)판과 중종 17년판 및 성종대(成宗代) 성화연간(成化年間)의 인간본 세 가지는 그 간행의 여부 및 간행되었다면 소재 여하가 확연치 않다.

이제 이 호사분꼬 소장본인 임진전판을 놓고 보면, 그것은 틀림없이 이 3차의 간행 중 그 어느 한 판본일 것인데, 한 가지 공교로운 일은 이 책의 내사기(內賜記)에는 「만력원년(萬曆元年 ; 1573) 성균관전적(成均舘典籍) 심충겸(沈忠謙)」으로 되어 있는 점이니, 선조 6년의 「명가인(命加印)」의 기록과 일치된다는 사실이다.

그럼에도 불구하고 필자는 결론부터 말해서 이 책은 성화연간(成化年間; 성종 때)에 인출된 것이라고 단정하고자 한다. 그 이유는

첫째, 「내훈」 5종의 이본을 「분(分)」자판과 「공(公)」자판 두 가지로 나눌 수 있는 것인데(필자는 이를 「분(分)」자본과 「공(公)」자본으

로 호칭하고자 한다) 선조 6년(1573) 계유(癸酉) 4월 신유(辛酉)에 유희춘(柳希春) 등이 내훈 제2권(이 책 「의(義)」책의 첫 장 뒷면의 「분지의야(分之宜也)」가 「공지의야(公之宜也)」의 오류라는 상주, 논의가 크게 있어서 이것을 고쳐서 인간하라고 명한 뒤로는 모든 내훈은 모두 「공(公)」자본이요, 선조 6년 4월에 「가인(加印)」하기 이전 책은 모두 「분(分)」자본이 되는 책들이지만 이 호사분꼬본은 「분(分)」자본으로 선조 만력원년(萬曆元年)판은 아님이 확실하고, 그러면 범위는 더 좁아져서 중종 17년판이나 성화연간판(成化年間版)임이 틀림없다.

이 두 가지 중에서도 성화연간판이라는 이유는 무엇인가. 그것은

둘째, 표기문자(表記文字) 특히 방점문제(傍點問題)이니, 이 내훈에 표기된 문자 특히 한자음(漢字音)만 보더라도 훈민정음(訓民正音) 당시처럼 반드시 초중종성(初中終聲)의 삼성합자(三聲合字) 원칙으로 표기했고, 거기에 「ㆆ」이나 순경음(脣輕音) 「ㅱ」「ㅸ」(종성(終聲)에)을 사용한 점(例; 後=흫, 姻=힌, 禮 =롕)과 또 어휘 중 다른 문헌에서는 보기 드문 「감ㅎ다」(식사하다), 「그윗금(公金)」, 「그리메」(그림자), 「넙쎠이」(경우없이), 「다ㅅ자식」(이붓자식), 「다ㅿ다」(사랑하다), 「므스기」(무엇), 「방쌔ㅎ다」(방자하다), 「셗」(직분), 「혀기」(작게) 등 희귀 어휘가 있는 점, 또는 방점(傍點;성조표기(聲調表記)이 성종 때인 15세기 것이라는 점이다. 따라서 이 호사분꼬본은 성종 때 간행이라는 결론이 생긴다. 하기야 성종 때 찬술한 어제(御製)를 중종대에 와서 어제대로 인간할 수도 있겠으나 방점(傍點)은 인간(印刊) 때 성음학적(聲音學的) 협조가 아니면 어려운 일이다.

셋째, 희귀 활자인 을해자(1455)판을 썼다는 점이요,

넷째, 왕후의 어제라는 점에서 찬술 직후에 그 왕후로서 위력이나 권세로 보아 국고를 기울여 인출치 않을 수 없었겠고,

다섯째, 중종 17년의 "이를 간행하라고 분부[命印之]"의 기사 속에 "궁중에 장서했던 한 건(책)[內藏一件]"이란 말이 나오니, 이 내장일건이 이미 성종 때에 인간되었던 사실을 말해주는 것이다.

그와 관련해서 중종 때에는 "인간하라[命印之]"는 말은 있지만 간행 기록과 간행본을 볼 수 없다는데도 이 책이 성종 때 간행본이라는 심증을 굳혀주는 것이라 하겠다.

그런데 선조 6년(1573)에 성균관전적(成均館典籍) 심충겸(沈忠謙)에게 내사(內賜)한 내사기는 어찌된 일일까? 생각건대, 중종 때도 「출내장일건」이란 말이 있듯이 내장했던 책 중 성화연간 판본을 인순왕후(仁順王后;명종비)의 동생이요, 청림군(靑林君)인 사양당(四養堂) 심충겸(沈忠謙)에게 선사(宣賜)한 것으로 밖에 인정되지 않으며 내사는 반드시 간행 때에만 행해지는 것이 아니고 궁중에 내장했던 것을 간행 직후가 아니라도 선사(宣賜)하는 일도 있던 것으로 보여진다.

이상의 내훈들을 간판별(刊版別;간행 가능 포함)로 종합하여 보면,

① 임진전판본(壬辰前版本) 〈을해자(乙亥字)본〉

ㄱ. 성화간 판본(成化刊 版本)

성종 때에 간행했다면 현재 부전(不傳)이거나 호사분꼬본(3권 4책)이 그 판본일 것이다.

ㄴ. 가정 간본(嘉靖 刊本)

분자본(分字本)으로 중종(中宗) 17년에 간행되었다면 그것은 어제대로 인간하였겠고 표기법이나 성종 때 것이겠으나 현재 부전이거나 또는 이 호사분꼬본이 그것이 되겠다.

ㄷ. 만력 간본(萬曆 刊本)

성종조판을 그대로 선조 6년 만력원년(1573)에 분자(分字)를 고치지 않고 간행했다면 이 호사분꼬본이 그것이 되겠고 성종조판을 그대로 재판한 것이 되겠다.

② 임진전판(壬辰前版) 「공자(公字)」본(3권 3책)

선조 6년 만력원년에 「공(公)」자 등을 "몇 군데 다시 고쳐서 간행[數更加印]"하여 간행을 명한 것이다.(간행되었다면 현재 부전)

③ 만력 39년(1611) 「공자(公字)」판본

국내본으로 가장 오래된 이 판본은 규장각본(奎章閣本)인 광해군(光海君) 3년(만력 39년)판 4부 각 3권 3책인데 훈련도감(訓練都監) 활자본으로〔광곽(匡郭) 33.1cm×21cm〕 사주쌍변 9행 17자에 주는 쌍행, 판심은 상하〔화문어미(花紋魚尾)〕이고,

성화을미 맹동유일(成化乙未 孟冬有日)에 찬자(撰者)인 소혜왕후가 자서(自序)하고 상의(尙儀) 조씨(曹氏)의 발(跋)이 또한 성화을미 맹동 10유 5일로 되어 있으며 선사지인(宣賜之印)과 만력 39년(1611) 7월 일의 내사기가 있는데 지금 서울대학 도서관, 규장각도서 4부 중 한 부는 「교서관(校書舘)」〈결장(缺張)〉, 1부는 「오대산상(五臺山上)」에 내사했던 것이고 2부는 내사기가 없다. 그리고 이와 같은 판본이 이왕궁(李王宮) 장서각(藏書閣)과 경희대학 도서관에도 한 부씩 있다 하며 조윤제(趙潤濟), 강주진(姜周鎭), 김형규(金亨奎) 제씨에게도 각각 낙질(落帙)된 것이 있다고 한다.

④ 순치병신(順治丙申) 중각본(重刻本)

효종(孝宗) 7년〔순치(順治) 13년(1656)〕 7월에 명간포(命刊布)한 것인데,

"내훈과 경민편을 간행하라고 분부하셨다. 내훈은 곧 소혜왕후의 지으신 것이요, 경민편은 김안국이 지은 책이니, 이 두 저술은 모두 미풍양속의 좋은 법도를 더해주는 책이다.[命刊布 內訓及警民編 內訓卽 昭惠王后所撰也. 警民編卽 金安國所撰也 此二書 皆有補化俗之道]"〈국조보감 권38(國朝寶鑑 卷38)〉
라고 하였으나 현재 그 소재를 알 수 없다.

⑤ 어제내훈(御製內訓) 3권 3책〈건륭판본(乾隆版本)〉

영조(英祖) 12년(건륭원년;1736) 9월 상순에 영조가 친히 병서(併序)한 중간본(重刊本)이고 그 이름도 「어제내훈(御製內訓)」으로 되고 호사분꼬본에 비하면,

　　㉠ 체재가 달라진 점〔조씨(曺氏)의 발문(跋文)이 호사분꼬본은 순한문으로만 되었던 것이 이 책에서는 국역되었다.〕
　　㉡ 표기문자가 달라진 점(이미 △, ㆆ, ㅇ, ㅱ, ㅸ 등과 방점이 없어지고 한자음 표기에 있어서 무성음의 종성표기가 없어졌다.)
　　㉢ 서문이 하나 더 붙은 점
　　　"「어제내훈소지」 내훈 7편은 곧 우리 소혜왕후가 지으신 교훈의 책이요, 그 서문도 왕후가 손수 지은 것이다. 발문 중에 '인수'라는 두 자는 성종 때의 동궁의 비라는 존호이다. 세월이 오래되어 전하는 「내훈」이 적어져서 이에 운각에 명령하여 황명문황후(중국 명나라) 내훈도 함께 간행하여 널리 펴면서 그 대략을 적는 바, 이는 소자(영조)가 영원토록 추모하면

서 미풍양속을 더해주려는 뜻일 따름이다. 병진년(1736) 국
추(9월) 상순에 절하며 삼가 쓴다.[御製內訓小識. 內訓七編卽
我 昭惠王后編述垂訓之書 而其序文亦 聖后所自製 跋文中 仁
粹二字 成廟時 上 東朝之尊號也 歲月寢久 所傳者鮮矣 玆令藝
閣 並與 皇明文皇后內訓 刊行廣布 略記其槪 是小子永世追慕
以補風化之意云爾 歲丙辰菊秋上浣 拜手 謹識]"의 서문이 더
있다.

㉣「분(分)」자(字) 시비 이후 「분(分)」자가 「공(公)」자로 고쳐진
점 등이 다르다.

개주갑인자(改鑄甲寅字) 활자본 광곽(32.6cm×21.5cm) 1엽
10행, 각 행 17자, 판심상하화문어미, 「건륭 2년(1737) 6월
24일 내사홍문관(內賜弘文館)」의 내사기가 있다. 이와 동일
한 판본은 창덕궁(昌德宮) 봉모당(奉謨堂) 소장본〈현재 종묘
(宗廟)에 이장(移藏)〉과 국립도서관, 서울대 도서관에도 각각
한 책씩 전해지고 있으며 일사문고에도 동일판 낙질 1책(권2)
이 있다.

⑥ 기타(其他) 판본(版本)들

◎ 일사문고본(一簑文庫本) 권1 목판본, 낙질본, 간년 미상, 사주
쌍변 국곽(21cm×14.6cm) 9행, 17자 판심 상하세화문어미(上
下細花紋魚尾).

◎ 가람문고에도 같은 본 낙질 1책이 있다.

끝으로 이 호사분꼬본은 임진전판이라는 특징 외에 모든 「내훈」이
3권 3책인데, 이 책은 3권 4책(제2권 부부장(夫婦章)을 상, 하로 나
누어 제본했음)이라는 다른 점이 있고, 그 내사기가 「만력 원년 12

월 일, 내사성균관전적심충겸(內賜成均舘典籍沈忠謙) 내훈일건 명제사(命除謝) 은(恩)」「좌승지신(左承旨臣) 정(鄭)〔화압(花押=수결)〕〔유일(惟一)〕」과 「어본(御本)」이라는 주인(朱印)과 「선사지인(宣賜之印)」의 인장이 찍혀 있다.

이 어본(御本)이 사양당(四養堂) 심충겸(沈忠謙)에게 선조(宣祖) 6년 12월에 내사되었는데 선조실록의 「명가인(命加印)」은 4월이요, 미암일기초(眉岩日記草)의 기록인 「용을해자인출(用乙亥字印出)」은 6월이다.

임진왜란 때 어가(御駕)를 모시고 의주(義州)까지 피난 갔던 심충겸(沈忠謙;1545~1594) 더구나 인순왕후〔仁順王后;명종비(明宗妃)〕의 동생이며, 심의겸(沈義謙)의 아우인 청림군(靑林君)이요, 예조좌랑과 병조참판을 지낸 심충겸(沈忠謙)의 책이 임진란(壬辰亂) 때 일본에 유출되어 우리를 침공했던 풍신수길(豊臣秀吉)의 후계자인 덕천가강(德川家康)의 그 후손가(後孫家) 문고 삼가중(三家中) 하나인 호사분꼬에 유전되고 있다는 사실을 여기에 표해 둔다.

이 소혜왕후의 내훈의 큰 보람은 그것이 부녀자들을 위한 교훈서임에 그치지 않고

   ㉠ 풍부한 어휘와 정확한 표기법(表記法)으로 국역(國譯)되어서 15,6세기어 연구에 귀중한 자료서가 되고,

   ㉡ 성인(聖人) 현비(賢妃)들과 패아(悖兒) 난녀(亂女)들의 이야기를 통하여 당시의 궁중 물정이나 사회상을 알 수 있는 민속학적 내지 사학적인 자료서가 되며,

   ㉢ 서지적인 면에 있어서도 희귀한 임진전판으로 미려한 을해자를 사용한 활자본이라는 점이 귀한 것이요,

   ㉣ 보기 드물게도 궁중 후비(后妃)로서 이러한 저술을 손수 지었다는 점이 값진 것이라 하겠다.

⑦ 「내훈」 간행에 대한 조선왕조실록의 기록

「내훈」을 간행한 그 경위(經緯)에 대하여 살펴보면, 저술완료가 성종 6년〔성화을미(成化乙未), 1475〕인 것은 소혜왕후의 친서(親序)에 「성화을미맹동유일(成化乙未孟冬有日)」이라 했고, 조상의(曹尚儀) 의 발문(跋文)에도 「성화을미맹동십유오일」이라 한 것으로써 확연하고 그 간행에 대해서는 기록이 모호할 뿐만 아니라 유례 드물게 내사기(內賜記)도 간행연월과 틀림을 본다. 먼저 간행에 대한 기록을 필자가 조사한대로 열거하여 보면

(1) 중종실록(中宗實錄) 권 44(중종 17년 임오, 1522년 2월) 신축에

"교서관이 아뢰기를, 황후의 내훈(중국 내훈)을 발간하라 명하시나 그러나 책이 없으니 무엇으로 근거삼아 하리오 하니, 임금께서 소장하고 있던 책 1권을 내어주시며 간행하라 명하셨다.[校書舘啓曰 皇后內訓 命印出 而無本 可憑何以爲之 上 出內藏一件 命印之]"라 하여 내장본 1건(內藏本 一件)으로 "간행을 분부[命印之]"한 기사가 있고,

(2) 선조실록(宣祖實錄) 권 7(선조 6년 계유, 1573년 4월 신유)에

"희춘(유희춘)이 말하기를, 지난번 내훈 제2권의 분(分)자가 옳다고 한 일은 분자는 본래 공(公)자의 잘못된 것으로서 임금께서 여교(女敎)의 본문을 참고하여 바로잡으라 하셨기에 신이 홍문관에 물러나와 고징해 보니, 방씨의 여교에도 과연 분(分)자로 되어 있으니 내훈에는 이미 오자로 되어 있는지라, 청하옵건대 궁중에 내장본으로 되어있는 몇 책도 고쳐서 간행함이 어떠하오리까 하니, 임금께서 비단 궁중에 있는 책뿐이겠는가? 이미 반포된 책들도 역시 다소 고쳐 넣으라…임금께서 전교하시되 학부에서 판단하여 간행하되 내훈도

더 고쳐서 인간하라고 교서관으로 내려보냈다.[希春曰 傾日 內訓第二卷 分所宜也 分本公字之誤 上敎 以爲宜考女敎本文 臣退考弘文舘 方氏女敎則果分字 內訓旣有誤字 請內入件 數更加印何如 上曰 非但內入之件 頒賜之件 亦少可更添入也…上傳敎曰 學䎘通辨開刊及 內訓加印出事 下敎書舘]"이라 하여 분자(分字) 시비와 "몇 차례 다시 간행"을 하명한 기사가 있고,

(3) 미암일기(眉岩日記) 초(草) 8(계유, 1573년 6월 초2일)에

"교서관에서 아뢰기를, 「대전」과 「내훈」은 을해자로 간행하였고, 내훈이 이루어진 뒤 장인을 나누어 2부를 다음 해 여름에 완성하였다.[校書舘啓曰 大全及內訓 以乙亥字印出 內訓畢後 分匠人二部 以明夏功訖]"이라 한 내훈(內訓) 인출(印出)의 기사가 있고,

(4) 광해군일기(光海君日記) 권 26(광해군 2년, 1611년 3월삭 정축)에

"임금께서 전하시기를, 내훈은 곧 우리 왕조의 선대 왕후가 지으신 책이니 전하지 않음이 없게 하되 외간 유처를 방문하여 완질이 되게 수집하여 간행하여 널리 펴라.[傳曰 內訓乃我朝 先后親纂之書 不可使之無傳 外間有處訪問 聚集作爲完帙 印出廣布]"하여 책 있는 곳을 방문하여 인출하라는 기사가 있고,

(5) 광해군일기(光海君日記) 권 33(광해군 2년, 1611년 경술 9월 19일 신유)

"교서관이 말하기를, 「용비어천가」, 「내훈」, 「서전」, 「시전언해」, 「유선록」 등 서적은 좌전을 간행한 뒤 마땅히 이어 간행하겠으나 이 책 중 어느 서적을 먼저 하오리까? 전교하기를, 「서전언해」, 「내훈」을 먼저하고 「용비어천가」, 「시전언해」, 「유선록」을 잇대어 간행하되 단지 서책을 인쇄 출판하는 일은 예년처럼 일을 함부로 하지 말

고 금후는 각별히 독촉하여 역사를 빨리 끝내도록 하라.[校書舘日 龍飛御天歌 內訓 書傳 詩傳諺解 儒先錄等書 待左傳畢印 當爲繼印 此册中何書先印乎 傳日 書傳諺解 內訓 先爲 龍飛御天歌 詩傳諺解 儒先錄 鱗次繼印 但書册印出之役動輕茹年事涉玩惕 今後各別 催督 役速畢印]"라 하여 서책(書册) 인출의 순번에 대한 기사가 있고,

(6) 효종실록(孝宗實錄) 권 17(효종 7년 ; 1655년 7월 갑술)에

"이후원이 말하기를, 내훈은 곧 소혜왕후가 지으신 책인데 여러번 의 변란에 없어지고 겨우 여염집에 남아 있은즉 선대의 일에 관계되 는 것이니, 반드시 깊이 생각해서 그 수명을 전할 것인데 음풍명월 의 작품들을 모아 엮어서 간행하면서 황차 조종조의 아름다운 말씀 과 좋은 교훈서는 인멸되어 없어질 판이니 이 어찌 애석한 일이 아 니리오.

청하옵건대, 삼남 감사에게(이 책을) 간행하여 널리 펴도록 영을 내려주옵소서!

상감께서 이 책은 전에 들은 바 없으니 따라서 본적이 없으니 경 이 널리 구해 듣고 보고하여 삼남감사로 간행하여 펴도록…이에 따 랐다.[李厚源日 內訓乃昭惠王后所撰之書也 屢經變亂絶無 而僅有閭 閻之人 若係先世之事則 必思所以壽其傳 至於吟風明月之作 亦皆鳩 聚刊行 況且祖宗朝嘉言善訓 若至於泯沒無傳則 豈不惜哉 請令三南 監司刊印廣布 上日 此書前未有聞 亦不得見 卿須廣加聞見 而求得送 于三南使之刊布…從之]"라 하여 삼남감사(三南監司)에게 인간(印刊) 을 명하는 기사가 있고,

(7) 국조보감(國朝寶鑑) 권 38(효종 7년 7월)에

내훈과 경민편을 간행하여 널리 펴라는 분부기사가 있고(기사는 전계했음)

(8) 영조실록(英祖實錄)(영조 10년 ; 1734 12월 신유)에

"상감께서 말하기를, 중국 당본인 여사서와 내훈은 옛 성왕이 정치하던 일과 다르지 않으니, 반드시 바른 집안의 책으로써 규수의 모범으로 임금정치의 근원이 되므로, 이 책을 간행하여 펴는 일 같은 것은 반드시 규범을 더해주는 것이니 차례로 언문으로 번역하여 알기 쉽게 하고 교서관에서 인쇄해 바치라 하니 제조 이덕수를 시켜서 번역시켰다.[上曰 唐本女四書 與內訓 無異古昔聖王之治 必以正家爲本閨梱之法 乃王化之源 此書若刊布則 必有補於閨範 而第有諺釋然後可易曉 命校書舘印進 使提調李德壽諺釋]"라는 중국 여사서와 함께 간포하되 여사서는 번역 후 간행하라는 기사가 있고,

(9) 동(영조 12년 9월 무자)에

"상하 여사서 친제 서문을 홍문관 제조 이덕수가 언역해서 기입한 뒤 간행하라고 분부했다.[上下女四書 親製序文 命弘文提調李德壽諺記入刊]"라 하여 여사서에 어제서문(御製序文)했다는 기록이 있다.

이것으로 보면 「내훈」은 적어도 7차례 간행이 가능했는데 이 중에서 「명인(命印)」이나 「인출사하교서관(印出事下校書舘)」은 반드시 인출을 의미하지는 못하지만 현존 이본들을 조사해 보면,

　① 임진전판(1475)
　② 선조 6년 만력 원력판(1573)
　③ 광해군 2년인 만력 38년판(1610)
　④ 효종 7년인 순치병신판(1650)
　⑤ 영조 12년인 건륭원년판(1736)〈어제내훈〉
　⑥ 간년(刊年) 미상의 목판본(木板本;가람본) 등 5종의 이본을 볼 수 있다.

그리고 보면 대개가 실록이나 다른 문헌의 발간기록과 일치하고 있는데, 다만 선조 6년(만력 6년판)과 중종 17년판 및 성종대(成宗

代;성화연간)의 인간본(印刊本) 세 가지는 그 간행의 진부 및 간행되었다면 소재 여부가 확연치 않다.

다만 한자음의 성조표기(聲調表記)인 방점(傍點) 문제에 있어서는 전술한대로 성종 때 간행한 내훈임이 확실하다.

이숭녕(李崇寧) 박사는 「성조체계(聲調體系)의 붕괴과정(崩壞課程)의 고찰(考察)」이란 논문에서

> 「내훈(內訓)은 갑류형(甲類型)의 성조표기(聲調表記)가 우세하나 을류형(乙類型)과의 혼용(混用)으로 이루어진 특기할 문헌이다.」

> 「내훈(內訓)은 갑을양류(甲乙兩類)의 혼용이란 독특한 성조형(聲調型)을 형성한 것이어서 16세기에 영향을 남긴 것이나 성종시대는 갑을양류형(甲乙兩類型)이 일부의 교차를 보이면서 대립되었고 또 중간적 위치에 양류형혼용(兩類型混用)의 내훈식 성조표기(聲調表記)가 있어…」

라고 내훈의 독특한 성조표기가 성종대의 것임을 논단하고 있다. 따라서 이 호사분꼬본은 성종대 간행이라는 결론이 생긴다. 앞에서 말한대로 성종 때에 찬술한 어제(御製)를 중종 때에 와서 어제대로 복간할 수도 있겠으나 방점(傍點)만은 을해자처럼 할 수가 없는 것이다.

또 왕후의 어제라는 점에서 찬술 직후에 그 위력이나 권세로 보아 국고를 기울여 인간치 않을 수 없었으리라는 점도 주목할만하고,

중종 17년의 "간행하라[命印之]"의 기사 속에 「내장일건(內藏一件)」이란 말이 나오니, 이 내장 한 건이 이미 성종대에 간행되었던 사실을 말해주는 것이라 하겠다.

그런데 선조 6년(1573)에 성균관전적(成均舘典籍) 심충겸(沈忠謙)에게 내사(內賜)한 내사기(內賜記)는 어찌된 일일까? 생각건대, 중종 때도 "내장한 한 건을 내어주다.[出內藏一件]"라는 말이 있듯이

내장했던 책 중 성화연간판본을 인순왕후(仁順王后 ; 明宗妃)의 동생이요, 청림군(靑林君)인 사양당(四養堂) 심충겸(沈忠謙)에게 선사(宣賜)한 것으로 밖에 인정되지 않으며 내사는 반드시 간행 때에만 행해지는 것이 아니고 군중에 내장했던 것을 선사(宣賜)하는 일도 있던 것으로 보여진다.

II. 「내훈(內訓)」의 내용 고찰

1. 여훈서(女訓書)인 「내훈(內訓)」

동양에 있어서 여훈서는 중국 고대 「예기(禮記)」의 '곡례(曲禮)'에서부터 시작되며 후대로 내려오면서 시대의 예속과 관습에 맞도록 개신하여 여러 종류의 여성 교훈서가 저작 발간되어오다가 이 「내훈(內訓)」 3권 4책은 성종(成宗) 6년(1475) 성화(成化) 11년 을미(乙未) 10월에 소혜왕후(昭惠王后) 한씨(韓氏)가 찬술한 비빈(妃嬪), 부녀(婦女)들의 교훈서(敎訓書)로서 일본 나고야(名古屋)의 호사분꼬(蓬左文庫)에 소장되어 온 책이며, 현재 유전되고 있는 「내훈」 중 가장 오래고 유일하게 남아 있는 임진전판본이다. 미려한 을해자를 써서 정확한 표기법과 성조(聲調;방점)로 풍부한 15세기어를 수록하여 당시의 궁중과 여성사회의 모습을 전하는 자료적 문헌이기도 한 책이다.

저자인 소혜왕후(昭惠王后;1437~1504)에 대하여는 전항에서 약술했지만 더 상세한 행장을 살펴보면, 청주인(淸州人) 좌의정(左議政) 한확(韓確;1400~1456)의 따님으로 세종정미(世宗丁未;1437)에 출생하여 세조을해〔世祖乙亥;1455 단종(端宗) 3년〕에 덕종(德宗;추존왕) 이장(李暲)의 비로 수빈(粹嬪)에 책봉되고 성종(成宗)을 낳아

성종신묘(성종 2년, 1471)에 덕종(德宗) 추숭(追崇)과 함께 인수대비
(仁粹大妃)에 책봉되었다가 연산군(燕山君) 10년(1504)에 나이 68
세로 승하한 왕비이다.

세조의 맏며느리였던 소혜왕후는

"규수로서 부덕과 행실이 보람되게 나타나 역대 왕후 중에 유례를
볼 수 없는 비빈[閨德夙顯 歷代后妃中 無比類爲妃嬪]"이던 왕후로
엄격한 유교의 가문에서 생육하고 부덕(婦德)을 닦아 수빈(粹嬪)에
책봉된 뒤로는 언행이 법도에 어긋남이 없고, 효도가 지극하여 세조
대왕께서는 항상 효부(孝婦)라고 칭찬하는 한편 「효부(孝婦)」라는
인장(印章)까지 만들어 하사했었다고 전한다.

「내훈」의 발문을 쓴 상의(尙儀) 조씨(曹氏)는

"인수대비전하(후의 소혜왕후)는 세조가 동궁에 있을 때부터 양궁
(세조와 세조비)을 모시었는데 주야로 게으름 없이 서책을 베껴 썼
고 비빈으로서 더욱 삼가며 부도를 닦으며 수라상을 보살피고 그 좌
우를 떠나지 않고 챙겼으므로 세조대왕이 늘 효부라고 칭찬할 뿐만
아니라 도장까지 '효부'라고 새겨서 내려주어 효도를 표시해 주었
다. 천성이 엄정하여 왕손들을 양육할 때도 조금만 잘못해도 엄호하
는 일 없이 엄격하게 다스려서 세조의 내외께서는 폭빈(暴嬪)이라고
농담하셨다.[仁粹大妃殿下 自在世祖大王潛邸承事兩宮 晝夜靡懈及
冊寫 嬪尤謹婦道執御饌 不離左右 世祖大王常稱孝婦 造賜孝婦圖書
以顯孝焉 天資嚴正 所育王孫等少有過失 略不掩護卽正誡飭 兩宮戲
名暴嬪]"라고 소혜왕후의 인품과 교훈의 모습을 쓰고 있다. 그는
"나면서 엄정하여[天資嚴正]" 효부로 이름 높을 뿐만 아니라 왕손들
훈육에도 준엄 성실했던 것으로 이 발문에서 보듯이 세조대왕 양궁
(兩宮)께서는 폭빈(暴嬪)이라고 별명까지 붙였다는 것이다.

이러한 기사는 연려실기술(燃藜室記述)〈권5 소혜왕후〉에도 기록

되어 있지만 소혜왕후는 한마디로 말해서 철저한 유교적 규범 속에서 자라나서 몸소 그 법도대로 언행하면서 살아간 조선조 때 귀족 규수의 전형이요, 유한정정(幽閑貞靜)과 엄격불란(嚴格不亂)한 궁중 비빈의 대표자이었다.

동시에 그는 아내로서는 임사(姙姒)의 덕과, 어머니로서는 맹모(孟母)의 위의(威儀)와 며느리로서는 효부의 도(道)를 모두 겸비한 귀족의 규방여성이었으며, 궁행실천에서 그치지 않고 많은 비빈과 왕손들을 교훈한 훈도자요, 그 교훈을 장장 330여장으로 찬술한 내훈 저술자이기도 하다.

그는 그때의 유교적 범주 속에서 남존여비의 관념에 이의 없었고, 경순(敬順)과 인종지리(忍從之理)에 만족했으며 그러면서도 "흥망성쇠가 부인의 숨겨진 덕의 여하에 달렸다"라고 주장한 여성이었다.

따라서 여성의 무지에 대하여 통탄하고, 배워 아는 것만이 천금의 값이 있다고 다음과 같은 교화적 정념과 내용으로 내훈을 저술한다고 자서(自序)하고 있다.

"… 치란흥망이 비록 남자들이 어질고 사나움에 달렸지만, 또한 여자가 어질고 사나움에도 매인 일이므로 가르쳐주지 않을 수 없다. 무릇 남자는 뜻을 넓고 큰 곳에 두고 여러 사람들과 사귀는 중에 스스로 시비를 가려가며 자기를 지킬수 있으니 더 내가 가르칠 일이 아니지만, 여자는 그렇지 못해서 고작 길쌈의 굵고 가는 것을 아는 정도이고 부인의 덕목과 행실에 대하여는 모르므로 위태로운 바라, 이것이 나의 한탄하는 일이므로…"

그래서 이 내훈을 찬술한다고 했다.(이하 원문 생략)

또 국조보감(國朝寶鑑) 권38 효종 7년 7월조에서는 "… 내훈은 소혜왕후가 지으신 책이요, 경민편(警民篇)은 김안국(金安國)이 지은 책인데 이 두 책은 모두 "미풍양속을 더해주는 길잡이다."라고 하였고,

'영조실록' 〈영조 10년 12월 신유(辛酉)〉에서는

"상께서 말하기를, 당본 여사서와 내훈은 옛 성인이 통치하던(규범)으로 반드시 모범 집안의 본보기가 될 것이고, 임금이 나라 다스리는 근본이 될 것인즉, 이 책을 간행하여 널리 펴는 일은…"
라는 기사들이 있어서 내훈의 간행 취지나 내용에 대하여 언급하고 있다.

저자인 소혜왕후는 또 말하기를,

"옥석(玉石)에 다를 이치는 없지만(理無之殊), 즉 옥석동궤(玉石同匱)이지만 난초와 쑥은 다르니(有蘭艾之異), 제 몸 닦는 일을 힘써 극진히 해야 하느니라."
라고 교훈했다.

그리하여 "잘 다스리느냐? 어지러우냐? 흥하느냐? 망하느냐?는 그 지아비가 밝으냐, 어두우냐에 달린 것이나 또한 부인의 덕이 감춰져 있는가, 아닌 가에도 달려 있으니 가르치지 않을 수 없는 것이다.[治亂興亡 雖關夫主之明闇 亦繫婦人之藏否 不可不敎]"하여 교화의 긴박함을 말하고 있다. 당시 부녀자들에게 읽히고 있던 교잠서(敎箴書), 교양서로서는 「소학(小學)」이나 「사서(四書)」가 있었지만 그것도 대부분 남자들이 읽었고, 여성은 극히 소수의 귀족여성에 한하여 읽히고 상류계급 여성들에게는 간혹 「여계(女誡)」〈후한 조소찬(後漢 曹昭撰)〉, 「여논어(女論語)」〈당 송약소찬(唐 宋若昭撰)〉, 「내훈(內訓)」〈명 인효문황후찬(明 仁孝文皇后撰)〉, 「여범(女範)」〈명 주천구찬(明 朱天球撰)〉 등을 읽혔으나 이 역시 순한문임으로 어려워서 배우는 사람이 적었다. 후일 영조 때에 이덕수(李德壽)가 이 네 책을 언역(諺譯)하여 합친 것을 「여사서(女四書)」라고 하여 많이들 읽었지만 그것도 조선조 후기의 일이고 보면, 조선조 전기에 읽을 만한 책이란 「열녀전(烈女傳)」, 「여교(女敎)」, 「명감(明鑑)」 등이었

으며 이 또한 권질(卷帙)이 방대하고 한문인 까닭에 깨치기 어려움
으로 소혜왕후는 여기서 「소학(小學)」, 「열녀(烈女)」, 「여교(女敎)」,
「명감(明鑑)」의 네 문헌 중에서 꼭 필요한 말만 추려서 일곱 장으로
저술한 것이 이 「내훈」이니 상하를 막론하고 부녀자에게는 유일한
교양 교훈서이던 것이다.

이러한 내훈 찬술의 취지는 당시의 상의(尚儀)이던 조씨(曹氏)의
발문에도 소상하니

"오래도록 즐거운 생활을 하면서도 여성들이 무지함을 걱정하여
틈 없이 가르쳐 깨치게 하되 「열녀」나 「여교」, 「명감」, 「소학」 같은
책들은 그 책 수나 내용이 넓고 번잡하여 처음 배우는 데는 어려워
탈이므로 손수 지혜롭게 판단하셔서 그 가장 긴요로운 것만 가리어
모두 일곱 장을 이루니 이름하여 「내훈」이라 하셨고, 이어서 국어로
번역하여 쉽게 깨닫게 하니 비록 둔하고 어리석은 사람도 한번 보아
환하게 배워 익히도록 하였으니 신이 보건대, 역대의 어진 왕비로서
시부모에게 삼가며 섬기어서 어진 효도의 미덕을 다하시면서도, 자
손의 훈육에는 엄격하였으므로 나라에 경사스러운 일이 많으셨다.
손수 글 짓고 교훈하되 경계 책망하는 일은 적었으니 이 책을 저술
함도 어찌 그 뿐이리오.[長樂之餘 患女婦之無知 孜孜訓誨 然烈女 女
敎 明鑑 小學等書 卷帙浩繁 初學病焉 親自睿斷 撮其切要 摠成七章
名日內訓 繼以諺譯 使之易曉 雖至愚騃 一覽瞭然 以便習誦 臣竊觀歷
代賢妃 勤事舅姑 以盡仁孝之德 嚴於敎子 以成國家之慶者多 而躬撰
訓書 垂誡者鮮矣 是書之作奚啻]"
라고 그 찬술의 의도 및 경위와 아울러 당시의 문화적 실정을 밝히
고 있듯이 실로 그때의 부녀자들에게는 읽을 만한 교양서적이 없어
서 무지함을 면치 못했고, 이것을 안타까이 여겨서 비빈부녀자(妃嬪
婦女子)의 교훈에 관심이 컸던 소혜왕후가 「내훈」을 찬술한 것이요,

거기에다 알기 쉽게 언역(諺譯)을 해 놓은 것이다. 이와 같은 노고는 역대 귀족여성이 잘 하지 못하던 것이나 소혜왕후는 의욕적으로 손수 공들여 지으셔서 그 공을 남긴 것이다.

그러므로 이「내훈」찬술의 대본은「열녀」나「여교」,「명감」과「소학」 등 책이지만 이 속에서 가장 중요한 부분만을 뽑아「내훈」의 골격을 이루고 이에다가 저자의 윤리 도덕관을 섞어 넣어 처음 한문에 현토(懸吐)하고 이어서 순국문으로 이를 언역하여 "한번 보아도 환하게 익히고 편하도록[一覽瞭然 以便習誦]"한 것이다.

그리하여 그 내용 순서는 ① 언행(言行) ② 효친(孝親) ③ 혼례(婚禮) ④ 부부(夫婦) ⑤ 모의(母儀) ⑥ 돈목(敦睦) ⑦ 염검(廉儉)의 7장으로 나누어 찬술했으며 각 항마다「여교(女敎)」,「곡례(曲禮)」,「공자(孔子)」,「사마온공(司馬溫公)」 등 무려 40여 종의 경전(經典)과 제가설(諸家說)을 인용했고, 「이천선생모후(伊川先生母后)」, 「태임(太姙)」, 「태사(太姒)」, 「번희(樊姬)」, 「달기(妲己)」 등 50여 종의 제현(諸賢), 제희(諸姬)의 긍정적 또는 부정적인 행장의 본을 보이면서 교훈하여 여성 행실의 실제와 규범을 서술하고 있다.

여기에서 표현된 여성의 이상적인 모습은

첫째, 여성은 기본적으로「사행(四行)」을 가져야 하는 것으로「여사행」은

"첫째는 부덕(婦德)이니, 그것은 재주가 밝고 인물이 뛰어나는 것을 필요치 않고, 맑고, 느긋하고, 곧고, 조용하여 수절함이 한결같아 행실에 부끄러움이 있고 거동에는 법도가 있는 것이 좋은 부덕이라 이르며",

"둘째는 부언(婦言)이니, 말솜씨 좋아 남보다 이롭게 구변하는 것을 필요로 하지 않고, 단지 선악을 가리어 말씀하여 궂은 말은 입에 담지 않고, 남이 말한 연후에 이야기 하되 남이 싫어할 말은 않는 것

이 부언이며"

 "셋째는 부용(婦容)이니, 얼굴이 예쁘고 아름다운 모양새를 필요로 하지 않고, 몸을 먼지 없이 깨끗이 씻고, 복장은 검소하되 청결하게 하며 목욕을 자주해 몸에 때가 없으면 이를 좋은 부용이라 이르며"

 "넷째로 부공(婦功)이니, 남보다 재주가 많음을 필요로 하지 않고, 길쌈과 베 짜는 일에 전심하며, 몰려서 놀이하는 일을 하지 말며 깨끗한 음식을 장만하여 손님을 잘 대접해 받드는 것이 이른바 부공이다.[一日 婦德 不必才明絶異也 淸閑貞靜 守節整齊 行己有恥 動靜有法 是謂婦德. 二日 婦言 不必辯口利辭也 擇辭而說 不道惡語 時然後言 不厭於人 是謂婦言. 三日 婦容 不必顔色美麗也 盥浣塵埃 服飾鮮潔 沐沿以時 身不垢辱 是謂婦容. 四日 婦功 不必工巧過人也 專心紡績 不好戱笑 潔齊酒食 以奉賓客 是謂婦功]"라고 했으니

 부덕(婦德)이란 재명(才明)보다 고요하고 절개 있는 것이 이상적이요, 부언(婦言)이란 말 잘함보다 나쁜 말과 남이 싫어하는 말을 안 하면 으뜸이요, 부용(婦容)은 예쁨보다 깨끗하면 좋고, 부공(婦功)은 재주보다 길쌈에 전심하고 봉빈(奉賓)을 잘하면 그만이라고 말하자면 미(美)나 재(才)보다는 무던만 하면 이상적이라고 했다. 이러한 사상은 중국의 「여교(女敎)」에서도 말하고 있는 것이다.

 첫째로 효친(孝親)하는 며느리이어야 하는 것이니

 "아들은 그 처가 대단히 좋다고 하나 부모가 좋아하지 않으면 내쳐야 하며, 아들은 그의 처를 좋아하지 않더라도 부모가 "나에게 잘 받든다."하면 아들은 부부의 예를 차려 일생을 함께 살아야 한다.[子甚宜其妻 父母不說出 子不宜其妻 父母日 是善事我 子行夫婦之禮焉 沒身不衰]"라고 한 원칙이 있어서 부부가 더 중한 것이 아니고 사친여하(事親如何)가 부부의 이합(離合)을 결정짓게 됐던 것이다.

그리하여 다음의 다섯 가지 효친의 원칙을 지켜야 한다. 즉, "부모가 건강하게 계실 때는 공경을 다하며, 연로하셔서 봉양할 때는 즐겁게 해드려야 하며, 병환으로 앓으실 때는 대단히 근심되게 언행하며, 돌아가셔서 초상을 치룰 때는 가장 슬퍼해야 하며, 대상이 지나 기제를 지낼 때면 가장 엄숙하게 모셔야 한다.[居則致其敬 養則致其樂 病則致其憂 喪則致其哀 祭則致其嚴]"의 철칙인 것이다.

둘째로 경순인종(敬順忍從)의 아내이어야 하는 것이니 "지아비는 하늘이요, 지어미는 땅[夫天婦地]"의 원칙 밑에서 "지아비는 재취할 수 있지만[夫有再娶之義]" "지어미는 두 번 혼인 못한다.[婦無二適之文]"으로 불사이군(不事二君) 해야 하며 부부의 금슬을 "존경하고 삼가며, 무겁고 바르고 한 연후에야 사랑할 수가 있다.[敬愼重正而後親之]"하는 것이지 기분대로 친할 수 없는 모습이 이상형이 된다.

셋째로 어머니로서는 어질고[賢], 엄격하고[嚴], 의롭고[義], 자애롭고[慈]를 겸비해야하며 맹모(孟母)나 여모(呂母)나 이천모(伊川母)는 그 본보기가 된다는 것이다.

이러한 근본이념은 그 근원이 중국에서 온 것이며 명(明)의 문황후(文皇后)의 「내훈(內訓)」에도 이런 사상이 충만하고 있다.

2. 중국(中國) 「내훈(內訓)」과의 관계

여기서 한 가지 언급해야 할 일은 중국의 명(明)나라 인효문황후(仁孝文皇后)가 지은 내훈(內訓)과 우리나라 소혜왕후(昭惠王后)가 지은 「내훈(內訓)」의 상호관계 및 그 영향 문제이다.

중국의 내훈은 명(明)의 혜제(惠帝)의 황후(皇后)인 인효문황후(仁孝文皇后)가 궁중비빈(宮中妃嬪)을 위해 지은 권선서(勸善書)이며 1405년〈영락(永樂) 3년 정월 망일(正月 望日) 서(序)〉에 저술하고

1407년〈영락(永樂) 5년 7월 차본간(此本刊)〉에 간행한 책이다.

즉 소혜왕후(昭惠王后)의 「내훈(內訓)」보다는 꼭 70년 앞서 저술 간행된 것이다.

그런데 소혜왕후의 「내훈」에는 여교(女敎), 내칙(內則), 소학(小學), 논어(論語) 등은 인용하면서도 이 중국의 「내훈」에 관해서는 아무 언급도 없다.

소혜왕후는 자서에서 「열녀, 소학, 여교, 명감」의 네 책을 대본으로 했다고는 하였지만 중국 「내훈」의 이야기는 없다. 후에 영조 때 이덕수(李德壽)가 합본(合本) 국역한 여사서(女四書)에는 확실히 중국 「내훈」이 끼어있고, 뿐만 아니라 중국 「내훈」이 그 내용의 주류로 되어 있다. 따라서 성화연대(成化年代)에 중국 「내훈」이 우리나라에 들어와 읽히기는 했겠으나 직접적인 영향을 준 흔적은 없다.

그러나 그 내용에 있어서는 중국 「내훈」에 언급된 점들이 우리나라 「내훈」에서도 같은 개념으로 엮어져 있으니 여사언(女四言) 및 여오행(女五行) 등의 규범이나 고대 현비, 열부들의 이야기가 비슷하게 인용되고 있다. 이것은 꼭 소혜왕후가 중국 「내훈」에서만 본 것은 아니고, 이미 여교나 열녀 등이 들어와 있었으므로 그러한 문헌들에서 보아왔고 고려 때부터 이러한 사상은 우리 속에 벌써 있어 온 것이라 하겠다.

따라서 소혜왕후의 「내훈」이 중국의 인효문황후의 「내훈」을 닮았다거나 큰 영향을 받은 것 같지는 않다.

다만 소혜왕후가 「내훈」을 저술하는 자극은 되었을는지 모르겠다. 더욱이 두 「내훈」의 편차(編次)를 비교해 보면 닮은 데가 별로 없음을 볼 수가 있다.

명(明)의 인효문황후가 지은 「내훈」의 편차(編次)는

덕성장(德性章) 제1   수신장(修身章) 제2   신언장(愼言章) 제3

근행장(謹行章) 제4　근려장(勤勵章) 제5　경계장(警戒章) 제6

절검장(節儉章) 제7　적선장(積善章) 제8　천선장(遷善章) 제9

숭성훈장(崇聖訓章) 제10　경현범장(景賢範章) 제11

사부모장(事父母章) 제12　사군장(事君章) 제13

사구고장(事舅姑章) 제14　봉제사장(奉祭祀章) 제15

모의장(母儀章) 제16　목친장(睦親章) 제17　자유장(慈幼章) 제18

체하장(逮下章) 제19　대외척장(待外戚章) 제20

이처럼 20장(章)으로 분류하여 저술한데 비해 소혜왕후의 「내훈(內訓)」은 전부 7장으로 나누고 그 나누는 내용도 방법을 달리하고 있다.

그러나 후대의 여사서(女四書)에서는 이 중국 내훈의 영향을 많이 받아서 그 일부분이 중국 「내훈」과 같을 뿐만 아니라, 내용의 흐름이나 사상이나 편제까지도 동궤(同軌)를 취하고 있다. 참고로 「여사서」의 범례와 그 편차를 보면,

「여사서(女四書)」 범례(凡例)

"신종의 서문은 다만 「여계」와 「내훈」의 두 서적에서만 취한 것이고 「여논어」와 「여범」에서는 모두 적지 않았다. 그러므로 당본의 편차는 「여계」와 「내훈」으로 한 질 책으로 했고, 「여논어」와 「여범」을 계속해서 한 질로 하였으며, 그리고 지금 합편한 「여사서」인즉 그 편차를 시대의 선후, 문자의 많고 적고가 같지 않아 들쑥날쑥이다. 편차를 짤 때도 역시 몹시 꺼리는 점이 있다. 지금 한·당 두 책을 합쳐 상권으로 정하고, 황명 두 책은 나누어 중, 하 두 권으로 한다.

옛 주 가운데서 그 요점만 뽑아서 매 편의 아래쪽에다 나누어 적었고, 그리고 문자가 이해 안 되는 어려운 것은 대략 보주로 달았으니 보는 여러분은 쉽게 이해하소서.

여범 한 책은 장이나 주를 이 같은 용례를 쓰지 않았다.[神宗序文
則 只取女誠及 內訓二書 而女論語及女範俱不錄焉 故唐本編次 以女
誠內訓爲一秩 女論語 女範繼爲一秩 而今旣合編爲女四書則 其編次
宜從 時代先後且文字多寡不同離合 就編之際亦頗有礙 今定以漢唐二
書合爲上卷 皇明二書分爲中下二卷
　　舊註中抄其要語 分錄於每篇之下 而文字難通舊未曾解者 輒略補註
俾覽者易曉惟. 女範一書則 隨章隨註不用此例]"라고 기록했다.

「여사서(女四書)」목록(目錄)

◇권지 1

비약장(卑弱章) 제1　부부장(夫婦章) 제2　　경순장(敬順章) 제3

부행장(婦行章) 제4　전심장(專心章) 제5　곡종장(曲從章) 제6

화숙매장(和叔妹章) 제7

◇권지 2

입신장(立身章) 제1　학작장(學作章) 제2　　학례장(學禮章) 제3

조기장(早起章) 제4　사부모장(事父母章) 제5 사구고장(事舅姑章) 제6

사부장(事夫章) 제7　훈남녀장(訓男女章) 제8 영가장(營家章) 제9

대객장(待客章) 제10 화유장(和柔章) 제11　　수절장(守節章) 제12

◇권지 3

덕성장(德性章) 제1　　수신장(修身章) 제2　　신언장(愼言章) 제3

근행장(謹行章) 제4　　근려장(勤勵章) 제5　　절검장(節儉章) 제6

경계장(警戒章) 제7　　적선장(積善章) 제8　　천선장(遷善章) 제9

숭성훈장(崇成訓章) 제10　경현범장(景賢範章) 제11

사부모장(事父母章) 제12　사군장(事君章) 제13

사구고장(事舅姑章) 제14　봉제사장(奉祭祀章) 제15

모의장(母儀章) 제16　목친장(睦親章) 제17　자유장(慈幼章) 제18

체하장(逮下章) 제19　대외척장(待外戚章) 제20

◇권지 4

통론편(統論篇) 제1　　후덕편(后德篇) 제2　　모의편(母儀篇) 제3
효행편(孝行篇) 제4　　정렬편(貞烈篇) 제5　　충의편(忠義篇) 제6
자애편(慈愛篇) 제7　　병례편(秉禮篇) 제8　　지혜편(知慧篇) 제9
근검편(勤儉篇) 제10　　재덕편(才德篇) 제11

이상과 같이 내훈 편차와는 전혀 다르다.

3. 내훈의 문헌적 가치

이 저술의 커다란 업적은 서지적 고찰에서 언급했지만 거듭 논하고 싶은 것은

① 언역(諺譯)하여 남겼다는 사실이니, 물론 당시의 저자의 의도는 우둔몽매한 사람이라도 한번 보고 환히 알도록 하여 보기 쉽게 하려는 것이지만 지금에 와서는 질적으로나 양적으로 귀중한 어학적 자료서가 된다는 것이요, ② 역대 현비(賢妃)들이 인효(仁孝)의 미덕으로 엄격히 가르쳐서 국가적으로 경하로운 일이 많았지만 그러나 그 교훈서를 손수 지은 일은 거의 없었는데 소혜왕후는 손수 그 교훈을 저술하여 질성(帙成)함으로써 후세에 명감이 되게 하였다는 공적이 크다는 점이다.

또 다른 면으로 이 「내훈」의 문헌적인 가치를 종합하여 보면

첫째, 문학상으로는 15,6세기 이씨 조선사회의 윤리, 도덕, 풍속뿐만 아니라 정치, 경제 등 모든 사정과 궁중의 물정과 아울러 조선조 상류생활과 그 규범을 알 수 있는 민속학적 자료서가 되며,

둘째, 어학적으로는 15,6세기의 국어 및 궁중어의 그 표기법 성조(聲調;방점〈傍點〉) 한자음(漢字音) 등으로 막중한 자료의 보고가 된다는 점이니, 이 책에서는 다른 문헌에서는 보기 드물게 고대의 어

휘가 풍부하며 신출어휘도 상당수 있는 것이 특징이라 하겠고, 방점 표시에는 두시언해(杜詩諺解)와 함께 성종대의 귀중한 연구 자료가 된다.

셋째, 서지적인 면에서도 지금에는 보기 드문 「을해자(乙亥字)」의 미려한 활자를 사용하여 간행한 점이다.

이제 이 「내훈」에 보이는 한자음표기와 성조표기(방점) 및 철자법과 희귀 어휘들을 살펴보면,(Ⅰ. 서지적 고찰에서 논했으니 일부분은 중복됨)

1. 한자음 표기에 있어서 훈민정음 당시처럼

　ㄱ. 반드시 초중종(初中終) 삼성(三聲)을 합한 합자법(合字法)을 사용했고, [예; 父母=뿔뭏, 夫婦=붕뿧]

　ㄴ. 「ㆆ」과 「ㆅ」자를 사용했고, [예; 隱=흔, 果實=광쎓]

　ㄷ. 「ㆆ」자와 「ㅇ」의 구별이 확연하고, [예; 嫌疑=혐읭, 議論=읭론]

　ㄹ. 초성(初聲)에 「△」자를 사용했으며, [예; 辭讓=쌍샹]

　ㅁ. 중모음자인 ㆌ등을 사용했고, [예; 閨門=궤몬]

　ㅂ. 중국음에 가깝게 경음(硬音)을 사용했으니, [예; 父=뿧, 俗=쑉]

이런 사례들은 훈민정음 당시의 표기법 및 철자법 그대로 쓴 것이다.

2. 한자음 표기에서 뿐만 아니라 국어의 표기나 그 철자에 있어서도 마찬가지이어서 그 특징을 들어보면,

　ㄱ. 종성복용초성(終聲復用初聲)의 원칙(훈민정음과 같이)을 썼고,

　ㄴ. 「ㆆ」자를 사용했으며,

　ㄷ. 무성음(無聲音)인 「ㅇ」「ㅱ」자를 사용했고,

　ㄹ. 병서(竝書)에 있어서 「ㄲ」「ㄸ」「ㅃ」「ㅆ」「ㅉ」「ㆅ」「ㅄ」「ㅶ」「ㅮ」「ㅺ」「ㅼ」「ㅴ」등을 사용했고,

ㅁ. 중모음에 있어서 「ㅖ」 등 합자할 수 있는 모음은 모두 사용할
   수 있었다.

3. 또 한 가지 중요한 사실은 성조표기(방점)이니 그것은 15세기
에 있어서 용비어천가나 석보상절처럼 간경도감(刊經都監)의 불경
언해(佛經諺解)들의 성조표기에 대립적 전형을 이루는 표기법을 썼
다는 점이다.

이제 그 희귀 어휘들을 대충 모아보면 다음 표와 같다.

Ⅲ. 내훈(內訓)에 수록된 중요 어휘 색인

※ 1. 여기에 방점(傍點)은 표시하지 않으므로 본문에서 참고하기 바라며
　 2. 각 어휘(語彙)에는 용례(用例)대로 연철(連綴)된 조사(助詞) 및 어미(語尾) 그
　　 대로 예시했으며
　 3. 되도록 15세기어(世紀語)로서 자료가 될 만한 것만 추려 뽑았다.

(빈도가 많은 어휘는 한번만 예시했음)

Ⅳ. 「내훈(內訓)」을 통해 본 조선시대의 여인상

1. 조선시대의 여인들 모습

① 괴로워하던 모습

고려시대에는 고려도경(高麗圖經)에 "남녀가 만나고 헤어짐이 무상하다.[男女離合無常]"라고 했듯이 고려 때만 해도 여성의 사회적 지위가 약하지 않았던 것으로 보이니[1] 충렬왕(忠烈王) 때 박유(朴楡) 상서가 당한 홍지여속(紅指如束)사건[2]만 해도 그 한 가지 실증이 된다.

아직 유교의 남존여비(男尊女卑)의 철저한 규범 속에 들지 않았던 고려시대의 여인들은 자유롭게 사랑할 수도 있었고, 이별이나 생활의 감정을 또한 마음껏 표현하며 노래할 수도 있었던 것으로 짐작된다.

고대의 고귀한 문헌들, 특히 악학궤범(樂學軌範)이나 악장가사(樂章歌詞)나 시용향악보(時用鄕樂譜)들이 전해주는 고려시대의 시가들은 고려 여인들이 자유분망하게 생활하고 노래하고 정감했던 소식을 여실히 증명해 주고 있는 것이다. 고려시대에는 남성들보다 여성들이 더 활발하게 생활하고 창작하고 노래 불렀던 모양으로 고려 시가는 여성들의 사상·감정을 표현한 작품들이 더 많은 실정이다.

이렇던 여성들의 모습들은 유교를 국시(國是)로 하고 모화사대(慕華事大)가 극심하며, 삼강(三綱)과 이륜(二倫)을 행동의 강령으로 삼

---

1) 현존하는 고려가요는 「유구곡(維鳩曲)」「상저가(相杵歌)」까지 친다면 약 15편이 되는데, 그 중 「처용가(處容歌)」「정과정(鄭瓜亭)」「한림별곡(翰林別曲)」「청산별곡(靑山別曲)」을 빼고는 그 motive나 내용이 모두 여성의 정서로 된 작품이다.
2) 상서(尙書) 박유(朴楡)가 일부다처제를 제안했다가 당시 대신(大臣)들의 부인들의 귀에 들어가 곳곳에 부인들이 모여 "저 늙은 짐승 같은 놈"이라고 박유를 보고 손가락질하는 손이 짚단처럼 묶여졌더라(紅指如束)는 일화이다.

으면서, 남존여비(男尊女卑)를 사랑의 바탕으로 하였던 조선조에 들면서부터 엄격한 규범적 질곡(桎梏) 속으로 얽매이지 않을 수 없게 되었다.

그들의 생활은 한마디로 말해서 인종(忍從)과 비련(悲戀)과 생활고(生活苦), 그리고 침묵(沈默)이 있을 뿐이었다.

강한 자 앞에서는 가장 비약(卑弱)하고, 약한 자 앞에서는 가장 잔인했던 조선조 지배층 남성들은 여성들에게는 불사이부(不事二夫)를 강요하면서도 자신들은 일부다처(一夫多妻)의 생활과 방자 분망한 애정행각(愛情行脚)을 일삼았다.

"일찍 혼인하며 매파를 들이는 것은 몰래 사랑 못하게 하자는 뜻이요, 처와 첩을 무수히 두는 것은 어지럽지 않게 가르치는 법도이다.[早婚少聘 敎人以偸 妾媵無數 敎人以亂]"[3]
라고 하였으니, 남자가 일찍 결혼하고, 첩 등을 무수히 두되 여자에게 정절을 지키라고 강요한 것은 남성들의 이기적 욕망이지만 그 밑에 얽매여 일생을 인고(忍苦) 속에 허덕이는 것이 조선사회 여인들의 참 모습이었다.

"15세에 유자에게 시집와서 20세에도 안 돌아오니 마음은 간절하되 만날 수가 없고나.[十五嫁游子 二十猶未歸 縱欲道心事 與須相見稀]"[4]
라고 하였으니, 그들 여인의 괴로운 생활 모습이 짐작이 가는 것이다. 이러한 남성의 무책임, 즉 한번 결혼하고는 나 몰라라 가버리는 남성들은 조선사회에서는 흔하게 볼 수 있는 사회적 현상이었던 모양으로,

---

3) 내훈(內訓) 권1 혼례장(婚禮章) 79 ※ 문장 중 "첩잉무수(妾媵無數)"란 시녀 혹은 규수가 출가할 때 데리고 가던 여종.
4) 조선 숙종(肅宗) 때 안원(安媛)의 시(詩) 「규원(閨怨)」.

"섣달그믐, 날씨 차고 해지는데, 천 리에 임 보내고 옷깃에 눈물 젖네! 해마다 봄 언덕은 푸르르니, 제발 돌아오지 않는 법을랑 배우지 마소서.[歲暮風寒又夕暉 送君千里淚沾衣 春提芳草年年綠 莫學王孫去不歸]"5)

라고 한 것을 보아도 한 번 결혼해 놓고는 가고 아니 오는 남성들이 많았음을 알 수 있겠다.

조선조 여인의 남성에 대한 간절한 소원은 「제발 가고 아니 오는 일만은 배우지 말아 주옵소서.」 하는 것이고 보니, 이 얼마나 애절한 모습이었으랴!

그러면서도 그들 여인들은 아무리 배신을 당해도 자신은 「가고 아니 오는」 일은 전혀 없었으니, 눌려 사는 것이 여자의 숙명이요, 천직으로 알았던 까닭이라 하겠고 윤리적으로는 우리나라 여성 고유의 엄숙하고 곧은 수절정신이라 하겠다.

조선조 여인들은 또한 경제적으로 심각한 생활고에 허덕였으니 워낙 "나라는 작고 백성은 가난[國小民貧]"한 이 나라에서 더구나 태만하고 변통성 없었던 남성들이 많았기 때문에 수천 년을 두고 원시적 농경(農耕)방법으로부터 탈피하지 못하고, 게다가 불합리한 전제(田制)에 농업 외곬의 후진적 생산방식만을 영위한 까닭으로 극심한 생활고에 빠졌었다. 이와 같은 사회제도에다가 양반은 양반의 체통을 지키느라고 "쌀값을 묻지 않으며[不問穀價]" "손에 돈을 쥐지 않는다.[手毋執錢]" 하다 보니,

"집안이 기우려 굶어 죽을 지경인데도 두 손을 마주 잡고, 편안히 앉아서 농기구일랑 일체 잡을 생각을 않으며, 혹 부지런히 일하라고 해도…" "가산이 거덜나서 굶을 지경인데도[顚運窮餓] 두 손 맞잡고 편히 앉아서[拱手安坐] 뇌거(耒秬)를 잡지 아니하며, 혹 힘써 일하여

---

5) 조선 숙종(肅宗) 때 소옥화(小玉花)의 시(詩) 「이별(別人)」.

몸소 비천한 노역(勞役)을 하는 이 있게 되면 다른 양반이 무리지어 비웃으며[群譏衆笑] 노예같이 취급하므로 떠돌이 유민이 많고 생산자가 적을 수밖에 없다"[6]는 것이다.

또 평민이나 상민들은 그들대로 영세한 삶 속에서 헤매었으니 그에 예속된 여인들은 술 찌꺼기와 쌀겨[糟糠]로 살아가거나 남의 논의 피[稷]를 뽑아주고, 그 돌피 밥으로 살아가면서 글방 남편의 뒷바라지를 해 가거나 아니면 삯일을 해야 했던 것이었으니,

"밤새도록 베 짜느라 쉬지 못하며, 삐걱삐걱 베틀은 차갑게 울리며, 베틀엔 한 필 베가 짜여졌으나, 나중에는 누구 옷감 짜고 있던가? 손에는 손칼을 잡고 있지만, 밤 추위에 열 손가락 얼어서 굳어가도, 다른 사람 옷감을 짜고 있을 뿐, 자기는 해마다 독수공방이구나.[夜久織未休 戛戛鳴寒機 機中一匹練 終作阿誰衣 手把金剪刀 夜寒十指直 爲人作嫁衣 年年還獨宿]"[7]

이 허난설헌(許蘭雪軒)의 시 속에는 빈녀(貧女)의 설움이 담뿍 담겨 있고,

"땅이 외지다 보니 찾는 손님 적으며, 사는 곳이 산이라 세상 소식 못 듣겠네! 집이 가난하여 말술 한잔 없다 보니 묵으려던 손은 밤으로 돌아가네![地僻人來少 山深俗事稀 家貧無斗酒 宿客夜還歸]"[8]

이 유여주(俞汝舟) 부인 김 임벽당의 시는 그들이 얼마나 경제적으로 고된 생활을 했는가를 말해주고 있다.

그러나 일부 귀족층의 부녀들은 비록 경제적으로는 궁핍한 생활을 하거나 결혼생활의 파탄 등이 없다손 치더라도 그들에게는 그들대로 또한 엄격한 규범과 예절과 침묵만이 그 생활의 전부였다.

---

6) 홍대용(洪大容)의 「담헌서(湛軒書)」 중 「임하경륜(林下經倫)」을 문일평(文一平)이 「호암전집(湖岩全集)」Ⅱ 「실사구시파(實事求是派)」의 학풍(學風)에서 인용한 대목.
7) 난설헌(蘭雪軒) 평씨(評氏)의 시 「빈녀음(貧女吟)」.
8) 임벽당(林碧堂) 김씨(金氏)의 시 「빈녀음(貧女吟)」.

신분이 높을수록 여자는 문 밖으로 나가지 않는 것이요, 만일 부득이 나가는 일이 있어도 염모(簾帽)나 나올(羅兀)이나 폐면(蔽面) 등으로 얼굴을 가리고 나서야 하며, 비록 친족들 사이라 할지라도 남자와의 면담이 일체 금지되어 있었다.

이리하여 조선조 여성들은 남성 위주의 윤리적 제약 속에 이중 삼중으로 얽매였으니, 어렸을 때는 "7세만 되면 남녀는 한 자리에 못 앉는다.[男女七歲不同席]"으로 현실생활로부터 멀어지고, "아들은 가르치되 딸은 가르치지 않는[但敎男而不敎女]" 것이 부부생활의 합리적인 이치로 "부인을 거느리고 남편을 섬기는 몸가짐과 의리[御婦事夫 威儀義理]"라 하였다.

차츰 자라면서는 삼종(三從)의 틀에 가두이고 이러다가 자라서 결혼할 때부터 여자는 벌써 제약을 받는 것이니, 소위 오불취(五不取)에서 우선 차별을 받아야 했다. 즉 여자에게 다섯 가지 흠이 있으면 처로 맞지 말라는 것으로,

"국가나 임금에게 모반한 집안의 딸은 취하지 말며[逆家子不取]", "난을 일으킨 집의 딸을 취하지 말며[亂家子不取]", "선조에 형벌을 받은 사람이 있을 때 취하지 말며[世有刑人不取]", "선조에 나쁜 병자가 있었을 때 취하지 말며[世有惡疾不取]", "아버지 상을 입고 있는 사람의 맏딸을 취하지 않는다.[喪父長子不取]"
는 것이니, 이상의 경우에서 여자에게 무슨 죄가 있었을까?

규수가 이런 제약이 없이 설사 결혼 한다손 치더라도 또 한 가지의 제약이 있었으니, 그것은 아무리 부부간에 금실이 좋더라도 시부모가 못마땅하게 여기면 쫓겨가야 하는 율법이었다.(이 조항 본문은 전계 p. 28에서 보였음)

이 위에 또 칠거지악(七去之惡)이라는 자칫 잘못하면 쫓겨나기 쉬운 올가미가 있었으니 "아이를 못 낳고, 음란하고, 시부모 잘 모시

지 못하고, 말이 많고, 도적질하고, 질투가 심하고, 나쁜 병이 있을 때"[무자(無子), 음일(淫佚), 불사구고(不事舅姑), 다언(多言), 절도(窃盗), 투기(妬忌), 악질(惡疾)]일 때는 쫓겨나야 하는 것이니, 이 중에서 음란 외에는 이혼 조건이 될 수 없는 억울한 속박인 것이다. 그러다가 자녀를 낳고 한 가정의 중견 주부가 된 연후에야 비로소 여성을 위한 삼불거(三不去)의 풍습을 만들었으니 그 삼불거라는 것도 "부모의 삼년상을 함께 치렀거나[與更三年喪]", "먼저 빈천하다가 후에 부귀해지거나[前貧賤後富貴]", "여자가 그 돌아갈 곳이 없거나[有所取無所歸]" 할 때는 쫓아내지 못하는 것이라 했지만 사실상 주부가 이만큼 되었으면(연령상으로나 지위에 있어서) 불거의 문제가 아니라 오히려 쫓을 권리가 생길 것이므로 아무 실효 없는 규법이라 하겠다.

이러한 규제에 걸리지 않고 용케 부부해로(夫婦偕老)해서 일생을 마친다 하더라도 여성들의 대부분은

"남성 본위의 편협한 윤리적 지배를 가장 많이 받은 우리 조선시대 여성은 오직 그 남편을 따라 살다가 그 남편을 따라 죽는 것이 그 생활의 전부였다."9)

② 아름답던 모습

위로 "두 임금을 모시지 못하는[不事二君]" 윤리규범 속에 살던 조선조 남성들은 그것이 어쩌면 명리적(名利的) 타산(打算)에서 기인된 사념이라면, 짓눌려 "두 지아비는 섬기지 못한다.[不事二夫]"의 신의를 지킨 것은 정녕 조선조 여성들의 몰아적(沒我的)인 헌신이었다고 할진대, 우리는 강한 남성의 이기적인 곳에서보다 약한 여성의

---

9) 문일평(文一平)의 「호암전집(湖岩全集)」 II 「조선여성(朝鮮女性)의 사회적(社會的) 지위(地位)」 p. 324.

의리에다 더 많은 미덕과 진실과 착함과 그럼으로써 아취(雅趣)를 찾아볼 수 있는 것이다.

조선조 여인에게는 인종(忍從)에서 오는 애상(哀傷)과 함께 그러노라고 발현(發顯)되는 미덕이 있다. 그들은 우선 몸가짐에 있어서,

"맑고 조용하고 곧고 고요하며, 절개가 있고 고르고 가지런하여 제 몸가짐에 좋고 궂음을 가리어 움직임과 멈춤에 법도가 있는 것이니[淸閑貞靜 守節整齊 行己有恥 動靜有法]"[10]

이것은 미학(美學)에서 말하는 미의 3대 요소인 조화(調和), 균형(均衡), 통일(統一)과도 합치되는 것으로 고금동서에 있어서 여성의 미덕의 총화라고 할 수 있을 것이다.

그 언어에 있어서는

"그 말함을 가리어 하되 궂은 말은 입 밖에 내지 않고 그럼으로써 사람에게 불쾌함을 주지 않는 것이니[擇辭而說 不道惡語 時然後 言不厭於人]"[11]

라 했으니, 이것은 여성에게 있어서 그 착함의 으뜸인 것이요, 그 몸 닦음과 옷차림에 있어서는

"몸에 때묻지 않게 목욕하고, 옷은 산뜻하고 청결하면 된다.[盥浣塵穢 服飾鮮潔 身不垢辱]"[12]

하였으니, 이것은 여성의 참스러운 자태라 할 것이다. 이러한 결과 그들은 결백, 온화한 모습으로 조용하고 부드러운 말씨를 써서 사람에게 경순(敬順)하고, 자기에게 엄격하였으며

"몸은 유순하되 정결을 지키고 삼종의 교훈을 좇고, 내외의 분별을 삼가고 시종여일 공경과 부지런을 다하는"[13] 모습이 바로 조선조

---

10) 「여교(女敎)」의 여사행(女四行).
11) 「여교(女敎)」의 여사행(女四行).
12) 「여사서(女四書)」의 근행(謹行).
13) 「여사서(女四書)」의 근행(謹行).

여인들의 아취였던 것이다.

　외형적으로는 검소한 얼굴에 머리는 똑바르게 가르마를 가르고, 곱게 매끈하게 빗어 넘겼으며 치렁치렁 드리운 치마 위에 날씬하게 행주치마를 두른 것이 우리 선대의 어머니들의 아름다운 모습이었다.

(2) 「내훈(內訓)」 속의 여인상

　이미 앞에서 해제한 바와 같이 「내훈」은 조선조 전반기 성종의 모후인 소혜왕후[14]가 찬술한 여성들을 위한 교훈서이다.

　이 「내훈」 3권 4책에는 현대적인 안목으로 두 가지 상반된 윤리와 도덕률을 지니고 있다. 그 하나는 긍정적인 것으로 현대 여성이 오히려 배워서 본받아야 할 "이름다운 자태[雅趣]" 즉 "따뜻하고 조화로운 고운 모습[溫和綺麗]"의 언어와 "맑고, 느긋하고, 곧고, 고요[淸閑貞靜]"하여 동정(動靜)에 법도가 있는 행동과 "깨끗한 음식[潔齊酒食]"으로 빈객을 받드는 교제성들은 확실히 거칠어지기 쉬운 현대 여성생활에 지대한 교훈이 되지 않을 수 없는 것이고, 반대로 부정적인 면에서는 여성 자신을 위한 인권확립이나 사회참여나 경제자립 등이 전혀 몰각되고, 당시 여성은 한갓 남성들의 예속적 존재밖에 되지 않았던 윤리도덕관으로 교훈을 삼았으니 이런 점은 비판 폐기하지 않으면 안될 점들이 이 「내훈」 속에 들어 있는 것이다. 그 구체적인 사상이나 생활모습 등은 다음 항에서 하나하나 사례를 들어 보일 것이다.

---

14) 소혜왕후(昭惠王后;1437~1504), 덕종(德宗)으로 추존(追尊)된 이장(李暲)의 배(配)요, 성종(成宗)의 어머니인 한씨(韓氏), 좌의정(左議政) 한확(韓確)의 따님. 덕종(德宗) 추존(追尊) 때 인수대비(仁粹大妃)에서 소혜왕후(昭惠王后)로 올랐다.

조선시대 여성들의 교훈서로서는 이 「내훈」 외에도 「여사서언해(女四書諺解)」[15]와 「삼강행실도(三綱行實圖)」, 「이륜행실도(二倫行實圖)」, 여러 「열녀전언해(烈女傳諺解)」 및 「정속언해(正俗諺解)」와 「소학(小學)」, 「사서(四書)」 등이 있었지만,

이 「내훈」은 아주 쉽게 짜서 번역하여 궁중비빈만을 대상으로 저술한 것이 아니고 당시의 뭇 여성들의 교훈서로 지은 책이다.

(3) 「내훈」에서 규범한 여성 언행과 생활 규칙

① 언행

내훈 저자는 "사람은 나면서부터 천지의 신령스러운 기운을 받고 다섯 가지 떳떳한 덕(五倫)을 품고 있으며, 몸을 닦고 닦지 아니하는 곳에 난초(蘭)와 쑥(艾)의 다름이 있다."고 하였고,

그런 가운데에서도 여자는 남성들의 밝고 어두움에 절대적인 원동력이 되고 영향을 주는 것으로서

"주문왕의 교화는 태사의 밝은 덕에 더욱 높고[周文之化 益廣於太姒], 초나라 장왕의 패주다움은 번희의 힘에 많은 것이니[楚莊之覇 多在於樊姬之力], 임금 섬기며 지아비 섬기는 일이[事君事夫] 이보다 더한 여자가 없다."[16]

고 하여 여자의 힘과 덕의 큼을 말하고 있다. 그러나 반대로

"달기의 웃음[妲己笑]이나 포사의 사랑 다툼[褒姒之寵]이나 여희의 울음[驪姬之泣]이나 비연의 참소[飛燕之讒]는 모두 그 낭군인 임

---

15) 「여사서(女四書)」란 후한(後漢) 조대가(曹大家) 조소(曹昭)의 「여계(女誡)」와 당(唐)의 송약소(宋若昭;상궁〈尙宮〉)의 「여논어(女論語)」와 명(明)의 인효문후(仁孝文后)의 「내훈(內訓)」과 명(明) 실천구(失天球;왕절부〈王節婦?〉)의 「여범(女範)」을 합친 여훈서(女訓書), 영조 10년 12월에 이덕수(李德壽)가 언역한 것이 「여사서언해(女四書諺解)」이고 영조 2년과 융희 12년에도 간행한 일이 있다.

16) 내훈(內訓)의 서문(序文) 중.

금으로 하여금 멸망케 한 사례로 이로써 보면 치란(治亂)과 흥망(興亡)은 그 지아비들의 밝고 어두움에만 매인 것이 아니라 부인의 어질고 어질지 못함에 매인 것이다."[17]
하였다. 그러함에도 불구하고 당시의 부녀자들은 남자들이 호연한 데 마음을 두고, 뜻을 여러 미묘한 곳에 두어 스스로 시비를 구별할 때, 다만 길쌈의 굵고 가늘고 한 것을 알 뿐 덕행의 높고 낮음을 모르니 슬피 여겨서 이 「내훈」을 저술한다고 하였고,

"너희들은 마음에 새기고 뼈 속에 사무치어 날로 성인에게 기대하여 밝은 거울이 되도록 조심하라.[汝等 銘神刻骨 日期於聖 明鑑昭昭 可不戒歟]"[18]
라고 하여 「내훈」 찬술의 근본 목표를 제시하였다.

① 말씨 규범

이러한 근본 강령의 구체적인 실천사항으로서 먼저 여자의 언어 생활에 대하여 가르치되,

△ "마음에 감추었음이 정(情)이요, 입에 내면 말인데, 말은 영화 로움과 욕됨의 지두릿대(긴요하고 근본됨에 비유)이요, 친하 고 소원함의 큰 마디라" 하였다.

이것은 「이씨여계(李氏女戒)」의 [藏心爲情 出口爲語 言語者 榮辱 之樞機 親疏之大節也]에서 따온 것이며,

「이씨여계」는 또한 「역경(易經)의 계사(繫辭)」에서 말한 "언행은 군자의 모든 행동의 계기[言行君子之樞機]"를 구체화한 것이다.

그러한 언어는 그 기능이 커서,

△ "굳은 것을 무르게 하며, 다른 것을 모으게 하며, 원망을 지으

---

17) 내훈(內訓)의 서문(序文) 중.
18) 내훈(內訓)의 서문(序文) 중.

며, 원수를 이루는 것이니 큰 것은 나라를 뒤엎고, 그 집안을 망치고, 작은 것이라 해도 육친을 이간시키는 것이므로 어진 여자가 말 삼가는 것은 부끄러움과 비방함을 부를까 저어함이라, 혹 존전(尊前)에 있거나 또는 고요한 곳에 있어도 대꾸하는 말이나 아첨스러운 말을 하지 말고 확실치 않은 말을 하지 말며, 놀음 말을 하지 말며, 어지러운 것에 섞이지 말며, 혐의스러운 곳에 있지 말지어다."

이와 같은 실천 요강이 필요한 것으로 언어의 본질과 그 기능을 말하는 동시, 부녀에 있어서 대화할 때의 주의사항을 가르친 것이다.

그러므로 부녀에 있어서는 순종적인 언어와 유교적 윤리의 틀에 박힌 딱딱하고 무미한 표현은 있을지언정 감정의 노출이 불가능한 언어생활이었다. 그리하여 그는 여교(女敎)의 여사행(女四行)에서 부언(婦言)을 들어 말하되,

　△ "말을 잘 골라서 이야기 하되 궂은 말은 절대 말하지 말고 사람
　　　에게 싫은 감정을 주는 말은 않는 것이다."[19]

이러한 언어생활에서는 여성의 섬세, 다감한 정감을 표현할 수는 어렵게 되어 있다. 그 반면에 그윽하고 부드럽고 여유로우면서도 엄격한 아취 있는 언어풍습은 좋은 점으로서 현대에 있어서도 오히려 취할 바라 하겠다.

② 몸가짐

이미 여사행(女四行)에서 여자 동작의 근본을 말했거니와 한 마디로 그것은 "청한정정(淸閑貞靜)하고 수절정제(守節整齊)" 하는 것인데 구체적 실례로서는,

---

19) 내훈(內訓)의 언행(言行) 중.

△ "남자와 여자가 섞어 앉지 말며, 옷걸이를 한데 하지 말며, 수
  건과 빗을 같이 쓰지 말며, 자기 손으로 옷 입혀주지 말며, 시
  숙과 문답하지 말며, 서모에게 아래 옷 빨리지 말며, 바깥 소
  문을 문 안에 들이지 말며, 집안 이야기를 밖에 나가지 않도
  록 하며, 결혼하고는 필요 없이 출입하지 말며, 시고모나 시
  누이들(姑姉妹)이 친정에 와도 한 자리에 앉지 말고, 한 상에
  서 밥 먹지 말아야 한다."[20]

라고 방 안에서의 행동을 규제했으며 다시 방 밖에 나가서는,

△ "성 위에 올라서는 손짓으로 가리키지 말며, 소리 내어 부르지
  말며, 남의 집에 들 때는 무리하게 들지 말며, 문 앞에 두 사람
  의 신발이 놓였으면 "들어오라"고 하기 전에는 방에 들어가지
  말고, 말이 없으면 절대로 들어가서는 안 된다. 문으로 들어 갈
  때는 시선은 반드시 아래로 향해 보고, 문을 여닫을 때 문걸쇠
  는 받들어서 동작하고, 방 안을 휘둘러보지 말고, 본시 문이 열
  려 있거든 들어가서도 문을 닫지 말고, 본시 문이 닫혔거든 들
  어가서 문을 닫고, 뒤에 또 들사람이 있으면 닫지 않는 것이다.
  남의 신을 밟지 말며, 남의 자리를 밟지 말며, 치마를 걷어들고
  가에 앉는 것이다."[21]

이러한 동작들은 현대 여성에 있어서도 배움직한 에티켓으로서
조용하고 절도 있고 고상한 여자의 모습이라 하겠다. 이렇게 하지
못하면 그 결과는,

△ "보는 시선이 치솟아 오르면 거만한 것 같고, 띠(帶) 아래로 내
  리면 시름이 있는 것 같고, 기울면 간사해 보인다."[22]

---

20) 「내훈(內訓)」의 언행(言行) 중.
21) 「내훈(內訓)」의 언행(言行) 중.
22) 「내훈(內訓)」의 언행(言行) 중.

고 하였는데, 여자의 몸가짐이 얼마나 중요시 되었는가를 알 수 있
다. 이러한 몸가짐은 근본적으로 마음가짐에서 우러나오는 것이므
로 항상 조심하는 자세가 중요했던 것이다.

③ 교양(敎養)

△ "항상 공경하는 마음을 가지고 엄숙하면서 생각하는 듯한 모습
　　이어야 하며, 말을 안정하게 하면 사람들이 보기에 편안한 것
　　이다. 오만은 가히 길지 못하며, 사욕은 가히 마음껏(從) 하지
　　못하며, 뜻은 가히 가득하지 못하며, 즐거움은 가히 지극하지
　　못한 것이다. 그러므로 어진 사람은 가까이 하되 공경하고[狎
　　而敬之], 두려워하되 또한 사랑하며[畏而愛之], 사랑하되 그
　　궂은 것을 알며[愛而知其惡], 미워하되 그 착함을 알며[憎而知
　　其善], 쌓았다가 능히 흩을 줄을 알고[積而能散], 편안한 곳을
　　편안케 여기되 또 능히 옮길 줄을 아는 것이다.[安安而能遷]"[23]
라 하였다. 이것은 남녀를 막론하고 누구나 지켜야 할 교양이며 행
동강령이 아닐 수 없다. 이러한 교양이 있음으로써 다음과 같은 일
들을 감히 할 수 있다고 했다.

△ "재물을 들여 구차하게 얻으려 하지 말며[臨財毋苟得], 어지러
　　운 일을 해서 구태여 모면하려 하지 말고[臨難毋苟免], 다투되
　　꼭 이김을 구하지 말며[狠毋求勝], 나누되 많이 가짐을 구하지
　　말며[分毋求多], 의심나는 일이 있어도 굳이 따지지 말며[疑事
　　毋質], 아무리 제가 옳아도 두말을 말 것이다.[直而勿有]"
이런 교훈은 고금동서의 좋은 가르침으로 평화의 요결이요, 고결
한 인격의 근본이 되는 것이다. 이런 일은 불가능한 일도 아니요, 어

---

23) 「내훈(內訓)」의 언행(言行) 중.

려운 일도 아니다. 특히 여자에 있어서는 교양만 있으면 가능한 일이요, 이런 사람들이 세상에는 많은 것이다.

④ 행실(行實)

다음은 「예기(禮記)」의 소의(少儀)를 인용하여 행실에 대한 규범을 말하기를,

△ "은밀한 곳을 엿보지 말며[不窺密], 곁엣사람에게 몸을 맞대지 말며[不旁狎], 옛적 아는 사람의 그릇된 것을 말하지 말며[不道舊故], 장난스러운 안색을 하지 말며[不戲色], 호들갑스럽게 오지 말며[毋拔來], 황급한 걸음으로 가지 말며[毋報往], 귀신을 모독하지 말며[毋瀆神], 그릇된 일에 참견하지 말며[不循枉], 생기지 아니한 일을 억측해서 말하지 말며[毋測未至], 남의 옷과 다 만든 그릇을 비판하지 말며[毋訾衣服成器], 제 몸짓으로 말씀을 증명하려 말 것이다.[毋身質言語]"[24]

라 하고, 계속해서 여자들의 일상 거동하는 데 있어서 상세 평범한 일거수 일동작(一擧手一動作)에 이르기까지의 일에 언급하여 가르치되,

△ "빈 것을 잡되 가득한 것처럼 잡고[執虛如執盈], 빈 곳에 들어가되 사람 있는 곳에 들어가듯 하라.[入虛如有人]"

라고 하였다. 이것은 여자의 조심성과 여유 있는 마음가짐을 교훈한 것이다.

⑤ 식사 예절

조선 전기 사회에 있어서 여성에게서 가장 중요하게 여긴 것은 식사하는 에티켓이었던 모양으로 이 「내훈」 중에서도 식사하는 예의

---

24) 「내훈(內訓)」의 언행(言行) 중.

범절은 가장 많은 언어와 지면을 소비하여 논하고 있고, 또 많은 고대 경전(經典)을 인용하여 그 본을 보였다. 식사하는 여성의 규범을 보이기 위해 인용된 경전은 「곡례(曲禮)」, 「소의(少儀)」, 「논어(論語)」 등인데 이 경전 속에 있는 중국의 규범을 조화시킨 것이 이 「내훈」이다.

먼저 군자 앞에서 식사할 때의 예의범절에 대한 규범으로,
「논어」의 향당편(鄕黨篇)을 인용하여
△ "군자가 음식을 베풀면 반드시 자리를 고쳐 바로 앉고, 먼저 맛을(간을) 보고.[君賜食 必正席先嘗之]"
△ "군자를 모시고 식사할 때는 군자가 먼저 맛본 다음, 즉 고수레를 한 다음에 먼저 밥 먹는다.[侍食於君 君祭先飯]"(이 대목은 「예기」의 '곡례장'에 "시식어장자(侍食於長者)"에도 있다.)
라고 한 교훈을 열거하였다.

이러한 예의범절은 「예기」의 '곡례'에서 말하는
"군자 앞에서 과일을 받았을 땐, 과일 속에 뼈(핵)가 있으면 품속에 넣었다가 버려라.[賜果於君前 其有核者 懷其核]"
라고 한 것에서 본받아 우리생활에 맞도록 조화시킨 에티켓이었다.

다음으로 일반적인 여자들이 밥 먹을 때의 준칙들은 「소의(少儀)」나 「곡례(曲禮)」의 규범을 인용하여 자세히 가르치고 있는데, 이를 종합하여 보면,

"어른들을 모시고 음식을 먹을 때에 주인이 친히 음식 대접을 하면 절하고 먹으며, 주인이 친히 대접하지 않을 때는 절하지 않고 먹는다. 남과 함께 음식을 먹을 때에는 배부르도록 먹지 말 것이며, 남과 함께 밥을 먹을 때에는 손에 묻게 하지 말아야 한다. 밥을 뭉치지 말며, 밥숟가락을 크게 뜨지 말며, 물 마시듯 들이마시지 말아야 한다. 음식을 쩍쩍 소리나게 먹지 말아야 하며, 뼈를 깨물어 먹지 말아

야 하며, 먹던 고기를 도로 그릇에 놓지 말아야 하며, 뼈를 개에게 던져주지 말아야 하며, 어느 것을 굳이 차지하여 먹으려고 하지 말아야 하며, 빨리 먹으려고 밥을 휘젓지 말아야 하며, 기장밥을 젓가락으로 먹지 말아야 한다. 국물을 훅 들이마시지 말아야 하고, 국에 간 맞추지 말아야 하며, 이를 쑤시지 말아야 하고, 젓국을 마시지 말아야 한다. 객이 국에 간을 맞추면 주인은 맛이 알맞게 잘 끓이지 못했다고 사양의 말을 해야 하며, 객이 젓국을 마시면 주인은 가난해서 맛있게 잘 만들지 못했다고 사양의 말을 해야 한다. 젖은 고기는 이로 끊고 마른 고기는 이로 끊지 않는다. 불고기를 한입에 넣어 먹어버리는 일을 하지 말아야 한다.[侍食於長者 主人親饋 則拜而食 主人不親饋 則不拜而食 共食不飽 共飯不澤手 毋摶飯 毋放飯 毋流歠 毋咤食 毋齧骨 毋反魚肉 毋投與狗骨 毋固獲 毋揚飯 飯黍毋以箸 毋嚃羹 毋絮羹 毋刺齒 毋歠醢 客絮羹 主人辭不能烹 客歠醢 主人辭以寠 濡肉齒決 乾肉不齒決 毋嘬炙]"

라고 하여 여성이 밥 먹을 때의 구체적인 예의범절을 가르쳐주고 있다. 뿐만 아니라 함께 식사할 때 손님에 대한 대접상 인사말이 또한 아이러니칼하다.

「손님이 국을 다시 간 맞추면 주인(여자)이 "요리 솜씨가 없어서 손님이 간 맞추게 해서 죄송하다고 사양하고", 손님이 젓국을 마시거든 주인이 "가난해서 찬이 없음"을 사양할지니라.」[25]

이것은 여성 자신이 극도의 예절과 주의를 다하여 밥 먹되 상대방이 잘못된 것은 오히려 주인의 불찰로 돌리라는 여자의 겸양과 은근한 교훈을 말해주는 대목이다.

---

25)「내훈(內訓)」의 언행(言行) 중.

⑥ 처세 방법

한 여성이 남성과 결혼하여 더불어 사회의 험한 세파 속에서 출세하며 생활하며 살아나가는데 있어서, 여인의 책임이나 그 역량이 적은 시대라 유교적 윤리, 남성을 위한 일방적인 도덕률 속에서는 여자는 부속되었을 뿐 그 존재가 희미하고, 언권이나 경제권이나 사회적인 지위가 거의 없었기 때문에 여자에게는 일부의 경우를 제외하고는 그 이름도 없었고 또 사실상 이런 상황 속에서는 이름이 필요치도 않았던 것이다.

따라서 조선 전기의 여인의 처세란 곧 남편의 처세와 합치되는 것이며, 그러므로 이 「내훈」에서도 여성에 대한 처세를 남성들이 그대로 제시하고 있다.

소혜왕후는 중국 옛날 당(唐)나라 때 유빈(柳玭)의 「유씨가훈(柳氏家訓)」을 소상하게 들어가며 "이름을 헐고, 재난을 당하여 선조를 욕되게 하고, 집안을 망치는[壞名災已辱先喪家]" 원인으로

△ 하나는, 제 편안함만 구하고 맑은 마음을 달게 여기지 아니하며, 구차하게 제 이익만을 위하여 남의 말을 분별하지 않는 행위요.[其一; 自求安逸 靡甘澹泊 苟利於己 不恤人言]

둘은, 선비의 학술과 진리를 알지 못하고, 옛 바른 법을 반기지 않고 성인의 말씀을 어지럽게 하되 부끄럽게 여기지 않고, 당면한 세상일이나 의논하여 입 벌려 만족하고 제 몸에 이미 아는 것이 적고, 남의 학문이 많음을 비웃는 따위의 일이요.[其二; 不知儒術 不悅古道 懵前經而不恥 論當世而解頤 身旣寡知 惡人有學]

셋은, 자기보다 나은 사람을 싫어하고 자기보다 낮아서 아첨하는 자를 좋아하며, 오직 농담이나 즐기고, 옛 진리로운 법도를 생각코자 아니하고 남의 잘됨을 듣고는 질투하며, 남의 못됨을 들으면 의기양양하여 아주 사악한 일에 잠겨 젖어서, 덕과 의를 녹이고 삭여

버리는 것이니 비록 벼슬이 있은들 종과 다를 배 없는 무리요.[其三;
勝己者厭之 佞己者悅之 唯樂戲談 莫思古道 聞人之善嫉之 聞人之惡
揚之 浸漬頗僻 銷刻德義]

넷은, 속절없이 놀기를 좋아하며, 잔을 기울여 술이나 마시는 것
으로 높은 사교라 생각하며, 일 부지런히 함을 속된 무리로 삼나니,
배운 것은 쉬 거칠어지고, 깨달았을 때는 이미 뉘우쳐도 소용없는
일이요.[其四; 崇好優遊 耽嗜麴蘗 以銜杯高致 以勤事爲俗流 習之易
荒 覺已難悔]

다섯은, 명리와 벼슬에 급급하고 세도 있는 사람이라면 지체없이
몸을 뒤집어 가까이 하여서 비록 한 자리나 반 급의 벼슬을 얻는다
해도, 모든 사람이 노하고 시기하여 견디는 자가 적으니라.[其五; 急
於名宦 匿近權要 一資半級 雖或得之 衆怒群猜 鮮有存者] 하여 「유씨
가훈」의 오실(五失)을 들어 교훈하였는데, 이 가훈의 말미에서는

"내가 이름난 가문과 높은 종족을 보니 먼저 조상에 충심하며, 효
도하며, 부지런하며, 검박함으로부터 일어나지 아니치 못하고, 그렇
지 못하여 자손이 모질고, 추솔(麤率)하여 호사하며, 오만하여서 엎
어지지 않음이 없었으니, 일어서는 어려움은 하늘에 오르는 것 같
고, 엎어져 망함은 횃불에 털 보듯이 쉬운 일이라 늘 마음이 아프니
너희들은 뼈 속에 새겨 두어라.[余見名門右族 莫子由祖先忠孝 勤儉
以成立之 莫不由子孫 頑率奢傲以覆墜之 成立之難如升天 覆墜之易
如燎毛 言之痛心 爾宜刻骨]"
라고 결말지었는데 「내훈」에서 그대로 인용하였다.

또 이씨여계(李氏女戒)를 이끌어 "가난"과 "부자"의 교훈으로
　△ "가난한 사람은 가난함을 편안히 여기고, 부자인 사람은 그 넉
　　넉함을 경계해야 하는 것이니, 가난하여 스스로 편안케 여기
　　지 아니한 자는 가난함을 부끄럽게 생각하여 널리 구하는 것

이니, 구하다가 얻지 못하면 원한이 이로부터 생겨서 부부간에 서로 경멸하고 은혜는 바꾸어져 원망이 되고 정은 엷어져 미움으로 변하리라. 또 부자이면서 경계하지 않으면 자랑하고 뽐내며 우월감이 생길 것이니, 뽐내며 교만한 모습이 이미 나타나면 온화하고 부드러운 안색이 있을 수 없고, 온화하고 부드러운 안색을 버리고 교만하고 협소한 안색을 지으면 이것이 바로 경박한 부인이니라.[貧者以安其貧 富者以戒其富 而貧不自安者 恥貧而廣求 求既不得則 怨由茲生 室家相輕 恩易情薄 富而不戒則 夸勝之心生 凌慢之容 既彰則 和柔之色 安在乎 棄和柔之色 作嬌小之容 是爲輕薄之婦人也]"

이것은 여자(특히 부인)가 가난에 사는 방법과 넉넉하게 살 때의 조심할 점을 가르치는 말로서 진실로 빈한하되 비굴하지 않고, 부유하되 교만하지 않는 값비싼 교훈이요, 현대인도 배우지 않을 수 없는 명잠이라 하겠다. 그러나 빈한함을 자기의 운명으로 생각할 수 있는 요소가 보이는 것은 경계할 점이다.

그는 또 "자기를 책하고 남을 용서하는 일[責己恕人]"을 중국 송(宋)나라 "범충선공(范忠宣公)"의 "자제 가르치는 말[戒子弟]"을 인용하여 이르되

△ "사람들이 비록 어리석어도, 남을 꾸짖는 일은 밝게 하고, 비록 총명한 사람이라도 자기를 용서하는 일은 어둡게 하는 것이다. 너희들은 그럴 것이 아니라, 항상 남을 꾸짖는 마음으로 자기를 꾸짖고, 제 몸을 용서하는 마음으로 남을 용서한다면 의당 성인의 지위에 이르리라.[人雖至愚 責人則明 雖有聰明 恕己則昏爾曹 但常以 責人之心 以責己 恕己之心 以恕人 不患不到 聖賢地位也]"

이 일은 대단히 어려운 문제이지만 옛 성인 뿐만 아니라 현대의

교양인도 이 "나를 꾸짖고 남을 용서하는[責己恕人]"의 아량을 배우려고 무척 노력하고 있으며, 특히 부부생활에 있어서 남녀 간에 "나를 꾸짖고 상대방을 용서하는 일"은 곧 사랑(부부애)을 의미하는 것이다. 예나 지금이나 자기 자신을 꾸짖는다는 것은 곧 인격도야(人格陶冶)를 의미하는 것이요, 상대방을 용서한다는 것은 그 대상이 이성(異性)일 경우는 사랑한다는 것이 되므로 그 진리는 고금이 한 가지라 하겠다.

7 어버이 섬김(孝親)

유교 특히 주례(周禮)의 규범 속에서 살았던 조선사회 가족제도에 있어서 효친은 가장 으뜸가는 문제로 되어 있었다. 자식으로 태어나서 남녀간에 청춘과 정력을 다 바쳐야 하는 것이 이 효친이며 입신출세(立身出世)도 효친으로부터 비롯된다는 것이며, 부부의 애정도 이 효친으로부터 출발하게 된다는 것이다.

조선사회의 아들 딸들은 너무나 많은 시간과 정신과 정력을 허례적(虛禮的)인 효친에 허비했다. 진실된 사랑으로써 어버이가 그립고 못 잊겠고 그 안강(安康)이 걱정되어 그러하다면 그것은 의당 일생을 바쳐서라도 효친하지 않을 수 없지만, 많은 경우 허례허식으로 다만 "윤리규범이 그러하기 때문에" 무의식적으로 행해진 효도란 무의미한 것이었다.

따뜻한 음식 한 그릇, 정성어린 의복 한 가지에서도 그것이 진실되고 어버이 그리운 마음이 간절한 데서부터 우러나왔다면 그것이 진정한 효도일 것이다.

그와는 반대로 정신적으로는 어찌 되었든 외형적(外形的) 형식만을 차린 효도는 진정한 효가 못되는 것이다.

혹 일삼(日三)[26]하되 아침, 점심, 저녁으로 형식상의 문안을 드린다든가, 혹 거상에 가장 슬퍼한다고 대곡(代哭)[27]을 시킨다든가, 혹 봉제사(奉祭祀)한다고 필요 이상의 번잡한 절차를 밟는 등은 진실로 부모를 위한다기보다는 남에게 보이기 위한 실이 없는 효친인 것이다.

"어버이 살아신제 섬기길랑 다 하여라. 지나간 휘면 애닯다 어이하리, 평생에 고쳐 못할 일 이 뿐인가 하노라."

이 송강(松江)의 시조는 살아 있는 효친을 말함이요, 거상(居喪) 이후의 봉제사(奉祭祀) 등 형식적 효친을 말하는 것은 아니다.

"동양의 모든 철학과 학론(學論)은 상복(喪服)의 학문이었다."(아놀드 토인비; 1889~1975=영국 사학자)라는 말은 그만큼 실속 없는 형식상의 효를 치렀다는 사실을 말해주는 것이다.

이 「내훈」에서도 예외없이 이러한 형식적인 효친을 더 강조하고 있으니 그럴 수밖에 없는 그 시대의 윤리강령이 그러했기 때문이다. 소혜왕후는 우선 "효자가 어버이를 섬기는 다섯 가지[孝子事親之五者]" 원칙을 내세우되,

△ "어버이 거하실 때(아직 활동하실 때)는 공경을 극진히 하며[居則致其敬], 늙으셔서 공양할 때엔 가장 즐겁게 해 드리며[養則致其樂], 병드신 때에는 가장 시름하며[病則致其憂], 돌아가셨을 때에는 가장 서러워하며[喪則致其哀], 제사지낼 때에는 가장 엄숙하게 하라.[祭則致其嚴]" 「내훈(內訓) 효친(孝親)」

하였다. 이런 연후에야 비로소 사친(事親)이 된다고 하였으며, 그러기 위해서는 또 세 가지 삼가야 할[事親者三不除] 점을 들었다. 즉

---

26) 일삼(日三) ; 하루 아침, 점심, 저녁 세 번씩 부모에게 문안 드리던 일.
27) 대곡(代哭) ; 부모 초상 때 가장 슬퍼한다는 표시로 노비나 사람을 사서 대신 곡하던 장례 풍속.

△ "어버이 섬기는 사람은 윗자리에 있어도 교만하지 말며[居上不
驕], 아래에 있어도(벼슬이 부모보다 아랫자리라도) 어지럽지
말며[爲下不亂], 어지러운 곳에 있어도 다투지 말아야 한
다.[在醜不爭]"「내훈(內訓) 효친(孝親)」

고 하였으니, 이것은 인자(人子)인 경우 뿐만 아니라, 일반 교양인이
명심해야 할 준수강령이다. "만일 윗자리에서 교만하면 멸망하고,
아래에서 어지러우면 형벌을 받고, 어지러운 곳에서 다투면 병란(兵
亂)이 일어난다."고 덧붙여 말했다. 그리하여 여자가 시부모에게 효
친하는 첫 출발은 결혼성립에서부터 시작되는 것인데, 만일
　"남녀끼리 아무리 좋아한다 하더라도, 부모가 못마땅해 하면 혼인
이 안 되며, 반대로 남녀가 서로 싫어한다 하더라도 시부모가 나에
게 잘 섬길 것이라 하면 아들은 마땅히 가서 부부의 예를 행해야 하
는 것이다."라고 하였다.(전계)

8 시부모 섬기는 예절(事親)

일단 출가해서는 꼭 준수해야 할 효친의 준칙이 있다.

△ "효도하고 공경하는 데는 꼭 "부모구고(父母舅姑)"의 명령을
거스르지 않고, 게으르게 하지 말며, 만일 음식을 먹으라 하시
거든 즐기지 않더라도 꼭 맛보아 기다리며, 만일 의복을 주시
거든 비록 입고 싶지 않더라도 꼭 입고 기다리며, 만일 바야흐
로 일하고 있는데 또 일을 더 시키거든 먼저 하던 일을 종할미
더러 대신 하라 하고, 비록 하고 싶지 않아도 시키는 일부터
먼저 하고 먼저 일을 다시 하여야 하니라.[孝者敬者 父母舅姑
之命 勿逆勿息 若飮食之 雖不耆 必嘗而待 加之衣服 雖不欲 必
服而待 加之事 人代之己 雖不欲 姑與之 而姑使之 而後復之]"
「내훈(內訓) 효친(孝親)」

라는 것이다. 이런 까닭으로 조선시대 부녀자들이 시집살이가 고추보다도 맵고, 시어머니가 호랑이처럼 무섭고 싫으며, 시누이가 얄미웠던 것이다.

그 뿐만이 아니다. 일거수(一擧手) 일투족(一投足)을 매양 신경을 곤두세워 조심해야지 그렇지 못하면 쫓겨나기가 일쑤다. 저자는 「내칙」을 인용하여 가르치되,

△ "부모구고의 곁에 있을 때, 명이 있으면 곧 소리내어 공경하여 대답하고[有命之應唯敬對], 나아가고 물러섬에 있어서 가에로 돌아 몸을 가지런히 하여 삼가며[進退周旋愼齊], 오르고 내리고 나고 들 때는 반드시 허리를 굽혀 읍하고[升降出入揖游], 감히 트름하며, 한숨 지으며, 재채기하며, 기침하며, 하품하며, 기지개 펴며, 한쪽 발을 높이 치켜들며, 기대며, 곁눈으로 보는 일을 하여서는 아니되고[不敢噦噫嚏咳欠伸倚睇視], 또 침 뱉으며, 코 푸는 것을 하여서는 안되며[不敢唾洟], 아무리 추워도 덧입지 말며[寒不敢襲], 아무리 가려워도 긁지 말며[癢不敢搔], 공경할 일이 있지 않는한 윗도리를 벗지 말며[不有敬事 不敢袒裼],[28] 물을 건너지 않거든 치마를 걷지 말며[不涉不撅], 더러운 옷과 이불의 안을 보이지 말며[褻衣衾不見裏], 부모가 침 뱉고 코 푸는 것을 보지 말며[父母唾洟不見], 부모의 의관과 띠에 때가 있거든 잿물로 고르어 씻을 것을 청하고[冠帶垢和灰請漱], 옷과 치마에 때 묻었거든 잿물을 고르어 빨 것을 청하고[衣裳垢和灰請澣], 옷과 치마가 터졌거든 바늘에 실을 꿰어가지고 와서 깁고 누빌 것을 청할 것이니라.[衣裳綻裂紉箴請補綴]" 「내훈(內訓) 효친(孝親)」

---

28) "웃도리를 벗는다.[단석(袒裼)]"는 예절의 한 가지로서 왼쪽 어깨를 벗음을 말함.

라고 하였다. 여자가 부모나 구고 앞에서 언행함이 이처럼 까다로웠다. 그러나 이것이 몸에 배면 그다지 어려운 것도 아닌 모양으로 이 때문에 조선시대의 여자가 곤란 받은 흔적은 없다.

평소에는 부모구고를 이같이 모시다가 일단 병환이 생기면 더욱 긴장된 정신과 행동의 구애를 받아야 하는데, 이때에 언행해야 할 주의점을 저자는 곡례(曲禮)를 인용하여 다음과 같이 가르치고 있다.

△ "부모가 병이 있으시거든 의관 쓴 머리를 빗지 말 것이며[冠者不櫛], 걸음을 걷되 가볍게 뛰지 말며[行不翔], 말씀을 게을리 하지 말며[言不惰], 부부금실을 삼갈 것이며[琴瑟不御], 고기를 먹되 맛이 바뀜에 이르지 말 것이며[食肉不至變味], 술을 마시되 얼굴빛이 달라지도록 마시지 말며[飮酒不至變貌], 웃음이 잇몸에 이르지 말며[笑不至矧], 노함이 꾸짖음에 이르지 말 것이니[怒不至詈], 병이 다 낫거든 다시 예와 같이 할 것이다." 「내훈(內訓) 효친(孝親)」

라고 하여 병환 중의 사친(事親)은 최대의 정성과 근신을 다하도록 규정되어 있다. 이런 사례는 현대에 있어서도 마찬가지로 부모가 병환에 계시는데 유쾌하고 호방한 언행이 있을 수 없다.

다음으로 시아버지(舅)가 돌아가시고 시어머니(姑)가 늙으셨을 경우 그 며느리는,

△ "맏며느리는 봉제사(奉祭祀)나 손님 접대를 비롯한 대사를 시어머니에게 반드시 청해서 의논하여 행하고, 작은 며느리는 맏며느리에게 청해서 할 것이요. 시부모가 맏며느리에게 시키면 맏며느리는 게을리 하지 말고, 또 작은 며느리에게 감히 무례한 일을 말 것이다.[舅沒則姑老, 冢婦聽祭祀賓客, 每事必請於姑, 介婦必請於冢婦, 舅姑使冢婦毋怠不友無禮於介婦]"

시부모가 때로 작은 며느리에게 시키면 작은 며느리는 감히 맏

과 마주하지 못하며, 잠깐도 가지런히 걷지 못하며, 명령을 가지런히 못하며, 자리를 가지런히 못하는 것이다. 무릇 며느리는 시부모가 너희 방으로 가라고 명하지 않는 한 감히 물러갈 수 없고, 또 며느리는 여러 가지 일이 있거든 크고 작고 간에 일일이 시부모에게 청해서 물을 것이니라." 「내훈(內訓) 효친(孝親)」

장자(長子) 우위(優位)의 조선시대 가족제도하에서는 며느리에게도 맏이와 아래 동서는 엄연한 차별대우가 생기며 그러므로 작은 며느리 된 자는 이중 삼중의 섬김의 층계가 있었던 것이다.

⑨ 시부모상을 당했을 때[居喪]

조선시대 효친에 있어서 가장 어려운 일은 부모상(父母喪)을 치르는 일이라 하겠다. 사대부로서 규범 있는 가문의 치상(致喪)은 굉장한 고역(苦役)이었다.

「예기(禮記)」에 "스승을 섬기는 거상은 부모의 상을 본받아 마음으로의 치상 3년이요, 임금의 거상은 부모상을 준해서 3년을 거상하며, 어버이 거상은 지극한 마음으로 3년 동안 거상한다."(원문 생략) 라고 하였는데, 이 "지극한 마음으로 거상 삼년"은 만사를 쉬고 정성을 다 모으지 않으면 안 된다. 「내훈」에는 사마온공(司馬溫公)의 말을 이끌어 다음과 같이 치상해야 한다고 했다.

△ "부모의 거상에 중문 밖에 허술한 토막칸을 내어 가리어[擇樸陋之室], 남자의 거상할 토실을 만들고 참최(斬衰)[29]를 벗지 아니하고, 거적에 자며[寢苦], 흙무지를 베게하며[枕塊], 질대[絰帶][30]를 풀지 말며, 사람들과 어울려 앉지 말지니라."

"부인은 중문 안 별실에 거처하되 장막이나 이불, 요 등 화려한

---

29) 참최(斬衰)는 상복(喪服)의 일종(一種)으로 옷깃이 없고, 베로 만든 옷걸이 옷.
30) 질대(絰帶, 속칭 절대)는 삼으로 왼새끼를 꼬아가지고 만든 띠, 머리와 허리에 두른다.

것을 거두어버리고[撤去帷帳衾褥華麗之物], 남자는 연고 없으면 중문 안(부인 방)에 들지 말고, 부인은 남자가 거상하는 곳에 가지 말지어다."

이런 생활을 삼 년이나 하는 동안 사람은 초췌해지고, 그 금욕(禁慾) 생활이 또한 보통 일이 아니어서 이러한 인간의 본성을 무시하는 상복(喪服)제도에 반대하는 학술과 사상은 중국에서도 명말(明末)과 청초(淸初)에 일어나기 시작 안습재(顔習齋; 顔元 1634~1704 明末, 淸初人)나 대진(戴震; 1723~1777 淸初人) 같은 실사구시(實事求是) 학자들은 성정론(性情論)을 통해

"남녀란 사람에 있어서 큰 욕망이니 이 역시 사람의 지극한 성정이다. 당신들은 과연 정념이 움직이지 않겠는가?[…男女者 人之大慾也 亦人之至性也 你們果不動念]"(顔習齋)
이라고 주장하면서 복상(服喪) 기간 중의 반성정적(反性情的) 생활의 결함을 통박하였었다.

⑩ 봉제사(奉祭祀)

이와 같은 거상 뒤에 오는 것은 봉제사를 하면서 부모의 명성을 더욱 높이며 그 남긴 뜻을 이어 받는 일이었다.

자식이 입신출세하는 것은 곧 부모의 명성에 돌아가는 것이요, 부모의 유훈이 곧 자식의 생활이어야 하는 것이었다.

△ "부모가 비록 없으셔도 장차 크게 착한 일을 할 적에 부모께 좋은 이름(名聲)끼쳐 주셨음을 생각하여 모름지기 과단성 있게 하며, 장차 착하지 못한 일을 할 적에 부모께 부끄러우며 욕된 이름을 끼칠까 염려하여 모든 일을 과단히 말 것이로다."(원문 생략) 「내훈(內訓) 효친(孝親)」

라고 한 것이 바로 자식의 명성이 곧 부모가 끼쳐놓은 명성이라는

교훈이다. 이 간접적인 부모의 명성은 자식으로 하여금 항상 조심하여 분발 노력하는데 커다란 저력(底力)이요, 바탕이요, 이념이 되는 것이다.

제반 제사를 가장 엄숙하게 지내야 하며, 생전에 부모가 귀여워한 서모(庶母)나 종들을 몸이 다하도록 섬겨야 하며 평소 부모가 애완(愛玩)하던 것에 대해 소중히 하지 않으면 안 된다는 봉제사의 관념이었다.

11 혼인(婚姻)

조선사회에 있어서 혼인의 특질은 철저한 남존여비의 사상으로 이루어지며, 유교적인 복잡다례한 의식을 거쳐야 하며, 결혼은 남녀 간의 문제보다 효(孝)의 근본을 삼아 효를 위해서의 혼인이었고, 여자가 또 하나의 제약 속으로 얽매임을 의미하는 것이 되어 있다. 즉

첫째로, 남존여비의 혼인이란, "남자는 이혼과 재혼이 자유롭지만 여자들은 재혼할 수 없었고[夫有再娶之義 婦無二適之文]", 따라서 상류사회에서는 일부다처가 공인되었었다.

둘째로, 유교적인 복잡한 의례를 치르기 위해서는 육례(六禮)의 과정을 거쳐야 하며 반드시 중매[媒婆]를 들이어야 하며 결혼한 뒤의 일상생활에 있어서도 언행에 번다한 규범들이 뒤따랐던 것이다.

셋째로, 조선시대의 결혼의 목적은 얼른 보면, 효를 위해서 이루어지는 것 같으니 남녀가 싫어도 부모가 좋다고 하면 혼인이 성립되고 그리하여 여자는 장차 효를 행하기 위해 출가하는 것으로 되어 있다. 또 그들은 자기도 장차 효를 받기 위해서 온갖 고통을 참고 이겨나가는 것이다.

넷째로, 조선시대 혼인이란 삼종(三從)의 제약 중에서 제2의 제약(制約)인 "지아비에게 복종하는[適人從夫]"의 기반(羈絆) 속으로 끌

려 들어가는 것이 된다. 뿐만 아니라 그 종부(從夫)의 과정이 남편에서 그치지 않고 오히려 지아비를 중심한 구고자매(舅姑姉妹) 등 친족들에게 더욱 복종해야 하는 것이니, 그 제약은 삼중 사중이 되어 버리는 것이다. 그 구체적인 실상을 개관하면,

(ㄱ) 혼인의 근본 취지

혼인의 근본은 「예기」에서 말한 대로 "남자가 여자보다 앞섬은 굳고 부드러운 뜻[男先於女 剛柔之義]"이니, 그것은 또 남녀가 유별(有別)한데서부터 시작된다. 즉 남녀가 유별해야 유친(有親)하고 유의(有義)하고 그런 후에야 비로소 만물이 안정된다는 것이다. 이러한 사상을 이끌어 소혜왕후는 가르치되,

△ "공경하며 삼가며 중히 하며 바른 후에야 친하니[敬愼重正而後親之], 이것이 예의 대체이다[禮之大體]. 남자가 여자를 가리는 것은 부부의 의를 세우는 것이요[所以成男女之別 而立夫婦之義也], 남녀가 유별함으로써 부부의 의리가 있고[男女有別而後夫婦有義], 연후에야 부자의 친함이 있고[夫婦有義而後父子有親], 그런 다음에 군신의 바른 것이 있는 것이다.[父子有親而後 君臣有正], 그런 까닭으로 혼례는 그 예의 근본이라.[婚禮者禮之本也]" 「내훈(內訓) 혼례(昏禮)」

라고 하였다. 이러한 사상은 「예기」 혼의(婚義)에서도 말하고 있는데 "결혼이란 장차 두 남녀가 좋아서 합치되어 위로는 종묘(사당)를 섬기고 아래로는 후세를 잇는 일이다. 그러므로 군자는 이를 무겁게 여겼다. 이런 까닭으로 혼례에는 납채(納采), 문명(問名), 납길(納吉), 납징(納徵), 청기(請期)[31]할 때 모두 주인이 사당에서 상을 차리고 밖에 나가 절하고 손님(신랑 측)을 맞아서 읍하고 오르는 것이 경

---

31) 아래의 육례의 절차를 참조.

건하고, 신중하여 혼례를 무겁고 바르게 하려는 까닭이다.[昏禮者 將合二姓之好 上以事宗廟 而下以繼後世也 故君子重之 是以昏禮 納采, 問名, 納吉, 納徵, 請期 皆主人筵几於廟 而拜迎於門外 入揖讓而升 聽命於廟 所以敬愼重正昏禮也]”「내훈(內訓) 혼례(昏禮)」

이것으로 보면 혼례의 근본은 “경건하고 신중하고 무겁고 바른 일”이고, 그것의 가르침과 첫 표현이 바로 여자의 아버지가 납채(納采)에서 청기(請期)에 이르기까지의 예절에 몸소 사당 앞에 자리를 펴고 상을 놓고 신랑 쪽의 행차를 기다려 절하고 겸양하여 안내하면서 신랑 쪽의 명을 기다리라고 한 것이다.

(ㄴ) 육례(六禮)와 사례(四禮)

지금의 혼인절차는 대별하여 약혼식과 결혼식의 두 가지뿐인데, 단, 혼인식 직전에 함(函)을 보내는 풍속은 있기는 하나 본뜻과는 다르게 변질됐다. 조선조 중기 이후는 의혼(議婚), 납채(納采), 납폐(納幣), 친영(親迎)의 사례(四禮)를 치뤘지만, 조선조 전기의 혼인절차는 육례로 엄수하여야 했으니 「내훈」에서는 그 절차를 자세히 열거하고 있다.(※이는 궁중 왕족의 혼인 절차를 중심으로 한 것이라 여겨진다)

그 육례(六禮)의 절차는

첫째, 납채(納采)이니 이는 약혼을 의미하는 것으로 혼인의 약속을 표시하기 위하여 신랑 집에서 신부 집으로 기러기[32]와 붉고 푸른 비단을 보낸다. 이 「내훈」에서는 「예기(禮記) 혼의(婚義) 소(疏)」의 “납채란 신랑 집에서 신부 집으로 보내는 기러기[納采者 謂采擇之用雁]”라 하고 주에서 “그려기드려 갈해는 예이라”고 하였다. 이 납채

---

32) 기러기(雁) ; 나무로 깎아 만든 것으로 「지(摯)」, 「지(贄)」로도 통하며 예전에 처음으로 만나뵙는 사람에게 드리는 예물의 표시였다.

로서 혼인의 첫 단계인 허혼(許婚) 또는 약혼(約婚)이 이루어지는 것이다.

둘째, 문명(問名)이니 신부 어머니의 이름을 물어보는 것으로서 신부 가문의 내력을 신랑 집에서 알아둠이다. 「내훈」에서는 "문명(問名)은 겨지븨 난 어믜 일훔 무를시라"고 주해했다. 문명은 신랑 측에서 혼인을 다시 굳히는 절차로서, "이러한 글월[文]을 신부 측에서는 두 번 다시 보내지 못한다.[婦無二適之文]"이라는 규범으로 만약 문명(問名) 절차만 거치고 신랑 될 사람이 죽어도 여자는 과부로 일생을 혼자 살아야 했다.

셋째, 납길(納吉)이니 이른바 사주(四柱) 보내는 혼례의 절차로서 신부와 신랑이 궁합(宮合)이 맞는가를 점쳐서 보내는 일이다. 이때 상상길(上上吉)이 나오면 가장 좋은 것이요, 아주 흉하다고 하면 신랑 쪽은 재고해야 한다. 「내훈」에서는 "납길(納吉)은 됴한 점복(占卜) 드릴시라"고 주해하였다.

넷째, 납징(納徵)이니 이른바 납폐(納幣; 현재의 폐백)로서 "돈과 비단[幣帛]"을 신부 집에 보내어 혼인을 확고히 하며 신부로 하여금 장차 결혼 준비를 시키는 일이다. 「내훈」에서는 "납징(納徵)은 폐백(幣帛)드려 혼인을 보람 할시라"라고 주해했다.(그런데 지금의 폐백은 순서나 성격이 달라졌다.)

다섯째, 청기(請期)이니 혼인 날짜를 신부 집에서 받아서 신랑 집에 알리는 것이다. 이 혼인 날짜는 청(請)한다고 했지만 실은 알리는[告] 것이 된다. 또 혼인 날짜는 신랑이 신부 집에 장가드는 초례(醮禮)의 날짜를 말함이다. 「내훈」에서는 "청기(請期)는 혼인(婚姻)할 날을 청(請)할시라"고 주해하였다.[33]

---

33) 이 청기(請期)는 북방(北方)의 「남귀여제(男歸女第)」 혼속에서 여자 쪽에서 가려서 남자 쪽에 알리는 것으로 되어 있다. 육례(六禮)의 혼속은 북방 혼속에서 유래되었고, 남방(南方)의 혼속을 「출가혼(出嫁婚)」이라 한다.

여섯째, 친영(親迎)이니 신랑이 신부 집에 장가든 다음 날을 받아서 신부를 신랑 집으로 데리고 오는 절차이다.

이것으로 혼인의 복잡한 절차는 모두 끝나는 것인데 신부에게 있어서는 이제부터 고역과 시련이 시작되는 것이다.

조선조 후기에서는 사례(四禮)로 치뤘다.(현재의 결혼에 있어서는 친영의 절차가 따로 없고 모든 절차가 하루 한 시간에 결혼식장에서 치러지고 있다.)

(ㄷ) 남존여비의 혼인제도

모든 혼인 절차가 남존여비의 표현이 아닌 것이 없지만, 특히 「예기(禮記)」의 모든 기록은 동양에 있어서 남존여비가 율법으로 되어 있음을 말해주고 있다. 「내훈」에서는 「문중자(文中子)」를 인용하며,

△ "일찍 혼인하며 어려서 매파를 들이는 것은 사람으로 하여금 경박한 짓을 못하게 가르치는 일이고, 처첩을 많이 갖게 하는 것은 사람으로 하여금 어지러운 일을 못하게 가르치는 것이니, 또 귀함과 천함에 등분이 있어서 일부일처는 서민들의 직분이다.[早婚少聘 敎人以偸 妾滕無數 敎人以亂 且貴賤有等 一夫一婦 庶人之職也]"「내훈(內訓) 혼례(昏禮)」

라 하여, 일부다처는 상층계급들의 직분으로 되어 있다. 여기서 사람(人)이라고 한 것은 여자를 가리키는 말로서 여자에게는 경박하고 어지러움을 못하게(성적(性的)으로) 강요한 것이다.

또 공자(孔子)의 말을 이끌어

부인(婦人)은 "사람 밑에 엎드려라[伏於人也]"이라 하여 부인을 남자 밑에 엎드리어 놓고 굴복시켰으며, 실천사항으로 "독단으로 정하는 뜻이 없고[無專制之義]", "삼종〈부종(父從), 부종(夫從), 자종(子從)〉의 도가 있을 뿐[有三從之道]"이라고 하였다. 그러므로 출가한 인처(人妻)는 "규문 안에서 날이 저물어야 하고[女及日乎閨門之

內], 친상을 입어도 백 리 밖이면 가지 못하고[不百里而喪], 일을 독단으로 하지 말고[事無擅爲], 행동을 독단으로 이루지 말고[行無獨成], 모든 것을 다 안 후에야 비로소 움직이며[參知而後動], 다 알아본 뒤에야 비로소 말하며[可驗而後言], 낮에 뜰에 노닐지 말며[晝不遊庭], 밤에 다닐 때는 반드시 등불을 밝혀들고 다니는[夜行以火]" 것이 부덕(婦德)이라고 하였고 그 시대 여인들은 또 그렇게 살아 왔었다.

12 부부생활

(ㄱ) 부부의 도리

부부의 근본 도리는 위의 혼인의 근본에서 이야기했으므로 더 논할 필요가 없겠다. 다만 소혜왕후가 따로 이 항목을 만들어 그 도리를 교훈한 것을 들어서 조선시대 아내들의 정신과 생활을 엿보자면

△ "부부의 도(道)는 음(陰)과 양(陽)에 맞으며, 신명(神明)에 통하여 있으니, 이것은 하늘과 땅의 큰 뜻[義]이며, 인륜(人倫)의 큰 마디[節]라"하고,

△ "남자가 어질지 못하면 여자를 거느리지 못하고, 여자가 어질지 못하면 남자를 섬기지 못하며, 남자가 여자를 거느리지 못하면 권위가 없어지고, 여자가 남자를 섬기지 못하면 의리(義理)가 무너지는 것이니. 이 두 가지는 가지런한 것으로서 그 씀[用]이 하나이다."라고 하여

이렇게 상대적이면서도 동등한 부부의 도가 있는 반면에 서로 다른 행적이 있는 것을 잊지 않았다. 즉

△ "음양의 성이 다르고[陰陽殊性], 남녀가 행실이 다르니[男女異行], 양(陽)은 강(剛)으로 덕을 삼고 음(陰)은 부드러움[柔]으로 그 씀[用]을 삼으니, 남자는 강하면서 귀하고, 여자는 약하면

서 아름다운 것이다. 그러므로 우리나라 속담에 〈아들을 이리
[狼] 같은 놈을 낳아도 오히려 나약할까 두렵고, 딸을 쥐 같은
놈을 낳아도 오히려 범처럼 사나울까 두렵다〉는 것이니 그러
므로 몸 닦음[修身]이 공경만한 것이 없고, 사나움을 피하는
길이 순(順)함만한 것이 없으니 따라서 "공경하고 순함의 도는
부인의 큰 예인 것이다.[敬順之道 婦人之大禮也]" 「내훈(內訓)
부부(夫婦)」

라는 것이다. 남녀의 도가 이렇게 다름으로 다음의 문제를 생각지
않을 수 없다. 즉 공경[敬]은 오래 가졌음을 말함이요, 순종[順]은 너
그럽고 커서 자낙자낙함을 말함이다. 〈오래 가졌음〉은 멈출 때[止]
와 자족[足]함을 앎이요, 〈너그럽고 크고 자낙자낙 함〉은 온순 공경
[溫恭]하여 낮은 것을 숭상함이다. 이러한 이치를 모르고 그저 부부
가 좋아하는 것으로만 살아간다면 그 결과는

"평생 집에서 떠나지 않고 방안에서만 붙어 살며, 사는 일에만 쫓
기면서 서로가 희희닥거리므로 그런 중에 말이 지나쳐 야해지고, 말
이 지나치면 버릇없는 행동이 생기며 행실이 방자해지면 지아비를
얕보는 마음이 저절로 생기느라![終身不離房室 周旋遂生媒黷 媒黷
旣生 語言過矣 語言旣過 縱恣必作 縱恣旣作 則侮夫之心生矣]"라고
하였다. 「내훈(內訓) 부부(夫婦)」

(ㄴ) 부부가 지킬 일

부부의 규잠은 곧 부녀의 규잠이 된다. 남자에게는 이미 규잠이
통하지 않았던 조선시대의 부부생활은 부녀에게만의 강력한 율법이
있을 뿐이었다. 따라서 이 「내훈」에서도 주로 아내에 대한 규범이
다루어져 있다.

△ "지아비는 하늘이요, 하늘은 달아나지 않는 것이니 따라서 남
   편도 떠나는 일이 없다. 행실이 신(神)에게 어기면 하늘이 벌

(罰)하고 부인의 예의가 허물어지면 남편이 이를 박대하는 것이다.[夫者天也 天固不可逃 夫固不可離也 行違神祇 天則罰之 禮義有愆 夫則薄之]"

하여 이것은 천리(天理)라는 것이다. 그러므로 반드시

"(부인은) 본래부터 전심 정색을 아니할 수 없으며, 예의와 의리를 갖추어 몸에 지니고, 귀로 어지러운 말을 듣지 말며, 눈으로 사악한 것을 보지 말며, 밖에 나갈 때 화장을 하지 말 것이며, 집에 들어와서는 치장을 지우지 말며, 여럿이 모여 놀지 말며, 문 밖을 쳐다보지 말아야 한다.[固莫若專心正色 禮義俱摯 耳無塗聽 目無邪視 出無治容 入無廢飾 無聚會群輩 無看視門戶]"

하는 것이 바로 이르는 전심정색(專心正色)이요, 부인의 행동규잠이다.

그리하여 「내훈」에는 이러한 모범된 부인의 행적을 실례로 들어 예시하되 초(楚)나라 장왕(莊王)의 부인 번희(樊姬)의 행실 등 4, 5명의 현부(賢婦)를 들고 있으니 역시 조선조의 현부와 다르지 않아 당시의 여인상을 보는 듯하다.

⑬ 어머니 상(母儀)

조선시대 어머니들의 특징은 이율곡(李栗谷)의 어머니나 한석봉(韓石峯)의 어머니처럼 자애롭고 엄격한 규범 속에서 일사불란하게 생활하며 교훈하는 고아한 모습이 첫째이니, 그것은 그들이 살아온 세계가 그랬고 받은 교훈이 또한 그러했을 뿐만 아니라 며느리에 대해서는 그들이 겪은 고초의 보람으로 효도를 받으려는 입장에서도 엄격하지 않을 수 없었다. 그러므로 가령

"무릇 자부가 아직 공경하지 못하며, 효도하지 못한다 하여도 성급히 미워해선 안 되고, 시어미는 가르쳐야 하고, 가르쳐도 안될 때

에 비로소 노할 것이고, 노해도 안될 때에 채찍을 들어 다스리며, 여러 번 채찍으로 다스려도 끝끝내 고치지 않을 때에야 아들을 내치며, 며느리를 내쫓을 것이니라. 그러나 그 예를 범한 사연은 밝혀 말하지 말아야 한다.[凡子婦 未敬未孝 不可遽有憎疾 姑敎之 若不可敎 然後怒之 若不可怒然後笞之 屢笞而終不改 子放婦出然 亦不明言其 犯禮也]"「내훈(內訓) 부부(夫婦)」

에서 어머니들이, 아들이나 며느리에게 가르치고 꾸짖고 그리고 매질하고, 심하면 내쫓는 그 엄격하고 무서움을 볼 수 있는 것이다. 이 「내훈」에는 주로 어머니가 며느리를 가르치고 내 자식처럼 사랑하는 데 중점을 두고 엮었으며 대부분이 현모(賢母), 엄모(嚴母), 자모(慈母), 의모(義母)의 행적을 들어 교훈하고 있다.

현모의 실증으로는 중국의 주문왕(周文王)의 어머니인 태임(太姙)과 주무왕(周武王)의 어머니인 태사(太姒)는 모의(母儀)의 으뜸이요, 현모로는 맹자(孟子)의 어머니를 들었으며, 여영공희철(呂榮公希哲)[34]의 어머니는 엄모(嚴母)의 본보기요, 또 제(齊)나라 때의 의계모(義繼母)[35]의 "의리로운 사랑의 행적", 「예기」 '내칙(內則)'의 자모(慈母)의 "자애롭고 의리있는 어머니 상"은 엄격하면서 인자하고, 청렴하면서 법도가 있고, 순종하면서 의리가 있는 어머니로 소혜왕후 자신이 또한 그러한 모의(母儀)의 소유자였었던 까닭이요,[36] 우리 민족의 대부분 어머니들이 그러했다.

그러면 당시의 어머니로서의 "남편을 섬기면서 자식을 기르치던

---

34) 여희철(呂希哲); 중국 송(宋)의 학자. 자 원명(原明).
35) 중국 제(齊)나라 선왕(宣王) 때 전처 아들을 살리며 제 아들은 구하지 않던 계모.
36) 내훈 발문에서 상의 조씨(曹氏)는 소혜왕후의 모습을 "왕손 등이 조금만 잘못해도 엄하게 다스려 훈계했다.[王孫等少有過失略不掩護即正色誡飭]" 또는 양궁(兩宮; 世祖大王)이 "농담말로 폭빈" 등으로 표현하고 있다.

[事夫敎子]" 실상을 소혜왕후는 「예기」의 「내칙(內則)」을 들면서 교훈하되

"아이를 낳아 여러 어미[37]와 마땅한 사람을 가려 고르되, 반드시 너그럽고, 여유롭고, 자혜심과 온량하여 공경스러우며 삼가며, 말이 적은 사람을 자식의 스승이 되게 하며, 아이가 밥을 먹게 되면 오른손으로 먹게 가르치고, 말할 때가 되면, 남자는 "오냐[唯]"라는 말씨요, 여자는 "녜[兪]"라[38] 가르치며, 남자의 띠는 가죽으로 하고, 여자의 띠는 실로 할 것이며, 6년이면 셈과 방향을 가르치고, 7년이 되면 남녀가 한자리에 못 앉게 하고, 함께 밥 먹지 못하게 하고, 8년이면 문 밖 출입과 회식할 때는 반드시 윗사람보다 나중에 서며 먹게 하며, 이때에 비로소 겸양하는 예절을 배워준다. 10년(여자)이면 바깥 출입을 금하고 시가살이 예절을 가르치되, 의젓하고 부드럽고 순종하는 몸가짐과 길쌈 법과 누에 먹여 명주 짜는 법 등 여자들 하는 일을 가르치고, 의복 짓는 일도 함께 배워주며, 제사 모시는 구경을 잘 시켜서 제주며 제찬과 제기(祭器) 등을 잘 살피게 하며, 예의 제반을 배워준다. 15세가 되면(여자) 계례(笄禮)[39]를 치러야 하며, 20세면 시집보내며 여자 쪽이 사정이 있으면 23세에 시집보내야 하며, 중매쟁이[40]를 거쳐서 혼인하면 정식 처가 되지만 저희끼리 좋아서 몰래 결혼하면 첩이 된다.[生子 擇於諸母 與可者 必求其寬裕慈惠

---

37) 조선시대 상류사회의 일부다처(一夫多妻)에 있어서는 남녀(男女)가 결혼하면 적처(嫡妻)가 첩잉(妾媵)들을 천거해서 그 남편이 여러 첩(妾)을 거느리게 하니 제모(諸母)란 첩잉(妾媵)을 말함.
38) 유(唯)는 아랫사람의 말을 받아 응낙하는 말이요(禮記, 曲禮에 "必愼唯諾"이라 했다.), 유(兪)는 명령에 복종하는 말. 즉 "네!" 따위(禮記, 女則에 "男唯女兪"라 했다.) 그래서 남자는 "오냐"라 하고 여자는 "녜"라 한다고 했다.
39) 계(笄)는 "비녀". 여자가 머리를 땋고 "비녀"를 꽂음.(禮記 曲禮에 "十有五年 而笄"이라 함)
40) 매파(媒婆) ; 중매를 들여 혼인(婚姻)하면 "처(妻)"요, 저희끼리 혼인(婚姻)하면 "분녀(奔女)" 또는 "첩(妾)"이라고 했다.

溫良恭敬愼而寡言者 使爲子師 子能食食 教以右手乎 能言男唯女俞
男鞶則革 女鞶則絲 六年敎之數與方名 七年男女不同席 不共食 八年
出入門戶 及卽席飮食 必後長者 始敎之讓 十年不出 姆敎婉娩聽從 執
麻枲 治絲繭 織紝組紃 學女事 以共衣服 觀於祭祀 納酒漿籩豆菹醢
禮相助奠 十有五年而笄 二十而嫁 有故則二十三年而嫁 聘則爲妻 奔
則爲妾]"「내훈(內訓) 모의장(母儀章)」

하였으니, 이것이 조선시대의 어머니가 자녀를 교육하는 교과과정
이요, 출가(出嫁) 전 여아가 생장하는 모습이기도 하다.

⑭ 친절 예절[敦睦]

여기 돈목이란 여자(출가한)가 동서끼리 또는 시숙(媤叔)이나 시
누이(姉妹)와 사이좋게 지냄을 말하는 것인데, 그 근본 규범은 「여
교(女敎)」에서 말하는

△ "맏며느리[姒]와 아우 며느리[娣]는 형제 같고 그 정의의 두터
움은 다른 사람들이 따를 배가 아니어야 한다. 혹 어진 사람을
만나면 감동과 흠모하는 마음을 일으켜 선(善)을 극진히 하여
함께 늙을 것을 기약하며, 혹 사나운 이를 만나서 망령된 행동
을 한다고 해도 "내 잘못이로다." 하고 어여삐 여길 것인즉,
두 굳은 것이 싸우면 반드시 하나는 꺾어지는 법을 알고 부드
러움으로 그의 잘못을 완전케 하여야 한다. 항상 나의 온화하
고 공손[溫恭]함을 기르고, 노하고 교만함을 너그럽게 여기고,
내가 먼저 은덕을 베풀되 그 갚음을 구하지 말고 조그만 이득
을 다투어 지친(至親)의 큰 덕을 잃지 말지어다."(원문은 생
략, 이하 같음) 「내훈(內訓) 돈목(敦睦)」라고 했으니

이것은 돈목의 근본이요, 요결이다. 비단 동서끼리만의 문제가 아
니라 대인(對人)관계에서도 필요불가결한 정신이다. 저자는 또 증자

(曾子)의 말을 빌어

"친족들이 좋아 안 하거든 밖으로 사귀지 말고, 가까운 사람이 친하지 않거든 먼데서 친하려 하지 말고, 작은 것을 살피지 못했거든 큰 것을 말하지 말아라."「내훈(內訓) 돈목(敦睦)」고 하여, 친화(親和)의 원리를 말하였다. 그리하여 옛날 현부(賢婦), 열녀들의 돈목의 실례를 들어 가르쳤다.

15 청렴생활[廉儉]

농경사회인 동양 문화권에서 청렴결백은 유달리 강조되고 중시된 사회적 덕목이었다. 특히 여성에게는 그러한 교훈이 몸에 배어 있었기 때문에 항상 듣는 교훈인 즉 "어머니가 벼슬한 아들 소식을 궁금해 하되, 끼니 굶지 않을 정도라고 전하면 만족하게 여기고, 몸이 나고 윤택하게 살더라 하면 불안하여 안색이 변한다."는 현모, 엄모들의 이야기였으므로 그들은 자녀들이 "논밭을 찾고 집을 사러 다니는[求田問舍]"하거나 더욱이 뇌물로 산다는 것은 아주 질색이었다.

「내훈」에서는 공자의 말을 이끌어서 교훈하되,

△ "한 쪽박의 밥을 먹고, 한 바가지 물을 마시며 누추한 고장에 산다고 사람들은 걱정하여 마지 않지만, 회(回)[41]란 사람은 그 즐거움이 한결같으니 어질도다 회(回)의 덕망이여![一簞食一瓢飮 在陋巷 人不堪其憂 回也 不改其樂 賢哉 回也]"[42]

이러한 근본정신 밑에서 그들은 부유하되 오히려 삼가고 가난하되 불안해 하지 않는 신념과 재주를 배웠기 때문에, 그 가난에 사는 법과 부유를 탐내지 않는 "가난하되 그 속에서 깨끗하게 사는 즐거움[안빈낙도(安貧樂道)]"의 생활을 배워서 살았던 것이다.

---

41) 회(回); 안연(顏淵 ; B.C. 513~B.C. 482) 노(魯)나라 현자. 공자의 수제자.
42) 「논어」의 '옹야편(雍也篇)'에서

찬자는 청렴생활의 본보기로 호문정공(胡文定公) ; 송(宋)나라 때 태학박사, 호 초암거사(草菴居士), 시호가 문정공(文定公)의 말을 인용하면서

"사람은 모름지기 일체 세간의 맛을 담박한 것이어야 좋으므로 구태여 부귀 모습을 두지 않는(人須是一切世味淡薄方好 不要有富貴相)것"이라 하고, 또

맹자(孟子)의 말을 더 붙여서 말하되

"집이 높다랗고… 먹을 것이 쌓이며, 처첩이 수백 명일지라도 내 뜻을 이루었다고는 하지 못할 것이니… 학자(배운 사람)는 먼저 이런 것들을 제거해야 하느니라(孟子謂堂高數仞…食前方丈 侍妾數百人 我得之 弗爲也… 學者須先除去比等…)"[43] 하였고, 다시 제갈공명(諸葛孔明)의 "몸소 남양에서 가난하게 밭을 갈 때도 영화로운 소문은 구하지 않았다.(躬耕南陽 不求聞達)" 등의 성인의 일화를 들어가며, 청렴과 가난을 이기는 정신과 생활의 실제를 강조하고 있다. 동양의 농경사회에서는 안빈낙도(安貧樂道)가 임금이나 백성의 미덕이었다.

V. 맺음말

「내훈(內訓)」에 대하여 "그 임진전판본(壬辰前板本)을 일본이 가져가 보존하고 있더라"는 필자의 동아일보에 기고한 기사(1962년 6월 5일, 및 동년 8월 13일)가 당시 매스커뮤니케이션을 탔고, 몇 년 뒤 연세대학교 인문과학연구소에서 '인문과학 자료총서 제4집'(제3집은 임진전판본 악학궤범)이 나오기까지는 학계나 교육계 내지는

---

43) 맹자(孟子) 제34, 세대인즉막지장(說大人卽藐之章) 및 제20, 필지어(必志於)장.

여성계에서도 「내훈」이란 책이나 그 개념자체에 대하여 관심이 별로 없었다.

간혹 학자들이 효종 7년(1656)의 중간본이나 영조 12년(1736)의 활자본으로 해제한 적은 있어도 임진전판본처럼 서지적(書誌的) 가치나 내용면에서 조선 전기의 희귀어휘나 여성생활상에 대하여서는 별로 주목하지 못하였다.

필자가 촬영해 온 희귀본 필름 인화지를 당시 연세대학 유창돈(劉昌惇) 교수는 얼른 빌려보고 「이조어사전(李朝語辭典)」을 완성하는 데 큰 보탬이 되었던 일도 있을 만큼 귀중한 이조어의 보고이기도 한 문헌이다

이 자료총서가 나오자 각급 학교 특히 여자 고등학교에서는 교재로 쓰련다고 필자에게 문의해 왔으나 아직 번역이 안된 때라 필자는 불야불야 1970년에 「내훈연구(內訓研究)」란 소책자(선명문화사 간행)를 만들어 요청하는 학교에 급한대로 미봉했다.

「내훈」 번역은 그 뒤 이규순(李揆順) 교수가 1980년에 번역했고(오곡문화원 간행), 이청림(李靑林)씨가 1985년에 역주(임마누엘사 간행) 했으니, 필자는 더이상 손대지 않고 있다가 금번 「내훈」 및 「악학궤범」 「경세훈민정음도설」(최석정 ; 崔錫鼎 저) 등 모든 필름을 명문당에 기증하면서 그 판권을 굳혀드리고, 또 어설픈 역주보다는 차라리 연구소론(研究小論)이 나을상 싶어 금번 영인본, 즉 「내훈」 원본 한 면을 신국판 한 면에 담아(자료총서 발간 때는 원본 4면을 4×6배판 1면에 담아 영인했음) 연구소론을 붙여 학계에 보여드리는 바이다.

최근 「내훈」에 대한 연구서나 논문은 많이 발표되었으니 참고하시기 바란다.

2010년 경인 세모에 김지용

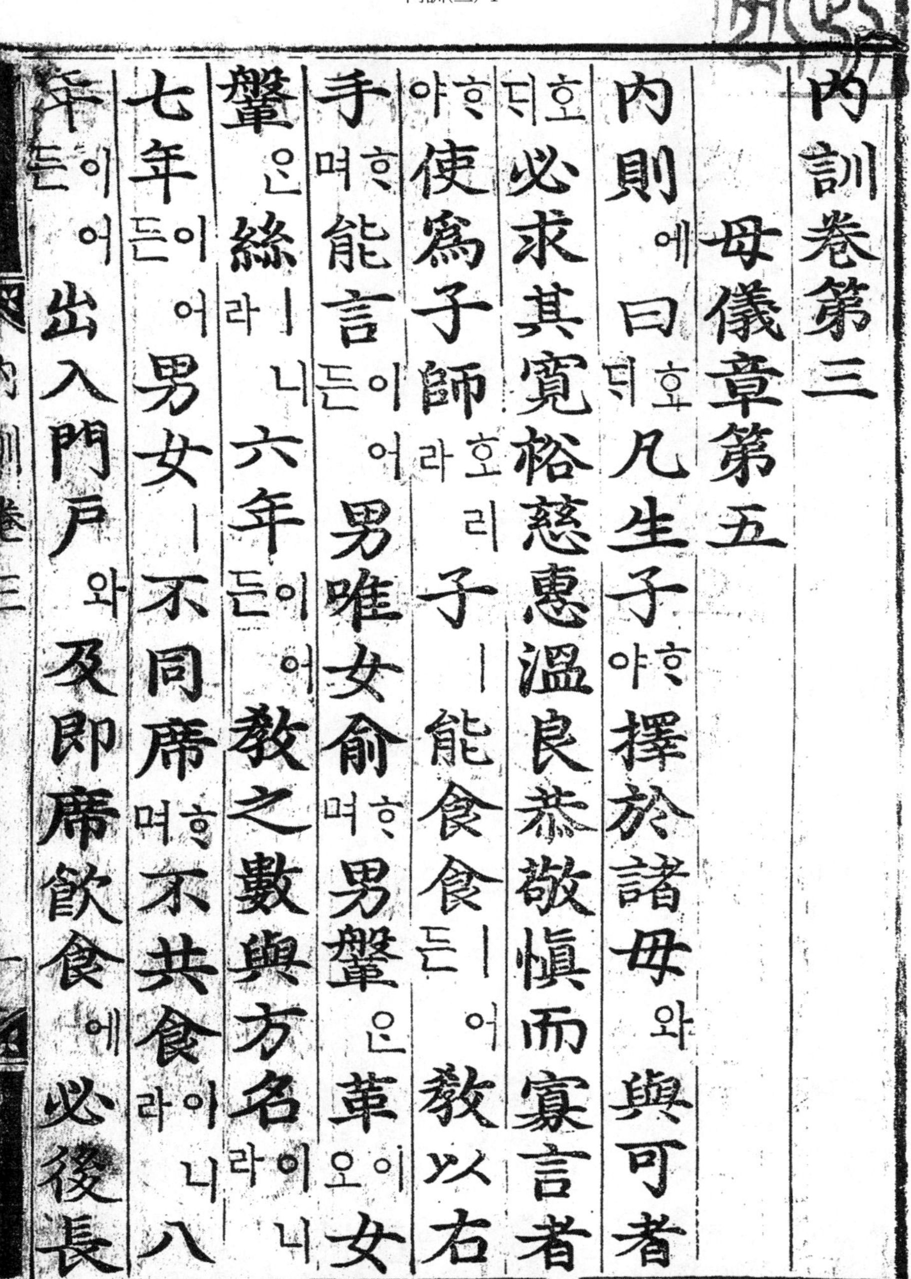

內訓卷第三

母儀章第五

內則에 曰호 凡生子야호 擇於諸母와 與可者

必求其寬裕慈惠溫良恭敬愼而寡言者호디호 리

使爲子師 子ㅣ라호리 能食食든이어 教以右

手며호 能言이어든 男唯女俞며호 男鞶은革이오 女

鞶은絲ㅣ니라 六年든이어 教之數與方名이니라

七年든이어 男女ㅣ不同席며호 不共食이라니 八

八年든이어 出入門戶와 及即席飲食에 必後長

者야ᄒᆞ 始教之讓이라니 十年ᄃᆞᆯ이어 不出ᄒᆞ며 姆教

를 婉娩聽從ᄒᆞ며 執麻枲ᄒᆞ며 治絲繭ᄒᆞ며 織紝組

紃야ᄒᆞ 學女事야ᄒᆞ 以共衣服이라니 觀於祭祀ᄒᆞ야

納酒漿籩豆菹醢ᄒᆞ며 禮相助奠이라니 十有五

年而笄ᄒᆞ며 二十而嫁니 有故ᄃᆞᆯ이어 二十三年

而嫁라니 聘則爲妻오 奔則爲妾이라니

內뇡則즉에 닐오ᄃᆡ 大땡凡뻠호ᄃᆡ 子ᄌᆞ

息식 나하여 러어미와 맛당호ᄉᆞ루믈

히요디 모로매 어위크고 ᄌᆞᄂᆞᆨᄌᆞᄂᆞᆨᄒᆞ·며

慈ᄍᆞᆼ 悲빙 롭고 恩ᄒᆞᆫ 惠ᅙᆐ 를 외며 溫온 和

ᅘᅪᆼ ᄒᆞ고 어딜며 溫온 恭공 ᄒᆞ고 조심ᄒᆞ며

삼가며 말ᄊᆞᆷ 드므니를 求ᄀᆞᇢ ᄒᆞ야 子ᄌᆞᆼ 息

식 의 스승을 사모리라 子ᄌᆞᆼ 息식 이 能능

히 바ᄇᆞᆯ 먹거든 ᄀᆞᆯ쵸ᄃᆡ 올ᄒᆞᆫ소ᄂᆞ로ᄡᅥ

ᄒᆞ며 能능 히 말ᄊᆞᆷᄒᆞ거든 남진은 唯윙 ᄒᆞ

고 겨지ᄇᆞᆫ 俞융 ᄒᆞ며 俞융

唯윙ᄂᆞᆫ 맛ᄀᆞᆯ 모ᄅᆞᆯ시라 俞융ᄂᆞᆫ ᄇᆞᆯ오시라 맛

ᄀᆞᆯ모미 조녹홀 씨 조녹시라

남진의 ᄢᅴᄂᆞᆫ 가치오 ·겨지비 ᄢᅴ·ᄂᆞᆫ 시리니·라 여스스시어든 혬과 方(방)ᄉᆞ 일후믈 ᄀᆞ르촐디니·라 닐구비어든 남진 겨지비 ᄒᆞᆫᄀᆞ 앗디 아니ᄒᆞ며 바 어우러 먹디 아니홀디니·라 여들비어든 門(몬)ᄉᆞ이 나며 드로ᄆᆞᆯ과 돗기 나사가 飮(흠)食(씩)호매 모로매 얼우늬 後(훙)에 ᄒᆞ야 비르서 辭(ᄊᆞ)讓(ᄉᆛᆼ)을 ᄀᆞ르촐디니·라 열히

어든 밧긔 나디 아니ᄒᆞ며 스승의 ᄀᆞᄅᆞ・쵸

몰보ᄃᆞ・라 이드러 조ᄎᆞ며 삼과 모시롤자

・비며 실와 고티롤 다ᄉᆞ리며 뵈뿟며 多당

繪횡 다ᄒᆞ겨지 비이롤 비화 衣횡 服ᄇᆡᆨ 을

밍ᄀᆞᆯ디니라 祭졩 祀ᄊᆞ 롤 보아 술와 漿

챵 水슈 와 대그릇과 나모그릇과 沉찜 菜

쳥 와 젓과 드려 노ᄒᆞ며 禮렝 로 祭졩 奠뗜

을 도올디니라 열다ᄉᆞ시 어든 빈혀고 太

·며스·믈 ·히어·든 婚혼姻인 홀·디니 緣원故고

공 ㅣ 잇거·든 ㅅ·믈세·헤 婚혼姻인 ·홀·디

·라 聘평ᄒᆞ·면 妻쳉 ·드외·오 奔분ᄒᆞ·면 妾쳡 〔聘평은 禮례로 무·를 시·오 奔분은 ·겨지 비·제갈·시·라〕

이 ·드외ᄂᆞ·니·라

司馬溫公이 曰ᄃᆞ·호ᄃᆡ 女子ㅣ 六歲예 始習女工

之 小者ㅎ고 七歲예 誦孝經論語ㅎ고 九歲예 講

解論語孝經及女戒之類ᄒᆞ·야ㅎ고 略曉大意ㄴᅵ

人이 或教女子以作歌詩ᄒᆞ·며 執俗樂ᄒᆞᄂᆞ·니 殊

非兩宜也ㅣ라ㅣ니

司숭馬망溫혼公공이 닐오ᄃ 겨지비여

스세비르 서겨 지비이리져 근거슬비호

고 닐구베 孝횽經경과 論론語엉룰 외오

고 아호배 論론語엉와 孝횽經경과 女녕

戒갱 트렛글와로 사겨 講강論론ᄒ아

간 큰ᄠ들 알외욜디니 이졋 사ᄅ미 시혹

겨집을 놀애와 詩싱룰 지스머 世솅俗쑉

앳音음 樂·학 ·자보·믈 ·ᄀᆞ·치ᄂᆞ·니 ·ᄌᆞ·모·맛

당·티 아·니 ᄒᆞ·니·라

○凡子婦ㅣ 未敬未孝ㅣ어든 不可遽有憎疾

오 姑教之 ·ᄒᆞ·ᄃᆡ 若不可敎然後·에 怒之·오 若不

可怒然後·에 答之·니 屢答而終不改어·든 子放

婦出·이니 然·나 亦不明言其犯禮也ㅣ라·ᄒᆞ·니

·믈잇·아 도·와·머·쓰·리 恭공敬경 아·니·ᄒᆞ·며

孝·횽道·똥 아·니커·든 과·골·이 ·미·여 말·오 ·아

직그로쵸디그ᄂ치디몯ᄒ린後훙에ᅀᅡ

怒농ᄒ고怒농롤몯ᄒ린後훙에ᅀᅡ톨디

니조조류ᄃᆞ내죵내고티디아니커든아

도롤내티며ᄂ릴내뉼디니그러나소

그허므를明명白삥히ᄒ니ᄂ디마롤디니

라

方氏女教애云디호育子辛勤야ᄒ欲望其成은

嗣先續門며ᄒ送死養生야ᄒ其任이至重고ᄒ貢

荷ㅣ不易니ᄒ若非敎之면寧免隕墜오리我見
富人이積金如山가ᄒ다一旦敗之若反掌閒애
며ᄒ又見名流ㅣ功德이晃耀가ᄒ다一旦壞
之야ᄒ貽人訕誚니ᄒᄂ厭初經營에盡夜弗遑
야ᄒ兄爲子故로謀深慮長니ᄒ더豈知今日에
遽至於此오ㅣ리黃泉에有知댄ᄂ雙淚傾水라
此ㅣ盖無他라ㅣ愛爲之根라이니有愛無敎면ᄒ
長遂不仁니ᄒᄂ母徇其意야ᄒ稍縱이어ᄃ輒束
겨ᄒ母護其惡야ᄒ一起에輒撲라어ᄂ嬰孩有過

一皆母養之니 養之至成이면 雖悔나 已遲라니

子之不肖ㅣ 實係於母니 母哉母哉敢辭厭

咎아

方방氏씽女녕敎굘애 닐오ᄃ 子즈息식

을길오ᄃ 受쓩苦콩ᄒ며 브즈러니ᄒ야

일와뎌브라믄 본졏祖종上쌍을 니스며

家강門몬을 나스며 주그닐 보내며 사늘

이바다 그 兩:송任삼이 至정 極곡이 重뜡

ᄒᆞ고맛돈이리수쁴아니ᄒᆞ니ᄒᆞ다가ᄀ

ᄅᆞ치디아니ᄒᆞ면엇뎨써러둗믈免면ᄒ

·리오가ᄉᆞ면사ᄅᆞ미金금을뫼그ᄃᆡ사햇

다가ᄒᆞᆺ아太미배요ᄃᆡ손빠ᄯᅡ두위혈

ᄉᆞ그土몰내보며쏜일훔난차ᄅᆞ미功

德득이빗나다가ᄒᆞᆺ아太미허러사

ᄅᆞ미비우믈두거놀보ᄂᆞ니그처섬일

·울제나져밤여겨를업시ᄒᆞ야子息식

·을爲윙·호젼太로쇠기포·며分분別뼗·이

·기더니엇뎨오·놀나래믄득이에니·를돌

알·리오黃뽱泉쪈·에아·로·미이솔·띤댄黃뽱

泉쪈·은주·거갯·ᄂᆞᆫ기픈ᄯᅡᆺ소블니롯·니·라 두·눖믈·이ᄆᆞ리ᄃᆞ외

·리·라이녀·느다·시아·니·라수·랑호요ᄆᆞ·로

根근源원·혼·디니·라수랑호미잇고고·ᄅᆞᆫ

·쵸미업스·면ᄌᆞ·라곤어·디몯호ᄂᆞ니제

쁘들조쳐ᄆᆞ라쳐기펴디거든믄득조심

內訓卷第三

·케ᄒᆞ며 제 惡·학을 둗ᄭᅥ 펴·디 마·라 ᄒᆞᆫ번 ·니르와도 매ᄂᆞᆫ 득 톨·디·니·라 아·히 허믈·이 ·쇼미·다 어미 길오미·니 길어 ᄎ·라 매니를 ·면 비·록 뉘으ᄎ나 ᄒᆞ마 ᄂᆞᆺᄂᆞ니라 子(종)息(식)의 不(·블)肯(·ᄀᆡᆼ)호미 眞(전)實(·씷)로 어미게 ·미엿ᄂᆞ니 어미여 어미여 졋간이나 그허 미를 辭(ᄊᆞ)讓(샹)호·다

周太任者ᄂᆞᆫ 文王之母ᄂᆡ시니 摯任氏中女也ㅣ라

시다러 王季娶爲妃니ᄒᆞ시 太任之性이 端一誠莊샤ᄒᆞ 惟德之行이러니 及其有娠샤ᄒᆞ 目不視惡色ᄒᆞ며시 耳不聽淫聲ᄒᆞ며시 口不出敖言시니더 生文王而明聖샤ᄒᆞ 太任이 敎之以一而識百ᄒᆞ니라라 君子ㅣ 謂太任이 爲能胎敎니라라 古者애 婦人이 妊子야ᄒᆞ 寢不側ᄒᆞ며 坐不邊ᄒᆞ며 立不蹕ᄒᆞ며 不食邪味ᄒᆞ며 割不正든커 不食ᄒᆞ며 席不正든커 不坐ᄒᆞ며 目不視邪色ᄒᆞ며 耳不聽淫聲ᄒᆞ며 夜則令瞽誦詩ᄒᆞ며 道正事니ᄒᆞ더 如此면ᄒᆞ 則生

子ㅣ形容이 端正야 才德이 必過人矣리라 故로

妊之時예 必愼所感이니 感於善則은 善고 感於惡則은

惡니 人生而肖萬物者ㅣ皆

其母ㅣ感於物故로 形音이 肖之니 文王母

可謂知肖化矣다

周人太任은 文王ㅅ어마님

이시니 摯國ㅅ人任氏ㅅ가온

ᄯᆞ리러시다 王季 娶야 妃子

죵룰 사ᄆᆞ시니 太(탱)任(심)人(ᅀᅵᆫ)性(셩)이 端(단)正(졍)ᄒᆞ시며 專(젼)一(ᅙᅵᇙ)ᄒᆞ시며 誠(쎵)實(씷)ᄒᆞ시며 싁싁ᄒᆞ샤 오직 德(득)을 行(ᄒᆡᇰ)ᄒᆞ더시니 그 ᄇᆡ샤 매 미 惡(ᄒᆞᆨ)色 누네 구즌 비ᄎᆞᆯ 보디 아니ᄒᆞ시며 귀예 淫(흠)亂(란)ᄒᆞᆫ 소리ᄅᆞᆯ 듣디 아니ᄒᆞ시며 이베 敖(ᅙᅭᇰ)慢(만)ᄒᆞᆫ 말ᄊᆞᆷ을 내디 아니ᄒᆞ더시니 文(문)王(왕)을 나ᄒᆞ시니 聰(총)明(명)ᄒᆞ시며 通(통)達(ᄯᅡᇙ)ᄒᆞ샤 太(탱)

太탱任심이 ᄀᆞᆯ치샤ᄃᆡ ᄒᆞᆫ이ᄅᆞᆯ ᄡᅥ ᄒᆞ야시
든 온이ᄅᆞᆯ 아ᄅᆞ시니 君군子ᄌᆞᅵ 닐오ᄃᆡ
太탱任심이 能능히 비예셔 ᄀᆞᄅᆞ치시다
ᄒᆞ니라 녜 겨지비 子ᄌᆞ息식 비야셔 자ᄃᆡ
기우로 아니ᄒᆞ며 안조ᄃᆡ ᄀᆞ새 아니ᄒᆞ며
셔ᄃᆡ ᄒᆞᆫ 바ᄅᆞᆯ 이쳐 아니ᄒᆞ며 邪쌰曲콕ᄒᆞᆫ
마ᄉᆞᆯ 먹디 아니ᄒᆞ며 버효미 正정티 아니
커든 먹디 아니ᄒᆞ며 돗기 正정티 아니커

든 앗디 아니ᄒᆞ며 누네 邪쎵曲콕ᄒᆞᆫ 비·츨

·보디 아니ᄒᆞ며 ·귀예 淫흠亂롼ᄒᆞᆫ 소리를

·듣디 아니ᄒᆞ며 바미어든 쇼경으로

詩싱룰 외오며 正졍ᄒᆞᆫ 이룰 니ᄅᆞ게 ᄒᆞ며

·니 이곤ᄒᆞ면 나혼 子중息식이 形형容용

이 端딴正졍ᄒᆞ야 ᄌᆡ조와 德득이 ·반ᄃᆞ기

·누미게셔 더으리라 이럴ㅆ 子중息식이 ᄇᆡ

·여실 제 반ᄃᆞ기 感감홀 바룰 조심홀디니

感감은 모善쎤에 感감ᄒᆞ면 善쎤ᄒᆞ고 惡

학 애感감ᄒᆞ면 궂ᄂᆞ니 사ᄅᆞᆷ나매 萬먼 物뭏

뭏 구토ᄆᆞ다 그어미 物뭏에 感감ᄒᆞ젼 太

로 얼굴와 소리왜 군ᄂᆞ니 文문王

님은 긔티 도외오 몯 어루 아ᄅᆞ시ᄂᆞ타ᄆᆞ

얼디로다

周太姒者ᄂᆞᆫ 武王之母ᅵ시니 禹後有莘姒氏

之女ᅵ시라 仁而明道ᄒᆞ더시며 文王이 嘉之ᄒᆞ샤 親

迎于渭ᄒᆞ실ᄉᆡ 造舟爲梁ᄒᆞ니라 及入ᄒᆞ야ᄉᆞᆫ 太姒ㅣ

思媚太姜과 太任ᄒᆞ샤 旦夕에 勤勞ᄒᆞ샤 以進ᄒᆞ시니

婦道ᄒᆞ더시라 太姒ㅣ 號曰文母ㅣ시니 文王ᄋᆞᆫ 治

外ᄒᆞ시고 文母ᄂᆞᆫ 治內ᄒᆞ더시라 太姒ㅣ 生十男ᄒᆞ시니

長ᄋᆞᆫ 伯邑考ㅣ오 次ᄂᆞᆫ 武王發이오 次ᄂᆞᆫ 周公

旦이오 次ᄂᆞᆫ 管叔鮮이오 次ᄂᆞᆫ 蔡叔度ㅣ오 次ᄂᆞᆫ 曹

叔振鐸이오 次ᄂᆞᆫ 霍叔武ㅣ오 次ᄂᆞᆫ 成叔處ㅣ오 次

ᄂᆞᆫ 康叔封이오 次ᄂᆞᆫ 聃季載니 太姒ㅣ 敎誨十

子ᄒᆞ디 自少及長히 未嘗見邪僻之事ᄒᆞ시ᄃᆞ러

周(즇)ㅅ 太(탱)姒(씨)ᄂᆞᆫ 武(뭉)王(왕)ㅅ 어마·니
·미시·니 禹(웅)後(훟) 有(ᅌᅮᇢ)莘(신)姒(씨)氏(씽)의
·ᄯᆞ리시·니라 仁(ᅀᅵᆫ)慈(ᄍᆞᆼ)·ᄒᆞ시·고 道(똫)ㅣ ·붉
더시·니 文(문)王(왕)이 ·아ᄅᆞᆷ다·이 ·너기·샤 親(친)
친히 渭(윙)水(쉉)·예 ·가 마·ᄌᆞ·실·제 ᄇᆡ ·ᄆᆡᆼᄀᆞ·라
ᄃᆞ리ᄅᆞᆯ ·ᄆᆡᆼᄀᆞᄅᆞ시·니라 ·ᄌᆞ라·샤매 미·초·샨
太(탱)姒(씨)ㅣ 太(탱)姜(강)·과 太(탱)任(ᅀᅵᆷ)·ᄭᅴ
·이·셔 아ᄎᆞᆷ나조·히 勤(끈)勞(ᄅᆛᇢ)·ᄒᆞ·샤 ᄡᅥ 婦(뿡)

道뜽ㆍ애 나ᅀᆞ시니라 太탱姒씽ㅣ 일후미 文문母뭏ㅣ시니 文문王왕ᄋᆞᆫ 밧ᄀᆞᆯ 다ᄉ리시고 文문母뭏ᄂᆞᆫ 안ᄒᆞᆯ 다ᄉ리시니라 太탱姒씽ㅣ 열 아ᄃᆞᆯ 나ᄒ시니 ᄆᆞᆮ 伯빅邑흡考콩ㅣ오 버근 武뭉王왕發벓이오 버근 周즣公공旦단이오 버근 管관叔숙鮮션이오 버근 蔡챙叔숙度뚱ㅣ오 버근 曹쯍叔숙振진鐸딱이오 버근 霍확叔숙

內訓卷三 十三

武(믕)ㅣ오·ᄫᅥ·건 成(쎵) 叔(·슉) 處(·쳥)ㅣ오·ᄫᅥ

康(캉) 叔(·슉) 封(봉)ㅣ오·ᄫᅥ·건 聃(탐) 季(·귕) 載(ᄌᆡᆼ)

太(탱) 姒(·씅)ㅣ 열 아ᄃᆞᆯ 기ᄅᆞ샤ᄃᆡ

그 져·믄·제브·터 ᄌᆞ·라·매 미·처 없간도 邪(쌍) 僻(펵)

ᄒᆞᆫ·이ᄅᆞᆯ·보·디 아·니ᄒᆞ·더시·다

孟(ᄆᆡᆼ) 軻(캉) 之(징) 母(·묻)ㅣ 其(끵) 舍(·샤)ㅣ 近(·끈) 墓(·모)니 孟子之少也

애 嬉戲ᄅᆞᆯ 爲墓間之事ᄒᆞ야 踊躍築埋(매) 孟

母ㅣ 日(ᄀᆞᆯ오·샤ᄃᆡ) 此ㅣ 非所以居子也ㅣ·시·고·라 ᄒᆞ·야 乃

去ᄒ야 舍市ᄒ시야ᄒ늘 其嬉戲를 爲賈衒ᄒ대신 孟母一曰ᄒ야 此一非所以居子也ᄒ시니라ᄒ고 乃徒ᄒ야 舍學宮之旁ᄒ시야ᄒ늘 其嬉戲를 乃設俎豆ᄒ고 揖讓進退ᄒ대신 孟母一曰ᄒ야 此一眞可以居子矣ᄒ고라 遂居之ᄒ니라시 孟子一幼時예 問東家殺猪는 何爲오 母一曰ᄒ대야 欲啖汝ᄒ니라 旣而悔曰ᄒ대야 吾聞ᄒ니호 古有胎敎ᄒ늘 今適有知而欺之ᄒ면 是는 敎之不信이니ᄒ라고 乃買猪肉ᄒ야 以食之ᄒ니시 旣長就學ᄒ야 遂成大

儒ᅙᅵᆼ·라시

孟·ᄆᆡᆼ 軻캉ㅣ 스어마님이그지비무덤메갓
갑더니 孟·ᄆᆡᆼ子종ㅣ 져머겨실제노릇노
·리롤무덤서리옛이롤ᄒᆞ야봄뇌야달고
질ᄒᆞ야묻논양ᄒᆞ신대 孟·ᄆᆡᆼ母뭉ㅣ니ᄅᆞᆫ
샤ᄃᆡ이뻐아ᄃᆞᆯ살욜배아니라ᄒᆞ시고가
·져제가지블ᄒᆞ야시놀그노릇노리롤ᄒᆡ
쳥ᄒᆞ야포로몰ᄒᆞ신대 孟·ᄆᆡᆼ母뭉ㅣ니ᄅᆞᆫ

샤딕이 ·뼈 아 돌 ·살욜 ·배 아·니라 ᄒᆞ시·고 ·올

마學(·ᅘᅡᆨ)宮(궁) 겨·티가지·블 ᄒᆞ야시ᄂᆞᆯ

릇 노리를 祭(·졩)器(킁) ·버리·고 揖(·흡)ᄒᆞ야 辭(ᄊᆞ)ᄒᆞ야 母(몽)

讓(·썅)ᄒᆞ·며 나ᅀᆞ·며 모ᄅᆞ·신대 孟(·밍)母(몽)

ㅣ 니ᄅᆞ샤·딕 이 眞(진)實(·썰)로 어ᄅᆞ ·뼈 아 돌

살욜 ·딕라 ᄒᆞ시·고 因(힌)ᄒᆞ야 ·사ᄅᆞ·시니라

孟(·밍)子(·ᄌᆞᆼ)ㅣ 아·횟 ·삐 무ᄅᆞ샤·딕 東(동)·녁 지

·비·셔 돈 주·교믄 ᄆᆞᆷ·슴 ᄒᆞ·려 ·ᄒᆞᄂᆞ뇨 어마님

이·ᄂᆞᆯ샤·ᄃᆡ너·ᄅᆞᆯ머교·려ᄒᆞᄂᆞ니·라그·리

코ᄂᆡ으쳐니·ᄅᆞ샤·ᄃᆡ나ᄂᆞᆫᄃᆞ로·니녜ᄂᆞᆫ·빅

·여셔도ᄀᆞ·ᄅᆞ쵸·미잇거·늘이제뵈·야ᄒᆞ·로

아·로미잇거·늘소기면이·ᄂᆞᆫ有(ᄋᆛ)信(신)·ᄐᆡ

아·니호·ᄆᆞ·로ᄀᆞᄅᆞ치·ᄂᆞᆫ디·라ᄒᆞ·시고도·틀

·고기·롤사아·ᄡᅥ머·기시·니ᄒᆞ·마ᄌᆞ·라글·비

호매나ᅀᅡ·가무·ᄎᆞ매큰·션ᄇᆡ되외·시니·라

呂榮公의 名은 希哲이오 字ᄂᆞᆫ 原明이니 申國

正獻公之長子ㅣ라 正獻公이 居家호디 簡重寡默야호 不以事物로 經心며호 而申國夫人이 性이 嚴야호 有法야호 雖甚愛公나이나 然나이 敎公호디 事事를 循蹈規矩니호며 甫十歲라 祁寒暑雨에 侍立終日호 不命之坐ㅣ어든 不敢坐也더호라 日必冠帶야호 以見長者며호 平居에 雖甚熱나야 在父母長者之側셔하야 不得去巾襪縛袴야호 衣服을 唯謹며호 行步出入에 無得入茶肆酒肆며호 市井里卷之語와 鄭衞之音을 未嘗

一經於耳며호 不正之書와 非禮之色을 未嘗
一接於目라호더 正獻公이 通判潁州ㅣ어늘 歐
陽公適知州事ㅣ러러 焦先生千之伯強이
客文忠公所ㅣ니 嚴毅方正호러 正獻公이 招
延之야호 使教諸子ㅣ니호 諸生이 小有過差ㅣ든
先生이 端坐야호 召與相對야호 終日竟夕록호
不與之語니호더 諸生이 恐懼畏伏사 先生
이 方略降辭色라호더 時예 公이 方十餘歲ㅣ러러
內則正獻公과 與申國夫人教訓이 如此之

嚴고ᄒᆞ 外則焦先生化導ㅣ 如此之篤ᄒᆞᆯᄉᆡ 故로
公이 德器成就ᄒᆞ야 大異衆人ᄒᆞ더니 公이 嘗言
호ᄃᆡ 人生애 內無賢父兄ᄒᆞ고 外無嚴師友ᄒᆞ면 而
能有成者ㅣ 少矣더라ᄒᆞ
呂榮公이 일후믄 希哲이오
字ᄂᆞᆫ 原明이러니 申國正
獻公의 ᄆᆞᆮ아ᄃᆞ리러라 正獻公
이 지비 사ᄅᆞ로ᄃᆡ 간ᄐᆞ라오며 ᄆᆞ거우며

寬광黙믁ᄒᆞ야일로ᄡᅥ모ᄉᆞ매ᄆᆞ내ᄃᆞ아

·니ᄒᆞ·며申신國·귁夫붕人ᅀᅵᆫ·이性·셩·이·식

·식ᄒᆞ·야法·법度·똥ᅵ·이·셔·비·록甚:씸·히

公공·을ᄉᆞ랑ᄒᆞ나그러·나公공·을그르ᄎᆞ

:일·일마다法·법度·똥·롤조차行ᅙᆡᆼ케ᄒᆞ·더

·니깃·열·설머거·셔甚:씸ᄒᆞ·치·위·와더·위·와

·비·예뫼·ᅀᆞ·와·셔쇼·믈나·롤믓ᄃᆞ록ᄒᆞ·디·안

ᄌᆞ·라니·ᄅᆞ·아·니커·든ᄌ았간도안ᄌᆞ·디아·니

ᄒᆞ더·라 날마다 반ᄃᆞ기 冠관帶·댕 ᄒᆞ야·뻐

얼우·늘 뵈며 샹녜 사로매 비록 甚:씸·히 더

우나ᄫᅵᆺ 父·뿡母:뭉 와 얼운의 겨틔 이셔 頭뚜

巾근 과 보션과 ᄒᆡᆼ뎐을 밧디 아니ᄒᆞ야·옷

니 부를 조심ᄒᆞ며 行ᄒᆡᆼ步·뽕·애 나ᄫᅵ며 드

매 차ᄑᆞᆫ듸와 술ᄑᆞᆫ듸 드듸 아니ᄒᆞ며

져재와 무술 햇말ᄊᆞᆷ과 鄭·뗭國·귁衛·윙國

ᄢᆡᆺ音흠樂·학을 ᄶᆞᆺ간도 ᄒᆞ·졀도 구·예

내·디 아·니ᄒᆞ·며 正(·졍)·티 아·니ᄒᆞ·니 글·월와 禮(·롕)

·아·닌 비·츌 갓도ᄒᆞ·젹 도·누·네 브·티·디

아·니ᄒᆞ·더·라 正(·졍)獻(·헌)公(공)·이 頴(:영)州(즁)

人 通(통)判(·판)·이어·늘 歐(홍)陽(양)公(공)·이·마

·초·아 知(딩)州(즁)事(·ᄊᆞᆼ)ㅣ러·니 焦(쥼)先(션)生(ᄉᆡᆼ)

千(쳔)之(징)伯(·빅)強(깡)·이 文(문)忠(듕)公(공)

·이·고대 손ᄃᆞ외·앳더·니 ·식식ᄒᆞ·며 질·긔 구

·드·며 方(방)正(·졍)ᄒᆞ·시 正(·졍)獻(·헌)公(공)·이·블

·러마자諸정子중·를ㄱ르·치게·ᄒᆞ더·니諸
정生싱·이·져그나·허므리잇거든先션生
싱·이端단正정·히안자블러ᄃ·려서르對
됭·ᄒᆞ야나리무츠며나조·히ᄆᆞᆺ도록ᄃ·려
말아·니·ᄒᆞ더·니諸정生싱·이저·허降ᅘᅡᆼ伏
뽁·ᄒᆞ야ㅿ先션生싱·이·져기말숨과·놋비
출ㄴᄌ기·ᄒᆞ더라ㄱ제公공·이·잇열나모
·서리러니·안ᄒᆞ론正정獻헌公공과申신

內訓卷三

國귁夫붕人신이 教교訓훈이 이·러ᄐ시
식식ᄒᆞ고 밧ᄀᆞ론 集焦죠先션生ᄉᆡᆼ化황導
똥ᅵ 이러ᄐ시도 타올시 이러ᄐ로 公공
이 德득 그르시 이러키 衆즁人신의게 다
로니라 公공이 아래 닐오ᄃᆡᆺ 生ᄉᆡᆼ애
안해 어딘 아비와 兄형이 엄고 밧긔 式식
ᄒᆞ 스승과 버디 엄스면 能능히 일자ᄂᆞᆫ이
져그니라 ᄒᆞ더라

齊義繼母者는 齊二子之母也ㅣ러 當宣王

時예 有人이 鬪死於道者ㅣ어 二子ㅣ立其

傍다ㅣ라 吏問之늘 兄曰 我ㅣ殺之라ㅎ고 弟曰

非兄也ㅣㄹ 乃我ㅣ殺之라ㅎ야 期年을 不能決

야 言之於王ㄷㅎ대 王曰 試問其母라ㅎ야 能知

子이 善惡ㄴ 聽其所欲殺活者라ㅎ야 其母ㅣ

泣而對曰 殺少者라ㅎ야셔 又問 夫少子者

는 人之所愛也늘 今欲殺之는 何也오 其

母ㅣ對曰 少者는 妾之子也ㅣ오 長者는 前

妻之子也ㅣ니 其父ㅣ疾且死之時예 屬之於
妾曰디호 善養視之야놀라 妾曰 諾이호니라 今에
旣受人之託야 許人以諾고 豈可忘人之託
야 而不信其諾邪ㅣ고리오 且殺兄活弟면 是
以私愛로 廢公義也오ㅣ 背言忘信면 是 欺
死者也ㅣ니 夫言不約束며 已諾이 不分면 何
以居於世哉오리잇 子ㅣ雖痛乎ㅣ나 獨謂行애
何오 泣下沾襟대 王이 羨其義며 高其行
야 皆赦고지 而尊其母야 號曰義母ㅣ라시니라

齊쪙ㅅ義읭繼곙母뭉ᄂᆞᆫ齊쪙國귁ㅅ二싱
子쫑의어미러니宣쉰王왕시졀을當
당ᄒᆞ야사ᄅᆞ미길헤사화주그니잇거ᄂᆞᆯ
二싱子쫑ㅣ그새잇다가吏링무러ᄂᆞᆯ
吏링ᄂᆞᆫ그윗신하ㅣ라兄형이닐오ᄃᆡ내주교라앙ᅀᅡᆼ이ᄂᆞᆯ
오ᄃᆡ兄형이아니라내주교라호ᄆᆞᆯ決
티몯ᄒᆞ야도王왕ᄭᅴ슬온大땡王왕이니ᄅᆞ
샤ᄃᆡ제어미ᄃᆞ려무르라能능히子쫑息

셕의 善쎤 惡학을 아ᄂᆞ니 제 주기고져 ᄒ
머 사ᄅᆞ고져 호ᄆᆞᆯ 드르라 그 어미 울오 對
뎡 答답호ᄃᆡ 져 ᄆᆞᆺ 주기쇼셔 쏘 무로ᄃᆡ
져믄 子ᄌᆞ 息식은 사ᄅᆞ미 ᄉᆞ랑ᄒᆞᄂᆞ 배어
ᄂᆞᆯ 이제 주기고져 호ᄆᆞᆫ 엇뎨오 그 어미 對
뎡 答답호되 ᄆᆞ닌 내 아ᄃᆞ외오 ᄆᆞ돈 前
쪈 妻쳬의 아ᄃᆞ리니 제 아비 病뼝ᄒᆞ야 주
글 제 내게 付붕屬쑉ᄒᆞ야 닐오ᄃᆡ 이대 길

어보라ᄒᆞ야놀내닐오디그리ᄒᆞ리라ᄒᆞ

니이제사ᄅᆞ미付(붕)屬(쑉)을맛다사ᄅᆞ미

게그리ᄒᆞ려許(헝)ᄒᆞ고엇뎨사ᄅᆞ미付(붕)

屬(쑉)을니저그리ᄒᆞ려호물ᄲᅵᆫ아니ᄒᆞ

리잇고ᄯᅩ兄(휭)주기고앗올사ᄅᆞ면이ᄂᆞᆫ

아름뎌ᄉᆞ랑ᄒᆞ요모로公(공)反(뻔)ᄒᆞ義(힁)

룰背(빙)叛(빤)ᄒᆞ며信(신)

올ᄂᆞ조면이ᄂᆞᆫ주그닐소기ᄂᆞᆫ미니마ᄅᆞᆯ

期꼥約약 다이 몬호며 호마 리호마혼

이리 分분明명히 아니호면 엇뎨 世솅間간

애 이시리잇고 아 두리 비록 셜우나 호

오 희덕에 엇더호니잇고 호고 우러 옷

기지젼존 대王왕이 그 義힝롤 아롬다이

너기며 그 횡뎌 글 노피뎌 기샤다 敎샹호

시고 그 어미롤 尊존호야 일후믈 義응毋뭉

ㅣ라 호시니라

魏芒慈母者는 魏孟陽氏之女ㅣ 芒卯之後

妻也ㅣ러니 有三子ㅎ더 前妻之子ㅣ 有五人

慈母ㅣ 乃令三子로 不得與前妻子로 齊衣

디호 皆不愛ㅎ늘어 慈母ㅣ 遇之甚異디호 猶不愛ㅎ늘어

服飲食디호 猶不愛ㅎ니러 於是예 前妻中子ㅣ 犯

魏王令야ㅎ 當死ㅣ어늘 慈母ㅣ 憂戚悲哀야ㅎ 帶

圍減尺야ㅎ 朝夕에 勤勞야ㅎ 以救其罪ㅎ늘어 人有

謂慈母曰디호 人不愛母ㅣ 至甚也ㅣ늘 何爲

勤勞憂懼ㅣ 如此오 慈母ㅣ 曰디호 如妻親子

一雖不愛妾도이라 猶懼其禍而除其害은獨

於假子而不爲면ᄒᆞ何以異於凡母ㅣ리오其父

爲其孤也야ᄒᆞ而使妾로ᄋ爲其繼母ㅣ니ᄒᆞ繼母

者ᄂ如母也ㅣ니爲人母而不能愛其子면可

謂慈乎아親其親而偏其假면可謂義乎아

不慈且無義면何以立於世오리彼雖不愛

妾은安可以忘義乎ㅣ리오遂訟之대ᄒᆞ魏安

釐王이聞之고ᄒᆞ시高其義曰되ᄒᆞ샤慈母ㅣ如

此니ᄒᆞ可不赦其子乎시아고ᄒᆞ乃赦其子고ᄒᆞ復其

家ᄒᆞ야 自此로 五子ㅣ 親附慈母ᄒᆞ야 雍雍若
一커ᄂᆞᆯ 慈母ㅣ 以禮義之漸로 率導八子ᄒᆞ야 咸
爲魏大夫卿士ᄒᆞ야 各成於禮義ᄒᆞ니
魏윙 芒망ㅅ 慈쭝母뭏는 魏윙國귁ㅅ 孟
밍陽양氏씽ㅅ ᄯᆞ리니 芒망卯묭의 後훃
妻쳉ㅣ러니 세 아ᄃᆞᄅᆞᆯ 뒷더니 前쪈妻쳉
의 아ᄃᆞ리 다ᄉᆞ시 이셔 다 ᄉᆞ랑티 아니
커늘 慈母뭏ㅣ 對됭接졉을 甚씸히 各

각 別뼔히 호딕 ᄉᆞ랑ᄐᆞ아니커늘 慈
쯩 母뭏ㅣ 세 아ᄃᆞ로 前쪈 妻쳉의 아ᄃᆞᆯ와
衣힁服뽁 飲ᅙᅳᆷ食씩을 ᄀ티 몬게 호딕 손
지 ᄉᆞ랑ᄐᆡ 아니ᄐᆡ니 그제 前쪈 妻쳉ㅅ가
온 딧 아ᄃᆞ리 魏윙王왕ㅅ 法법을 犯뻠ᅙ
야 주구메 當당ᅙ얫거늘 慈쯩母뭏ㅣ 分
분 別뼔ᅙ야 슬허 ᄡᅵ호ᄌᆞ 히 주려 朝돔
쎡 에ᄭᅵ비 돈녀 그 罪쬥를 救궇ᅙ거ᄂᆞ사

ᄅ·미 慈(쭝)母(뭉) 드러 닐오ᄃᆡ 사ᄅᆞ미 어미

ᄉᆞ랑티 아니 ᄒᆞ미 至(징)極(극) 甚(씸) ᄒᆞ늘 엇

뎨 브즈러니 굿기며 分(분)別(볋) ᄒᆞ야 두려

·호미 이러 ᄒᆞ뇨 慈(쭝)母(뭉)ㅣ 닐오ᄃᆡ ᄒᆞ다

가내 親(친)호 子(쯩)息(식)이 비록 나ᄅᆞᆯ ᄉᆞ랑

·티 아니 ᄒᆞ야도 오히려 그 禍(횡)ᄅᆞᆯ 저허 그

害(행)ᄅᆞᆯ 업게 홀디온 獨(똑)혀 다ᄉᆞᆷ 子(쯩)息(식)

·의게 아니 ᄒᆞ며 엇뎨 샹 벗어 ᄆᆡ게 셔다

ᄅᆞ리오 제 아비어미 업소믈 爲(윙)ᄒᆞ야 날

로 繼(곙)母(ᄆᆛ)ᄅᆞᆯ 사ᄆᆞᆫ 繼(곙)母(ᄆᆛ)ᄂᆞᆫ 親(친)

ᄒᆞ어미 ᄐᆞ니ᄂᆞ 미어미 ᄃᆞ 외야셔 能(능)

히 그 子(ᄌᆞ)息(식)을 ᄉᆞ랑티 아니ᄒᆞ면 어루

慈(ᄍᆞ) ㅣ라 니ᄅᆞ리여 親(친)ᄒᆞ닐 親(친)히

고 다ᄉᆞᆷᄋᆞ란 기우로ᄒᆞ면 어루 義(읭)라

ᄅᆞ리여 慈(ᄍᆞ) 아니ᄒᆞ며 義(읭) 업스면 엇뎨

ᄡᅥ 世(솅)間(간)애 셔리오 뎨 비록 ᄉᆞ랑티 아

니 ᄒᆞ나ᄂᆞᆫ 엇뎨 어루 義읭롤 니즈리오 ᄒᆞ고 곤 발괄ᄒᆞᆫ대 魏읭ㅅ 安한釐링王왕이 드르시고 그 義읭롤 노피 너겨 니ᄅᆞ샤디 慈ᄍᆞ母ᄆᆞᆼㅣ 이 곤ᄒᆞ니 그 아ᄃᆞᆯ롤 赦샹티 아니호미 可캉ᄒᆞ리여 ᄒᆞ시고 그 아ᄃᆞᆯ롤 赦샹ᄒᆞ시고 그 지블 復뼉戶ᅘᅮᆼᄒᆞ야시ᄂᆞᆯ 일로브터 다ᄉᆞᆺ 아ᄃᆞ리 慈ᄍᆞ母ᄆᆞᆼ롤 親친히 ᄒᆞ야 和ᅘᅪᆼ同똥ᄒᆞ미 ᄒᆞ나 곤ᄀᆞᆮ늘 慈

母룸ᅵ 禮:롕義:윙로써 여듧 아ᄃ를 ᄀᄅ쳐 다 魏윙 예 大땡夫붕卿경士씅ᅵ ᄃ외야 各각各각 禮롕義엥예 예이니라

齊相田稷子ᅵ 受下吏之貨金百鎰얗 以遺其母대ᄒ母ᅵ 曰디ᄒ子ᅵ 爲相三年矣디로 祿이 未嘗多若此也ᄂᄒ더 豈脩士大夫之賚哉오리 安所得此오 對曰디ᄒ 誠受之于下다ᄒ이 其母ᅵ 曰디ᄒ 吾聞니ᄒ 士ᅵ 脩身潔行얗 不爲苟得

며 竭情盡實야 不爲詐僞야 非義之事를 不

計於心며 非理之利를 不入於家니 今君이

設官샤 以待子며 厚祿오 以奉子니 當

以盡力竭能야 忠信不欺며 廉潔公正로 報

其君也니어 今子ㅣ 反是니 夫爲人臣不

忠이 是爲人子不孝也라 不義之財非吾有

也며 不孝之子ㅣ 非吾子也ㅣ니 子ㅣ 起야

늘 田稷子ㅣ 慙而出야 反其金고 自歸罪於

宣王야 請就誅焉ᄒᆞ야 王이 大賞其母之義

샤ᄒᆞ遂舍稷子之罪아ᄒᆞ야復其相位고ᄒᆞ시而以公

金로 賜母ᄒᆞ시니라

齊졩人ᅀᅵᆫ宰ᄌᆡᆼ相샹田뗜稷즉子ᄌᆞᆼㅣ아랫

사ᄅᆞᆷᄆᆡ金금一ᅙᅵᆯ百ᄇᆡᆨ鎰ᅀᅵᆯ을 바다 어미

ᄅᆞᆯ준대 어미 닐오ᄃᆡ 아ᄃᆞ리 宰ᄌᆡᆼ相샹 도외야

외언ᄃᆡ 三삼年년이 외디 祿록이 이어긔이티

하ᄃᆞ몬더니 엇뎨 士ᄊᆞᆼ大땡夫붕의 쥰거

시리오 어ᄃᆡ가 이룰 어든 다 對됭答답호

디眞진實씷로 아랫사ᄅᆞ미게바도ᄒᆡ다

어미닐오ᄃᆡ나ᄂᆞᆫ드로니士ᄊᆞ一모ᄆᆞᆯ닷

그며힝뎌글조히ᄒᆞ야苟궁且쳥히어두

ᄆᆞᆯ아니ᄒᆞ며情쪙을다ᄒᆞ며實씷을다ᄒᆞ

야거즛일아니ᄒᆞ야義읭아닌이롤므슷

매혜디아니ᄒᆞ며理링아닌利링롤지비

드리디아니홀디니이제님금이官관올

밍ᄀᆞ르샤너를對됭接접ᄒᆞ시며厚ᅘᅮᇢ히

祿·록으로 너를 주시ᄂᆞ니 반ᄃᆞ기 ᄒᆞ믈 다ᄒᆞ며 能능을 ᄀᆞ장 ᄒᆞ야 忠듕 貞뎡 ᄒᆞ며 有ᅌᅮᆼ 信신 ᄒᆞ야 소기숨디 아니ᄒᆞ며 淸쳥 廉렴 ᄒᆞ며 조ᄒᆞ며 公공 正정 ᄒᆞ요ᄆᆞ로 님금을 갑ᄉᆞ올디어늘 이제 네 이를 드위혀ᄂᆞ니 臣씬 下ᅘᅡᆼㅣ ᄃᆞ외야 忠듕 貞뎡 아니호미 이 사ᄅᆞ미 子ᄌᆞ 息식 ᄃᆞ외야 孝횽 道똥 아니호미라 義ᅌᅴᆼ 아닌 財찡 寶ᄫᅩᆼᄂᆞᆫ

내둘것아니며孝흉道뚤아니ᄒᆞ눈아ᄃᆞ
리내아ᄃᆞᆯ아니니아ᄃᆞ리러가라ᄒᆞ야·
놀田뗜稷즉子ᄌᆡᆼ붓그려나가그金금
도로보내오宣쉰王왕씌제罪쬥ᄅᆞᆯ솔와
죽거지이다請쳥ᄒᆞ야놀王왕이ᄌᆞ어미
義읭ᄅᆞᆯ장과ᄒᆞ샤稷즉子ᄌᆡᆼ이罪쬥ᄅᆞᆯ
赦쌰ᄒᆞ샤宰ᄌᆡᆼ相샹을됴로사ᄆᆞ시고
윗金금으로어미ᄅᆞᆯ주시니라

唐崔玄暐偉의音ᄅ 母盧氏嘗戒玄暐曰ᄒ돟 吾見
姨兒屯田郎中辛玄馭ᄒ니호 曰ᄒ돟 兒子從官者ᄅ
들 有人이 來云ᄒ돟 貧乏야ᄒ 不能存이ᄒ면라 此ᅵ
是好消息네이어 若聞貲貨ᅵ充足며ᄒ 衣馬ᅵ
輕肥면라ᄒ 此는 惡消息더이니라ᄒ 吾ᅵ爲 常以
確論노라 比見親表中에 仕官者ᅵ將錢
物야ᄒ 上其父母ᄃ들ᄒ야 父母ᅵ但知喜悅고ᄒ 竟
不問此物은 從何來ᄂ오ᄒ니 必是祿俸餘資댄
誠亦善事니ᅵ와어 如其非理所得댄인 此ᅵ與盜

賊으로 何別오 아리 縱無大咎ㅣ돌ᄒ 獨不內愧於心

니가ᄒ 玄曒ㅣ 遵奉教戒야ᄒ 以清謹로의 見稱ᄒ니라

唐땅ㅅ 崔최曒玄뼌曒윙의 어미 盧롱氏씽

아래 玄뼌曒를 警경戒갱ᄒ야 닐오디

내 四ᄉ寸촌兄혱 屯屯뜬田뎐郎랑中듕 후

신 玄뼌馭엉을 보니 은 벼슭 일후미라

닐오디 子즈息식이 그위실ᄒ닐 사ᄅ미

와 닐오디 가난ᄒ야 몬 사라 ᄒ더라 ᄒ면

·이표호유무어니와호다가쳔량이:만호

며옷과믈왜도터라들이면이는구즌유

무라호더니내샹녜구든議잉論론이라

·호노라요ᄉᆞ시예보니親친表봄中듕에

親친인同똥姓셩이오表봄ᄂᆞᆫ異잉姓셩이라 그위실호리쳔량

을가져다가父뿡母뭉ᄢᅵ받ᄌᆞ와ᄯᅩ父뿡

母뭉ᅵ오직것거호고내죵내이거슨어

·드러셔오뇨호야믄디아니호ᄂᆞ니반ᄃᆞ

기이祿·록 애셔나ᄆᆫ·거신댄 眞진 實·쎵 ·로

·이됴ᄒᆞ이리어니와 ᄒᆞ다가 외일로·어든

·록큰 허ᄆᆞ리 업순ᄃᆞᆯ ᄒᆞ오ᅀᅡ 안 ᄒᆞ로ᄆᆞᆺ

·거신댄 盜뚱 賊쪽 ·과로 엇뎨 다ᄅᆞ리오 비

매 붓그럽디 아니ᄒᆞ니여 ᄒᆞ니 玄현 暐윙

一ᅙᅵᆯ 警경 戒갱 ·ᄅᆞᆯ 바다 淸청 白뻑ᄒᆞ며 조심

호ᄆᆞ로 일ᄏᆞᆯ이니라

伊川先生의 母侯夫人ᄋᆞᆫ 仁恕寬厚ᄒᆞ야 撫愛

諸廢ᄒ야 不異己出ᄒ며더 從聲去 叔幼姑를 夫人

이 存視ᄒ며 常均己子ᄒ며 治家ᅵ 有法ᄒ야 不嚴

而整ᄒ며 不喜喾朴奴婢ᄒ야 視小藏獲ᄒ며 如兒

女ᄒ며 諸子ᅵ 或加呵責든이어 必戒之曰ᄒ디호 貴

賤이 雖殊ᄒ나 人則一也니 汝ᅵ 如是大時예

能爲此事아 否아 先公이 凡有兩怒든어 必

爲之寛解ᄒ며 唯諸兒ᅵ 有過則不掩也ᄒ야 常

曰디호 子之所以不肖者ᄂ 由母ᅵ 蔽其過而

父不知也ᄃ니라ᄒ라 夫人男子六人에 所存이

惟二니 其愛慈ᅵ 可謂至矣ᄂᆞᆫ언마 然於敎之

之道애 不少假也라ᄒᆞ더 纔數歲예 行而或踞

音거 이어든 家人이 走前扶抱ᄒᆞ야 恐其驚啼ᄒᆞᆯᄉᆡ어ᄂᆞᆯ 夫

人이 未嘗不呵責曰ᄒᆞᄃᆡ 汝ᅵ 若安徐ᄒᆞ면 寧至

踞乎ᅵ더리라오 飲食을 常置之坐側ᄒᆞ니더 常食

絮(反 勅慮) 羹ᄂᆞᆯ어 即叱止之曰ᄃᆡ호 幼求稱(聲去) 欲

長(聲上) 當何如ᄒᆞᆯᄃᆞ라 雖使令輩도라 不得以惡言

罵之故로 頤顥兄弟 平生애 於飲食衣服에

애 無所擇ᄒᆞ며 不能惡言罵人ᄋᆞᆫ 非性이 然也

教之使然也ㅣ라 與人爭忿이어든 雖直도ㅣ라 不右曰ㄷ호 患其不能屈뎡이언 不患其不能伸이라ㅎ더라 及稍長야ㅎ 使從善師友游며ㅎ 雖居貧나ㅎ 或欲延客이어든 則喜而爲之具ㅎ라

伊川힝쳔先生션싱의 어마님 侯훟夫붕人신仁인慈쯩ㅎ며 어위커 여러 妾첩子즈롤 어엿비 너교ㅣ 딕내 나호니와 달이 아니ㅎ더니 아자비와 쳐믄 아ᄌᆞ미와롤

夫붕人신이 간ᄉᆞ호딕 내 子ᄌᆞ息식과 ᄒᆞᆫ
가지로 ᄒᆞ며 지블 다ᄉᆞ료미 法법이 이셔
싁슉이 아니 ᄒᆞ야도 整졍齊쪙 ᄒᆞ며 奴농
婢뼁 튜믈 즐겨 아니 ᄒᆞ야 져믄 奴농婢뼁
를 보디 子ᄌᆞ息식 ᄀᆞ티 ᄒᆞ며 子ᄌᆞ息식 둘
히 시혹 구짓거든 반ᄃᆞ기 警경戒갱 ᄒᆞ야
닐오딕 貴귕賤쪈이 비록 다ᄅᆞ나 사ᄅᆞᆷ은
ᄒᆞᆫ가지니 네 이 만큰 시졀에 能능히이이

·롤 ᄒᆞ던다 ᄆᆞ롤 ᄒᆞ던다 先션公공이 怒노ᄒᆞ야 반ᄃᆞ

·샤미 잇거든 先션公공은 伊힝川쳔 아바님을 ᄉᆞᆯ오니라

기 爲윙ᄒᆞ야 누겨 ᄑᆞ로ᄃᆡ 오직 子종息식

ᄃᆞ히 허믈 잇거든 ᄀᆞᆷ이디 아니ᄒᆞ야 샹녜

닐오ᄃᆡ 子종息식의 不붕肯ᄒᆞᆼᄒᆞ바ᄂᆞᆫ 어

미 그 허믈 ᄀᆞ리와 아비 아ᄃᆞ로ᄆᆞᆫ ᄒᆞᄂᆞᆫ다

·시라 ᄒᆞ더니라 夫붕人신의 아ᄃᆞᆯ 여스세

·사랫ᄂᆞ니 둘히 니 그 ᄉᆞ랑ᄒᆞ며 어엿비 녀

교미어루 至징 極끅 ·다니·룰 ·리언마는ᄀ
·러나 ᄀᆞᄅᆞ치는 道뚱 ·애 ·져고 마도 ᄂᆞ추ᄃᆡ
아니ᄒᆞ더·라 곳 두써 레ᄃᆞ니다가 시혹
엄더딕거ᄃᆞ 지빗 사ᄅᆞ미 ᄃᆞ·라 ·가아·나ᄂᆞᆯ
·라 울가두·려 ᄒᆞ거ᄂᆞᆯ 夫붕人신 ·이 구·지·져
닐오·ᄃᆡ 네 날호야 ᄃᆞ니·면 엇·뎨 업더딕·리
오·ᄒᆞ더·라 飲:흠食씩 ·을 상·녜 안죠·겨·틔 두
더니밥 머·글 체 羹:킹 ·을 ·고 ᄆᆞᆮ·거ᄂᆞᆯ 두·지·져

·말여 닐오·디 져머셔 코져 ·ᄒᆞᆯ ᄆᆞᆯ 마초·ᄒᆞ려
ᄒᆞ면 ᄌᆞ라ᄂᆞᆫ 엇뎨 ᄒᆞᆯ다 비록 브리ᄂᆞᆫ 사ᄅ
미라 도 모딘 말로 구짓디 몯게 ᄒᆞ실·ᄉᆡ 頤잉
伊잉川천先션生ᄉᆡᆼ의 兄형弟뗴ㅣ 平뼝生ᄉᆡᆼ애
飲흠食씩衣ᅙᅵᆼ服뽁 愛애 ·ᄭᅳᆯ희디 아니
·ᄒᆞ며 모딘 말ᄉᆞ무로 사ᄅᆞᆷ 구짓디 몯·ᄒᆞᆫ
性성이 그러 혼주·리 아니라 ᄀᆞᄅᆞ쵸미 그
·러케 ᄒᆞ시니·라 사ᄅᆞᆷ과 ᄃᆞ토아 怒농·ᄒᆞ야

커든비록올ᄒᆞ야도올ᄐᆞ아니ᄒᆞᅇᅣᄂᆞᆯ오

디ᄂᆞᆨ디몬ᄒᆞ몰分분別뼎ᄒᆞᆯ디언뎡이

긔디몬ᄒᆞ몰分분別뼎말라ᄒᆞ더라져기

조라매미처어딘스승버들조차노니ᄂᆡ게

ᄒᆞ며비록가난ᄒᆞ나소ᄂᆞᆯ請쳥코져ᄒᆞ거

든깃거머굴거슬밍ᄀᆞ더라

二義者ᄂᆞᆫ珠崖令之後妻와及前妻之女也

女名은初오ᅵ年이러十三이러珠崖多珠

ᄂᆡ려

繼母ㅣ連大珠ㅎ야 以爲繫臂ㅎ니러 及今이 死야ㅎ 當送喪ㅎ니이러 法內珠入於關者ㅣ死니러 繼母ㅣ棄其繫臂珠대ㅎ 其子男이 年九歲니러 好聲而取之야ㅎ 置之母鏡奩中늘ㅎ 皆莫之知니러 遂奉喪歸야ㅎ 至海關대ㅎ 關候吏搜索야ㅎ 得珠十枚於繼母鏡奩中야ㅎ 吏曰 嘻라 此ㅣ値法ㅎ니 無可奈何ㅣ로소니 誰當坐오 女初ㅣ在左右다ㅎ가 顧心恐母ㅣ忘置鏡奩中ㅎ이야라 乃曰 初ㅣ當坐之다이 吏曰 其

狀이 如何오 對曰君이 不幸ᄒᆞ시어ᄂᆞᆯ 夫人이 解繫臂棄之ᄒᆞ시ᄂᆞᆯ야 初ㅣ心惜之ᄒᆞ야 取而置夫人鏡奩中ᄒᆞ니 夫人은 不知也이다ᄒᆞ시니 繼母ㅣ聞之ᄒᆞ고 遽疾行問初대 初ㅣ曰 夫人所棄珠ᄅᆞᆯ 初ㅣ復取之ᄒᆞ야 置夫人奩中ᄒᆞ니 初當坐之다이 母意에 亦以初로 爲實然ᄒᆞ야 憐之ᄒᆞ야 乃因謂吏曰 願且待ᄒᆞ야 幸無劾兒ᄒᆞ쇼셔兒誠不知也ᄒᆞ니 此珠ᄂᆞᆫ 妾之繫臂也ㅣ러니君이不幸ᄒᆞ시ᄂᆞᆯ어 妾이 解去之而置奩中ᄒᆞ고 迫奉

內訓卷三

喪ᄒᆞ야 道ㅣ 遠코 與弱小俱ᄒᆞ야ᄂᆞᆫ 忩然悲之ᄒᆞᄂᆡ

妾이 當坐之호리라 ᄒᆞ다 初ㅣ 固曰호ᄃᆡ 實은 初ㅣ 實妻를 取之이호

繼母ㅣ 又曰호ᄃᆡ 兒ㅣ 但讓耳언뎌 實은 妻이 取

之호고 이다 因涕泣不能自禁ᄒᆞ거 女ㅣ 亦曰

夫人이 哀初之孤호샤 欲強活孤耳언뎌 夫人

實不知也ㅣ다 又因哭泣ᄒᆞ야 泣下交

頤ᄒᆞ거ᄂᆞᆯ 送葬者ㅣ 盡哭哀慟ᄒᆞ거ᄂᆞᆯ 傍人이 莫不爲

酸鼻揮涕ᄒᆞ며 關吏執筆書劾호ᄃᆡ 不能就一字

며 關候ㅣ 垂泣終日ᄒᆞ야 不能決ᄒᆞ야 乃曰호ᄃᆡ 母

子ㅣ 有義如此ᄒᆞ니 吾寧坐之언뎡 不忍加刄로이
다 且叉相讓ᄒᆞᄂᆞᆫ 安知就是ᄒᆞ리오고 遂棄珠而
遣之ᄒᆞ니 既去後에 乃知男이 獨取之也ᄒᆞ니라
二義눈 珠崖人負의 後妻
와 前妻엣 ᄯᆞᆯ왜러니 ᄭᆞ리일후믄
初ㅣ오 나히 엷세히러니 珠崖예
구스리 흔 커ᄂᆞᆯ 繼母ㅣ 큰구스를 ᄢᅢ
여 풀히 민엿더니 그 貞이 주거 送葬

장을 當(당)ᄒᆞ엿더니 法(법)에 구스를 關(관)
애 드린 사ᄅᆞ미 죽더니 (關(관)은 行(ᅘᅢᆼ)人(신)ᄋᆞᆯ 考(콩)察(찰)ᄒᆞᄂᆞ신 ᄃᆡ신 ᄒᆞᄂᆞ니라)
라 繼(경)母(뭉)ㅣ 폴히 미옛던 구스를
대 아ᄃᆞ리 나히 아호ᄇᆡ러니 됴히 너겨 아
ᄉᆞ어미 거우룻지비 녀ᄂᆞᆯ 다 몰랫더니
送(송)葬(장)ᄒᆞ야 가 關(관)애 니른대 關(관)候
와 衢(앙)前(쩐)괘 드위ᅘᅧ (負(원)關(관)候(뭉)ᄂᆞᆫ … 이라) 구
슬열나ᄎᆞᆯ 繼(경)母(뭉)ㅅ 거우룻지비 어더

吏링 닐오ᄃᆡ 슬ᄑᆞ다 이 法법을 犯뻠ᄒᆞ니

無뭉可캉奈냉何ᅘᅡᆼㅣ로소니 뉘 반ᄃᆞ기

니브로 ᄊᆞ리겨 ᄐᆡ잇다가 어미 닛고 거우

룻지 비녀 ᄒᆞᆫ가 ᄒᆞ야 두리여 닐오ᄃᆡ 내 반

두기 니브리이다 吏링 닐오ᄃᆡ 그리 호미

엇뎨오 對됭答답호ᄃᆡ 아비 不붇孝ᅘᅭ커

시 ᄂᆞᆯ 夫붕人신이 ᄠᆞᆯ히 미얏다가 ᄂᆞᆯ어 ᄇᆞ

려시 ᄂᆞᆯ 내 ᄆᆞᅀᆞ매 앗가이 너겨 아ᄉᆞ 夫붕

ㅅ〮신ㅅ〮거우롯지비녀〮호〮니 夫붕ㅅ〮신ᄋᆞᆫ〮
아〮디몯ᄒᆞ시ᄂᆞ이〮다〮 繼경母뭉ㅣ〮든〮고〮ᄡᆯ
리〮가〮初총ㅣ〮드〮려〮무른〮대〮初총ㅣ〮ᄂᆞᆯ오〮디〮夫
붕ㅅ〮신이〮브〮리〮산구ㅅ〮ᄅᆞᆯ내〮도〮로아〮셔夫
붕ㅅ〮신ㅅ〮거우롯지비녀〮호〮니대〮반ᄃᆞ〮기
니부릭이〮다〮어믜ᄩᅳ데쏘初총ㅣ〮實씷로
그리〮ᄒᆞ〮야어엿비너겨吏링드〮려〮
닐오〮디〮願원ᄒᆞᆫᄃᆞᆫ져〮기들워아ᄒᆡᆺ거슬

져주디마ᄅ쇼셔아히眞진實씷로모ᄅ
니이구슬를내폴히미얫던거시러니남
지니죽거시ᄂᆞᆯ내글어거우룻지비녀코
送송葬장이밧바길멸오져문아히ᄃᆞ려
오노라ᄒᆞ야忽홇然션히니죠니내반ᄃ
기니부리이다初총ㅣ구틔여닐오ᄃ
로내녀호이다繼경母뭉ㅣ소닐오
ᄡᅳ리오직辭쎵讓샹ᄒᆞᆨ쑤니언뎡實씷로

·내 녀ᄒᆞ이다 ᄒᆞ고 우러 能능·히 제 그 치디
몯거늘 쏘 닐오디 夫붕人신이 ·내의
어버ᅀᅵ업수믈 어엿비너기샤 구틔여
롤 사ᄅᆞ고져 ᄒᆞ실ᄊᆞ니언뎡 夫붕人신이
實ᄊᆞᆯ로 모ᄅᆞ시니이다 ᄒᆞ고 쏘 우러 눉믈
리 톡애 흘렛거늘 送송 葬장 홀 사ᄅᆞ미 :다
우러셜워 ᄒᆞ거늘 겨팃 사ᄅᆞ미 고 홀시여
ᄒᆞ며 눉믈를 슷디 ·아니ᄒᆞ리 업스며 官관

吏링 부들자바다 딤수디ᄒᆞ 字쯩 도일우 디몯ᄒᆞ며 關관候ᅘᅢᇢᅵ 져 ᄆᆞ둑 우러 決켷티 몯ᄒᆞ야 닐오ᄃᆡ 어미와 ᄯᆞᆯ왜 義ᅌᅴᆼ이 쇼미 이곤ᄒᆞ니 내 査하리니 블쑤니언뎡 太마 글스디 몯ᄒᆞ리로다 쏘셔라 辭쌍讓샹ᄒᆞᄂᆞ니 뉘 올ᄒᆞᆯ 엇뎨 알료 ᄒᆞ고 구를 브리고 보내니 간 後ᅘᅮᇢ에 ᄉᆞ아ᄃᆞ라 ᄒ 오ᄉᆞᆷ 촌줄 아니라

敦睦章第六

女教애 云호딕 唯姒與娣如弟共昆니호야 情義之

篤이 難俟他人이라니 或逢淑賢안호 感慕興起

야호 竭力爲善야호 期與之齒고호 或遇兇頑야호 妄

意相加든이어 但知自責니이 違悋乎他오이리 兩

剛이 共鬪면호 必有一折니호니 應之以柔따호야

廕全其缺니이 我唯執恭오이 任其狠傲며호 我唯

先施오 不責其報니니 母竟小利야호 以乖至親

다이어 至親이 難得니이 利何足云오이리 或天或

壽ᄅᆞᆯ 不可逆計니 力奪而有호 後知誰繼오리

共聚百年이 頃刻애 即過니ᄂᆞᆫ 爭長覓短야호

欲如之何오

女교애 닐오ᄃᆡ 婢와 妹왜

아며 ᄉᆞᄂᆞ리오 며느니 리라

兄弟 ᄀᆞᄐᆞ니 ᄲᅮᆫ도

ᄐᆞ오미 다ᄅᆞᆫ 사ᄅᆞᆷ곤 호미 어려우니라시

혹어 디닐 맛난 感動ᄒᆞ야 ᄉᆞ랑ᄒᆞ야

니ᄅᆞ와다 힘뼈 善을 ᄒᆞ야 더브러 늘구

·믈 期(긩) 約(·햑)ᄒᆞ·고 시·혹 兇(훙)頑(완)·을 맛·나

兇(훙)頑(완)은 모·딜·오 妄(망)量(량)은 ᄀᆞᆺ 업·시 나·온 ·사·ᄅᆞ·미·라

로·셔 르·더 으·거든 오직 제 외·요ᄆᆞᆯ 아롤·디

·니어 ᄂᆞᆺᄉᆡ예 ᄂᆞᆷ거 ᄂᆞ리리오 두구든

거·시 ᄒᆞᆫᄣᅢ 사 호면 모·로·매 ᄒᆞ·나 ᄒᆞ·야 것ᄂᆞ·니

맛·ᄀᆞᆯ 모·디 부·드·러·우·ᄆᆞ·로·뻐 ᄒᆞ·야 사·거·시

·제·이 저 ᄃᆞ·믈·올·오 리·니 내·오·직 溫(온)恭(공)

호·ᄆᆞᆯ 잡·고 怒(농)ᄒᆞ·야 엄·시 우·ᄆᆞᆯ 므·던·히 너

기·며 내 오·직 몯·져 ᄒᆞ·고 그·가 포·몯 求꿍·디

마·롤·디니 죠·고·맛 利링·롤 ᄃᆞ·토·아 至징

親친 ·올 어·긔·에 마·롤·디 어·다 至징 親친 ·이·어

·두·미 어·려·우·니 利링·롤 ·엇·뎨 足족 ·히 니르

리·오 短똰 命명 ᄒᆞ·며 長땽 壽쓩 ᄒᆞ·ᄆᆞᆯ거·스

·리 혜·디·몯 ᄒᆞ·리·니 ·히 므·로 아·사 ·둔·들 後ᅘᅮᇢ

·에 뉘 ·닛 ·울ᄃᆞᆯ알·리·오 ·두·루·미 화百빅 年년

·이 아·니 한 ·ᄉᆞ·ᅀᅵ·예 ·디나·ᄂᆞ·니 ·기·루·믈ᄃᆞ·토

며 뎔오ᄆᆞᆯ 드토아 ᄆᆞᆺ글 호려 ᄒᆞ료

曾子ㅣ曰ᄒᆞ샤ᄃᆡ 親戚이 不說ᄃᆞᆯ이어든 不敢外交ᄒᆞ며 近者ᄅᆞᆯ 不親ᄃᆞᆯ이어든 不敢求遠ᄒᆞ며 小者ᄅᆞᆯ 不審ᄃᆞᆫ이어 不敢言大ㅣ라 故로 人之生也ㅣ 百歲之中에 有疾病焉ᄒᆞ며 有老幼焉ᄒᆞ니 故로 君子思其不可復者ᄒᆞ야 而先施焉ᄒᆞᄂᆞ니 親戚이 既沒ᄒᆞ면 雖欲孝ᄃᆞᆯᄂᆞ니 誰為孝ㅣ며 年既耆艾ᄒᆞ면 雖欲悌ᄃᆞᆯᄂᆞ니 誰為悌오리 故로 孝有不及ᄒᆞ며 悌有不時ᅵ라ᄒᆞ니 其此之謂歟ᅵ뎌

曾쯩子중ㅣ 니ᄅᆞ샤ᄃᆡ 아ᄉᆞ미 깃디 아니
커든 잢간도 밧긔 사괴디 말며 갓가오ᄂᆞᆯ·티
親친티 몯ᄒᆞ얫거든 잢간도 머리 求꿈·티
말며 ᄒᆞ그닐 솔펴디 몯ᄒᆞ얫거든 잢간도
크닐 니ᄅᆞ디 마톨디니라 이런ᄃᆞ로 사ᄅᆞ
미 사로미 온헷 가온ᄃᆡ 病뼝이시며 늘근
아히 잇ᄂᆞ니 이런ᄃᆞ로 君군子중ᄂᆞᆫ 어루
다시ᄆᆞᆫ 홀ᄃᆞᆯ 수랑ᄒᆞ야 ᄆᆞᆫ져 行혱ᄒᆞᄂᆞ니

親친戚쳑이 ᄒᆞ마 업스면 비록 孝효道똘

코져 ᄒᆞᄃᆞᆯ 누를 爲윙ᄒᆞ야 孝효道똘ᄒᆞ며

나히 ᄒᆞ마 늘그면 비록 아ᄉᆞᆨ른 외오져 ᄒᆞ

ᄃᆞᆯ 누를 爲윙ᄒᆞ야 아ᄉᆞᆨ른 외리오 이런

로 孝효道똘ㅣ 몯 미추미 이시며 아ᄉᆞᆨ른

외요미 시졀 아니로미 이시다 호미 이ᄅᆞᆯ 닐

오닌뎌

柳開仲塗ㅣ 日ㅣᄃᆞ호 皇考ㅣ 治家둘ᄒᆞ샤 孝且嚴

시ᄒᆞ더 旦望애 弟婦等이 拜堂下畢ᄒᆞ고 即上手

佰面ᄒᆞ야 聽我皇考訓誡ᄒᆞ더 曰ᄒᆞ샤 人家兄

弟無不義者ᄂᆞ 른 언盡因娶婦入門ᄒᆞ야 異姓에

相聚ᄒᆞ야 爭長競短ᄒᆞ야 漸漬日聞ᄒᆞ야 偏愛私藏

야ᄒᆞ 以致背戾ᄒᆞ야 分門割戶ᄒᆞ야 患若賊讎ᄂᆞ니ᄂᆞ

皆汝婦人의 所作이라이니 男子剛腸者幾人이

能不爲婦人言의 所惑고 吾見이 多矣니로 若

等은 寧有是耶야ㅣ리오ᄒᆞ 退則懦懦ᄒᆞ야 不敢

出一語도 爲不孝事ᄂᆞᄒᆞ 開革ᄂᆞ 抵此賴之야ᄒᆞ

內訓卷第三

得全其家云ᄒᆞ소라
柳(륭)開(갱)仲(듕)塗(뜽)ㅣ 닐오ᄃᆡ 아바님이
지블 다ᄉ리샤ᄃᆡ 孝(ᅘᅭᇢ)道(ᄯᅩᇢ)ᄒ시며 ᄯᅩ 싁
싁ᄒ더시니 初ᄒᄅᆞᆫ 보로매 앗이며 ᄆᆞᄂᆞ
리ᄃᆞᆯᄒᆡ 堂(땅)아래 절 ᄆᆞᆺ고 곧 손ᄃᆞᆯ오 ᄂᆞᆺ 수
겨 우리 아바ᄂᆞᆫ 訓(훈)誡(갱)ᄅᆞᆯ 듣ᄌᆞᆸ더ᄂᆞ니
ᄅᆞ샤ᄃᆡ 사ᄅᆞ미 디ᄇᆞᆺ 兄(형)弟(뗑)ㅣ 義(읭)ᄅᆞᆸ
디 아니ᄒ니 업건마ᄅᆞᆫ 다 며ᄂᆞ리 어더 門

몬·에 드·로·몰 因인ᄒᆞ·야 다ᄅᆞᆫ 姓셩·이 셔·로 ·모다 기·로·몰 ·ᄃᆞ토·며 ᄠᅥ·로 ·몯 ᄃᆞ토·아 ᄀ·만·ᄒᆞ·하·리 날·로 들·여·아 업·슨 生싱計곙·ᄅᆞᆯ 기·우·로 ᄉᆞ랑ᄒᆞ·야 ·ᄢᅥ 背빙叛빤ᄒᆞ·야·거ᄂᆞᆯ 숌주·메 니르·러 門몬·올 는호·며 이플 ·배·혀미요ᄆᆞᆯ 盜똥賊쯕 宼원讐쏭 ·ᄀ·티 ᄒᆞᄂᆞ·니 ·다 너·희 婦뿡人신·의 ·저ᄌᆞ논 ·배니·라 男남子ᄌᆡ 애구드·니 ·멋 ·사ᄅᆞ·미 能능·히 婦뿡人신·의

마·리惑·혹 ·홀배아니도외ᄂᆞ니 ·내보미·하
니너희들ᄒᆞ어딋던·이런주리이시·리오
·ᄒᆞ야시든믈러와두·리여없간도ᄒᆞᆫ말도
不·붏孝·ᄒᆢᆼ앳·이룰내디아·니ᄒᆞ니우·리무
·ᄅᆞᆫ이다수·로힘·니버서러지블올·오소라

司馬溫公·이 與其兄伯康·로。友愛尤篤ᄒᆞ·니더
伯康·이 年將八十·이어늘 公·이 奉之·ᄒᆞ·디호 如嚴父
고ᄒᆞ 保之·ᄒᆞ·디호 如嬰兒·야ᄒᆞ 每食少頃·이어든 則問曰

호
得무得無饑乎며아ㅎ 天이 少冷든이어 則掊其背

딕호
曰 衣得無薄乎더아ㅎ라

司ᄉ 馬망 溫혼 公공이 그 兄형 伯빅 康캉

과 로ᄉ랑호몰 더욱 도타이ᄒ더니 伯빅

康캉이 나히 쟝ᄎ 여드니어 놀 公공이 위

와 도ᄃ아 바님ᄀ티ᄒ고 安한 保봄ᄒ호ᄃ

져믄아희ᄀ티ᄒ야 미샹밥먹고져고맛

ᄉ시어든곤무러닐오ᄃ 아니ᄒ비골ᄑ니

여ᄒᆞ며 하ᄂᆞᆯ히 져기 太거든 곤 그ᄃᆞᆯ을

져늘오ᄃᆡ오시아니열우니여ᄒᆞ더라

唐英公李勣이 貴爲僕射ᄃᆡ호ᄃᆡ 其姊ㅣ 病든이어

必親爲然火야ᄒᆞ야 煮粥ᄒᆞ니더 火焚其鬚ᄂᆞᆯᄒᆞ야 姊

ㅣ 曰호ᄃᆡ 僕妾이 多矣니 何爲自苦ㅣ 如此오

勣이 曰호ᄃᆡ 豈爲無人耶오리 顧수에 姊ㅣ年

老ᄒᆞ고 勣이 亦老니호 雖欲數爲姊煮粥ᄃᆞᆯ인 復可

得乎아

唐땅英영公공李링勣적이 貴귕호미 僕뿍射양ㅣ 도외야 숌디 【僕뿍射양는 벼슬 일후미라】 그 누위 病뼝커든 반드기 親친히 爲윙호야 블일어 粥쥭 수더니 브리 그 입거우 제 븓거놀 누위 닐오듸 죵이 하니 엇뎨 스싀로 受쓩苦콩호미 이러호뇨 勣적이 닐오듸 엇뎨 사름 업다 호리오 보건댄 이제 누위 나히 늙고 勣적이 쏘 늘고니 비록 초조 누

위를 寫윙·호·야 粥쥭을 ·수고·져 ·호·돌쏘·어
루得·득·호·려

晉咸寧中·에 大疫·호·니·더 庚袞·이 二兄·이 俱亡·고 次兄毗復危殆·야 癘氣方熾·을 父母諸弟 皆出次于外·늘 袞·이 獨留不去·니·더 諸父兄·이 遂 強之·대 乃曰·호·더 袞·은 性不畏病·다·호·노·고 親自扶持·야 晝夜不眠·며 其間·애 復撫柩·야 哀臨不輟·니·더 如此十有餘旬·어 疫勢ㅣ 旣歇·늘 家人·이 乃反·니·호 毗病·이 得差·며 袞亦無

慈라ᄒᆞ니 父老ㅣ 咸曰 異哉라 此子ㅣ여 守人

兩不能守ㅣ며ᄒᆞ 行人兩不能行ᄒᆞᄂᆞ 歲寒然後

에 知松栢之後凋ᄒᆞ니ᄂᆞ 始知疫癘之不能相

染也ㅣ로

晉진咸햄寧녕中듕에 큰疫역疾쯸ᄒᆞ더

庾유袞곤이 의두兄형이 다죽고 버근兄

毗삥 ᄯᅩ바ᄃᆞ라와 疫역癘령ㅅ긔운이

보야호로 盛썽ᄒᆞᆯ씨 父ᄲᅮᆼ母ᄆᆞᆷ와 모ᄃᆞᆫ앗

이다밧ᄀᆞ나갯거놀家(가)ㅣ·이ᄒᆞ·오·사이셔
나가디아니ᄒᆞ더니모든父(뿡)兄(휑)·돌·히
구틔여닐오디家(가)ᄋᆞ性(셩)이病(뼝)·을·저
티아니ᄒᆞ노이다ᄒᆞ고困親(친)히스싀로
잡드러낫과바ᄆᆡᄌᆞ오디아니ᄒᆞ며그ᄉᆞ
싀예ᄡᅩ槨(곽)을믄져슬피우루믈그치디
아니ᄒᆞ더니이리호미여라ᄆᆞᆫ열ᄒᆞ레病(뼝)
勢(셰)ᄒᆞ마歇(헗)커놀집사ᄅᆞ미·도라오

디毗뼝의 病뼝이시려호며 家곤도소

病뼝이업스니라 父뼝老롬ㅣ 다닐오디

다롤셔이아두리여사루미能능히守슝

티몬홀바룰守슝호며사루미能능히

티몬홀바룰行행호느니히치운後

에사술와잣과後흏에디논둘아누니疚

癘령의能능히서르듣디아느흐는

비르서알리로다

隋吏部尚書牛弘의 弟弼이 好酒而酗ᄒᆞ더니
嘗醉ᄒᆞ야 射殺弘의 駕車牛ᄒᆞᆫ대 弘이 還宅거늘 其
妻迎謂弘曰호ᄃᆡ 叔이 射殺牛ᄒᆞᆫ대 弘이 聞고 其妻
無所怛問ᄒᆞ야 直答曰호ᄃᆡ 作脯ᄒᆞ라 坐定커늘 其妻
又曰호ᄃᆡ 叔이 射殺牛ᄒᆞ니 大是異事ㅣ라 弘
이曰호ᄃᆡ 已知코라 顔色아 自若ᄒᆞ야 讀書不輟
ᄒᆞ더라

隋(쓍)吏(링)部(뽕)尚(썅)書(셩)牛(ᅌᅮ)弘(횅)의 아
ᄋᆞ 弼(뼝)이 수를 즐기며 쥬졍ᄒᆞ더니 아래

醉쯍ᄒᆞ야 弘ᅘᅯᆼ 의 술위 메ᄂᆞᆫ 슐를 소아주
기다 弘ᅘᅯᆼ 이 지비 도라오나 놀그겨 지비
마조 弘ᅘᅯᆼ 더브러 닐오ᄃᆡ 아자비 술를 소
아주 기이다 弘ᅘᅯᆼ 이 든고 황당히 녀겨 문
논 배업서 곤 對됭 荅답호ᄃᆡ 脯붕肉ᅀᅲᆨ 지
스라안 조미 一ᅙᅵᆯ 定떵 커놀 그겨 지비 쏘
닐오ᄃᆡ 아자비 술를 소아주 기니 키 恇광
異잉흥 이리라 ᄒᆞ야 놀 弘ᅘᅯᆼ 이 닐오ᄃᆡ ᄒᆞ

內訓卷三

마알와라ᄒᆞ고 노비치 負然션ᄒᆞ야ᄂᆞᆯ

닐구믈 그치디 아니ᄒᆞ더라

范文正公이 爲叅知政事時예 告諸子曰호ᄃᆡ

吾ㅣ 貧時예 與汝母로 養吾親홀ᄊᆡ 汝母ㅣ 躬

執爨 디호 而吾親甘旨를 未嘗充也ㅣ러니 今而

得厚祿야ᄒᆞ 欲以養親나이 親不在矣며 汝母ㅣ

亦已早世니ᄒᆞ 吾所最恨者ㅣ라니 忍令若曹로

享富貴之樂也아 吾吳中에 宗族이 甚衆나ᄒᆞ

於吾애 固有親疎ㅣ언마른 然吾祖宗이 視之則

均是子孫이라 固無親疎也ㅣ니 苟祖宗之意예

無親疎則飢寒者를 吾ㅣ 安得不恤也ㅣ리오

范뻠文문正졍公공이 叅참知디政졍事ᄊᆞᆼ

드외야실 제 여러 子쯩息식들히게 告곰

호야 닐오디 내가난호 시졀에 네어미

와로 내어버싀를 養양호졔 네어미 親친

히 차반 밍ᄀ로디 내어버싀 든 차바놀아

리 充[츙]足[죡]·게 몯ㅎ·더·니 이제 厚[흫] ·호 祿
[록]·을 어·더 뻐 어버·식·롤 養[양] ·코·져 ·호·나 어
버·식 잇·디 아·니·호·시·며 네 어·미·도 ·쏘·볼·셔
업스·니 내 몯 애·와·뎌 ·호·논 배·니·라 太·마·녀
희 물·로 富[붕]貴[귕] 樂[락]·을 누·리·게 ·호·려 내
이 吳[옹]中[듕]·에 아ᅀᆞ·미 甚[씸]·히 하·니 내·게
·ᅀᅡ 本[본]來[링] 親[친]·호·니 踈[송]·호·니 잇·건·마
·론 그·러·나 내 祖[종]宗[종]·이 보·살·디·면 골 ·오

이 子孫손이라 本본來링 親친ᄒᆞ니 踈
송ᄒᆞ니 업스니 眞진實씷로 祖종宗종 쁘
데 親친ᄒᆞ니 踈송ᄒᆞ니 업솔딘댄 주리며
치워 ᄒᆞᄂᆞᆯ 내어 드리시러어 엿비 너기
디 아니ᄒᆞ리오

魯義姑姉者ᄂᆞᆫ 魯野之婦人也ㅣ러 齊攻魯
至郊ᄒᆞ야 見一婦人이 抱一兒ᄒᆞ고 攜一兒行ᄒᆞ다
軍且及之ᄂᆞᆯ어 棄其兩抱ᄒᆞ고 抱其兩攜而走

於山늘이어 兒ㅣ 隨而啼늘 婦人이 遂行不顧

齊將이 執而問之매한 對曰 所抱者는 妾

兄之子也ㅣ오 所棄者는 妾之子也ㅣ니 見軍之 齊將

至고 力不能兩護故로 棄吾之子ㅣ다호이

이 曰다호 子之於母애 其親愛也ㅣ 痛甚於心

늘이어 今에 釋之고 而反抱兄之子ㅣ 何也오

婦人아이 曰다호 己之子는 私愛也오 兄之子는

公義也ㅣ니 夫背公義而鄉私愛며항 亡兄子而

存妾子야한 幸而得免돌호 獨謂義예 何오 故로

忍棄子而行義고ᄒ야 不能無義而立於世니라로이

於是예 齊將이 按兵而止ᄒ야 使人言於齊君

而還대ᄒ고 魯君이 聞之고ᄒ시 賜束帛百端고ᄒ시

號曰義姑姉시니라ᄒ 公正誠信ᄒ야 果於行義

ᄒ고 夫義ᄂᆫ 其大矣哉ᄃᆡ 雖在匹婦도ᄒ야 國猶

賴之온 況以禮義로 治國乎여ㅣ

魯룡 人義잉 姑공 姉ᄌᆞᆼᄂᆞᆫ 魯룡 人신ᄃᆞᆯ헷

婦쁗 人신이러니 齊쪵ㅣ魯룡ᄃᆞᆯ城셩

밧긔 니르러 호 婦뿡人신이 호야 히란 안

고 호ㄴ아히란 자바가 軍군이 미처 오

거놀 그ㅏ 누니란 ㅂㅣ리고 자뱃더니룰 아

나모 호로 돈 거놀 아히 조차 가며 울어 놀

婦뿡人신이 도라보디 아니코 가거놀 齊쪵

人 將쟝軍군이 자바다가 무른대 對딍

答답호디 아 노닌 내 兄형의 子중息식이

오ㅂ료 닌 내 子중息식이니 軍군의 오몰

보고 히미 能능히 둘흘 간슈티 몬호모로

내 子쫑息식을 보료이다 齊쳉人將쟝軍

군이 닐오디 子쫑息식이 어믜게 親친코

ᄉ랑호요미 므슥매 至징極끅 호거시어

늘이 제 브리고 도ᄅ혀 兄휑의 子쫑息식

올 아노믄 엇뎨오 婦뿡人신이 닐오디 내

子쫑息식은 아롮 ᄉ랑이오 兄휑의 子쫑

息식은 公공反번 호義힁니 公공反번 호

義·읭란 背·빙叛·빤ᄒ·고 아ᄃᆞᆷ ᄉᆞ랑을 鄕·향

ᄒ·며 兄·형의 子·ᄌᆞ息·식으란 일ᄏᆞ코 내 子·ᄌᆞ

息·식을 두어 힝 兄·형免·면호ᄆᆞᆯ 得·득호들 ᄒ

오·ᄉᆞ 義·읭예 엇더 ᄒ·뇨 이런전ᄎᆞ로 ᄎᆞ마

子·ᄌᆞ息·식을 ᄇᆞ려 義·읭ᄅᆞᆯ 行·혱ᄒ·고 義·읭

엄시 世·솅間·간애셔 ᄆᆞᆯ몯 ᄒ·노이다 그제

齊·쪙人將·쟝軍·군이 兵·병馬·망ᄅᆞᆯ 그치·ᄂᆞᆯ

러이셔 사ᄅᆞ몰 齊·쪙人 님금·ᄭᅴ 브려 솔·와

도라간대 魯룡ㅅ님금이 드르시고 겸一

百빅 匹필을 주시고 얼후믈 義읭 姑공

싱 ᄒᆞ야 義읭ㅣ 行혱 호물 決결 斷단 히 ᄒᆞ

니 義읭ㅣ 느그크더 비록ᄒᆞᆫ 겨지비라도나

라히 오히려 德득을 닙곤 ᄒᆞ몰며 禮령 義

읭 로 나라흘 다ᄉᆞ로미ᄯᆞᆫ녀

廉儉章第七

孔子ㅣ 曰ᄒᆞ샤ᄃᆡ 賢哉라 回也ㅣ여 一簞食와 一瓢飮ᄋᆞ로과 在陋巷ᄋᆞᆯ 人不堪其憂늘ㅣ어 回也ㅣ 不改其樂ᄒᆞᄂᆞ니 賢哉라 回也ㅣ여

孔콩子ㅣ 니ᄅᆞ샤ᄃᆡ 賢현 ᄒᆞ셔 回ᅙᅬᆼ여 ᄒᆞᆫ바고닛밥과 ᄒᆞᆫ박 冷링水쉬ᇰ로 더러운 무슬ᄒᆡ 사ᄅᆞ믈 사ᄅᆞ미 그 시ᄅᆞ믈 겨닛디 몯거늘 回ᅙᅬᆼ 그 樂락을 가ᅀᅵ디 아니ᄒᆞᄂᆞ니 賢현 ᄒᆞ셔 回ᅙᅬᆼ여

胡文定公이 曰호 人은 須是 一切世味를 淡
薄이라 方好니 不要有富貴相이니 孟子ㅣ
謂되 堂高數仞과 食前方丈과 侍妾數百
人을 我ㅣ得志도라 不爲시라니 學者는 須先除
去此等오 常自激昂야 便不到得墜墮리
라 常愛諸葛孔明이 當漢末야 躬耕南陽야
不求聞達니더 後來에 雖應劉先主之聘나
宰割山河야 三分天下야 身都將相야 手握
重兵니이어 亦何求不得며 何欲不遂ㅣ리오

乃與後主로 言ᄒᆞ디호 成都애、有桑八百株와 薄
田十五頃ᄒᆞ니 子孫衣食이 自有餘饒ᄒᆞ다니 臣
身在外ᄒᆞ야 別無調度ᄒᆞ야 不別治生ᄒᆞ야 以長尺
寸ᄒᆞ노니 若死之日에 不使廩有餘粟ᄒᆞ며 庫有
餘財ᄒᆞ야 以負陛下ᄒᆞ리니 及卒ᄒᆞ야 果如其言
ᄒᆞ니 如此輩人은 眞可謂大丈夫矣로다

胡ᅘᅩᆼ文문定뗭公공이 닐오ᄃᆡ사ᄃᆞᆷ모
로매 一ᅙᅵᆯ切촁世솅間간앳 마ᅀᆞᆯ 淡땀薄

빡 흐거·시라 ᄊᆞ·뇨ᄒᆞ니 모·로·매 富뿡貴귕

相샹·을 두·미 본ᄒᆞ·리라 孟밍子즁ㅣ 니르

·샤·딕 집노ᄑᆡ 두서 仞신·과 仞신 듧·자·히·라 은여 ·밥·알

피·열 잣·너·비·버·룸과 ·드·려 잇·ᄂᆞᆫ고 매 數숭

百·빅 ·사·ᄅᆞ·믈 ·내 ·ᄠᅳ·들 ·일·워·도 ᄒᆞ·디·아·니·ᄒᆞ

·리라 ᄒᆞ시니 ·비·홀 사·ᄅᆞ·믄 모·로·매 본·져·이

트·렛·이·롤 ·더·러·ᄇᆞ·리·고 샹녜 제 ·힘·뻐 ᄆᆞ슴

니·ᄅᆞ·와·다 ·사·ᄀᆞᆫ ·ᄇᆞ·러·듀·매 ·니·ᄅᆞ·디·아·니·ᄒᆞ

리라 샹녜 ᄉᆞ랑호ᄃᆡ 諸졍葛갏孔콩明명이 漢한ㅅ 내죵을 當당ᄒᆞ야 南남陽양애 손소 받가라 소리 나ᄆᆞᆯ 求꿀티 아니ᄒᆞ더니 後:흫에 비록 劉륳先션主즁ㅅ 聘평禮롕를 맏고 모나 (聘평禮롕ᄂᆞᆫ 幣ᄈᆑ帛뵉보 내야 禮롕로 무러 브르ᄂᆞᆫ ᄅᆞᆯ시라) 뫼히며 ᄀᆞ르믈 기ᄉ마라 버혀 天텬下:행를 세헤 ᄂᆞᆫ호아 모미 將쟝軍군 宰ᄌᆡ相샹 所송任ᅀᅵᆷ에 이셔 소내 重:뜡호

兵병馬마ㅣ롤 자뱃거니 쏘ㅁㅅ글求ㄲᆛㆍ

야 몯 得득ㆆᆞ며 ㅁㅅ글 고져 ㆆᆞ야 몯일

우리 오마ᄅᆞᆫ 後ᅘᆕᇢ主쥬ᇰ 뫼셔 닐오ᄃᆡ 成쎠ᇰ

都도ᇰ애 ᄉᆡᇰ나모 八밝 百빅 株듀ᇰ와 사오나

온 밥 열다ᄉᆞᆺ이러미 잇ᄂᆞ니子ᄌᆞ孫손이

옷 바비 제 有ᅌᅮᇢ 餘영ㆆᆞ니이다 내모미 밧

그이셔 별히 쟝마ᄒᆞᆫ것업서 各각 別뼈ᇙ히

生ᄉᆡᇰ計곙 分분 別뼈ᇙㆆᆞ야 尺쳑 寸촌 맛것

도기르디아니ᄒᆞ노니ᄒᆞ다가주글나래

廩림에나몬발리이시며庫콩애나몬쳔

랑이셔뻐陛뼁下ᅘᅡ롤지숩디아니ᄒᆞ

리라ᄒᆞ더니주구메미처果광然션그말

그토니이그토무릿사ᄅᆞ문眞진實씷로

어루大땅丈땅夫붕ㅣ라닐올디로다

楊震의兩擧荊州ㅅ茂才王密이爲昌邑令

야謁見시ᄒᆞᆯ懷金十斤야ᄒᆞ以遺震대ᄒᆞᆫ震이日

故人은 知君커늘 君이 不知故人은 何也오 密이 曰호 莫夜라ㅣ 無知者이ㅎ다니 震이 曰호 天知 神知 我知子知니커 何謂無知ㅎ리오 니오 密이 愧而去라ㅎ니

楊양震진의 擧경薦쳔ㅎ욘 荊경州즁人 茂뭏才찡王왕密밇이 昌챵邑읍 貞원이 드외야 拜뱅謁엃ㅎ야 뵐제 金금 열斤근을 푸머뼈 震진 으준대 震진이 닐오딕 故

공人신은그디롤알어늘그디는故공人올아디몯호면엇뎨오密밍이닐오디어스름밤이라알리업스니이다震진이닐오디하놀아르시고鬼귕神씬알오나알오그디알어니엇뎨아로미업다니르리오호니密밍이붓그러가니라

溫公이曰디호샤吾家는本寒族이라世以淸白으로相承호ᄂᆞ吾性이不喜華靡야호自爲乳兒

時로 長者ㅣ 加以金銀華羙之服이어든 輒羞
赧야ㅎ、棄去之ㅎ니다 年이 二十이라 忝科名ㅎ야 聞
喜宴에 獨不戴花ㅎ니호 同年이 曰더호 君賜ㅣ라 不
可違也ㅣ흘ㅅ라 乃簪一花ㅎ라 平生애 衣取蔽寒
고ㅎ 食取充腹이호 亦不敢服垢弊야ㅎ、以矯俗干
名오이 但順吾性而已라로
溫혼 公공이 니르샤디 내 지비 本본 來ㅣ
가난혼 무리라 世셍 世셍예 淸쳥 白빅호

무·로써서르·닛ᄂᆞ·니내性·셩·이華꽝靡밍
·롤즐기디아니·ᄒᆞ야졋머글·아·횟시졀·ᄇ
터얼운사ᄅᆞ·미金금銀은·과빗난·됴·ᄒᆞᆫ오
수·로써더으거든·곤붓그·려아쏘·ᄇ·리·다
·니나히스·믈·히라科쾅名명·을더·러여聞문
·喜흥ㅅ·이바디예·ᄒᆞ·오사고졸곳디아
·니호니同똥年년·이·닐오디님금주샨거
·시라그르·추미몬·ᄒᆞ·리라·ᄒᆞ·신·ᄒᆞ고졸고

·죠라平뼝生싱 애오 ᄉ·란치위·ᄀ·릴·만닙

·고飲:흠食씩·으란비츌만머·고딕쏘앖간

·도러오·며·ᄒ·야·딘·오·솔니·버俗쏙·을소

겨일후믈求꿈·티아·니ᄒ·고·오직내性셩

·을順쑨·호ᄊ·리·미·로라

○先公이 爲群牧判官이라·客至듕 未嘗不置

酒·되호或三行·며호或五行·며호不過七行·되호酒沽

·於市·ᄒ·고果·止梨栗棗柿·고·ᄒ肴止於脯醢菜羹

器用甆漆 시ᄒᆞ니더 當時士大夫ㅣ 皆然 ᄒᆞ시ᄂᆞᆯ人

不相非也야ᄒᆞ야 會數而禮勤ᄒᆞ며 物薄而情厚더ᄒᆞ니

近日士大夫家는 酒非內法이며 果非遠方

珍異며 食非多品이며 器皿이 非滿案이어든 不

敢會賓友ᄒᆞ야 常數日營聚然後에 敢發書ᄒᆞᄂᆞ

니 苟或不然이면 人爭非之ᄒᆞ야 以爲鄙吝홀이ᄉᆡ라

故로 不隨俗奢靡者ㅣ 鮮矣니 嗟乎ㅣ라 風俗

頹弊如是ᄒᆞ니 居位者ㅣ 雖不能禁나ᄒᆞ고 忍助之

乎아

先션公공이 群꾼牧목判판官관이 ᄃᆞ외야신 제 소ᄂᆡ 오나ᄃᆞᆫ 수를 排뺑置딩 아니홈 아니ᄒᆞ야 시혹 三삼行행 ᄒᆞ며 시혹 五오行행 ᄒᆞ며 七칧行행애 너므디 아니ᄒᆞ며 술란 져재 사고 果광實씷란 비와 밤과 大땡棗죵와 감만 ᄒᆞ고 안쥬란 脯붕肉슉과 젓과 ᄂᆞ물국만 ᄒᆞ고 그르스란 沙상器킝와 漆칧혼 거슬 ᄡᅥ 더시니 當딩時씽옛

士ᄊᆞᆼ大땡夫붕ㅣ 다 그러ᄒᆞᆯ시 사ᄅᆞ미 서

르 외다 아니ᄒᆞ야 모도 미ᄌ조 디 禮롕를

브즈러니 ᄒᆞ며 物믏이 薄빡ᄒᆞ디 情쪙이

두텁더니 이젯 士ᄊᆞᆼ大땡夫붕의 지분수

리앗 法법이 아니며 果광實씷이 ᄆᆞᆫ 貴귕

ᄒᆞ거시 아니며 飲ᅙᆷ食씩이 가지 하디

아니ᄒᆞ며 그르시 床ᄊᆞᆼ의 ᄀᆞ독디 아니커

든손과 버들 모도 디아니ᄒᆞᆯ싱 샹녜 두서

나롤 일위 모도온 後훙에 ᄉᆞ글 워롤 내ᄂᆞ

니여 뭇시 혹 그리 아니ᄒᆞ면 사ᄅᆞ미 드토

와 외다 ᄒᆞ야 더러우며 앗기ᄂᆞ다 ᄒᆞ실ᄉᆞ그

런ᄃ로 風봉俗쏙 올 조차 奢샹侈칭ᄒᆞ며

華황靡밍 아니ᄒᆞ리져 그니 슬프다 風봉

俗쏙의 믈어 ᄒᆞ야 듀미 이곤ᄒᆞ니 位윙예

잇ᄂᆞ니 비록 能능히 禁금티 몯ᄒᆞ나 초마

도 ᄋᆞ리여

張文節公이 爲相이라 自奉이 如河陽掌書記

時더호 所親或이 規之曰 今公이 受俸이

不少호디호 而自奉이 若此니호 雖自信清約이라이

外人이 頗有公孫이 布被之譏니호나 公이

宜少從衆이이다니 公이 歎曰디호 吾今日之俸이

雖擧家錦衣玉食들인 何患不能이리오 顧人

之常情이 由儉入奢는 易고호 由奢入儉은 難

니호 吾今日之俸을 豈能常有며 身이 豈能常

存오이리 一旦애 異於今日면호 家人이 習奢

已久ᄒᆞ야 不能頓儉ᄒᆞ야 必至失所ᄒᆞ리니 豈若吾居位去位身存身亡애 如一日乎ㅣ리오

張(댱)文(문)節(졀)公(공)이 相(샹)이 도외야 奉(뽕)養(양)호미 河(행)陽(양)ㅅ 掌(쟝)書(셔)記(긩)ㅅ 時節ㄱ티 ᄒᆞ더니 親(친)히 ᄒᆞ논 밧 사ᄅᆞ미 規(귕)諫(간)ᄒᆞ야 닐오ᄃᆡ 이제 公(공)이 祿(록)俸(뽕)호미 젹디 아니ᄒᆞ니 奉(뽕)養(양)호미 이ᄀᆞ트시니 비록 스소시

眞진實·씷로淸쳥白·뻭·ᄒ·며儉:껌約·햑·ᄒ
야도ᄫᅡᆮ·ᄉᆞ·ᄅᆞ·미公공孫손·이·뵈·니·블·듭던
譏긩弄룡·에衆즁을죠초·미맛당·ᄒ·니이·다公공·이歎탄
ᄒ·야·닐·오·ᄃᆡ내오ᄂᆞᆯ날祿·록俸·뽕·이비·록
지비·다錦금衣ᅙ玉·옥食·씩을ᄒᆞᆫ·들엇:뎨
잘·몯ᄒᆞᆯ가ᇧ分분別·뼗·ᄒ·리오마·ᄅᆞᆫ도·라보
건댄사·ᄅᆞ미샹녜브·디儉:껌朴·팍·을브·터

奢(샹)侈(칭)·예 드로미 쉽·고 奢(샹)侈(칭)·룰브터 儉(껌)朴(팍)·애 드로미 어·려우·니 내·오날 祿(록)俸(뽕)·이 엇·뎨 能(능)·히 덛더디·이시·리오·ᄒᆞ며 모·미 엇·뎨 能(능)·히 덛더디·이시리오 ᄒᆞᄅᆞᆺ아ᄎᆞ매 오ᄂᆞᆺ나래 다ᄅᆞ·면 집사ᄅᆞ·미 奢(샹)侈(칭)·비호·미 ᄒᆞ마 오·라 能(능)·히 믄득 儉(껌)朴(팍)·ᄯᅵ 몯·ᄒᆞ야 반ᄃᆞ기 失(실)所(송)·호매 니를리·니 엇·뎨 내·의 位(윙)·예 이시·며 位(윙)

예 업스며 모미 아시며 모미 업소매 ᄒᆞ롯

날ᄀᆞ톰ᄀᆞ티 리오

包孝肅公이 尹京時예、民有自言호ᄃᆡ以白金

百兩로ᅌᅵ、寄我者ㅣ死矣늘어ㅣᄒᆞᆫᄂᆞ、予其子ᄂᆞᄒᆞᆫᄃᆡ不肯受

니ᄒᆞᆫᄂᆞ、願召其子야ᄒᆞ予之셔ᄒᆞ쇼셔 尹이 召其子ᄂᆞᄒᆞᆫᄃᆡ

辭曰ᄃᆡ호亡父ㅣ未甞以白金로ᅌᅵ、委人也ᄒᆞᆫᄂᆞ、고라

兩人이 相讓久之ᄂᆞᄒᆞᆫᄃᆡ더 呂滎公이 聞之고ᄒᆞᆫᄂᆞ、曰

ᄃᆡ호世人이 喜言無好人三字者ᄂᆞᆫ ᄆᆡ 謂自賊

者ㅣ다로 古人이 言호ᄃᆡ 人皆可以爲堯舜이라ᄒᆞ니라

盖觀於己而知之다로

包봉孝효肅슉公공이 京경에 尹윤인시

졀에 民민이 제 와 닐오ᄃᆡ 白뵉金금 一일호

百뵉兩량ᄋᆞ로써 내 그에 맛딘 사ᄅᆞ미 죽

거늘 그 아ᄃᆞᆯ 주니 받디 아니ᄒᆞᄂᆞ니 願원

호ᄃᆞᆫ 그 아ᄃᆞᆯ 블러 주쇼셔 尹윤이 그

아ᄃᆞᆯ 브르니 마라 닐오ᄃᆡ 주근 아비 겂

관도白[삥]金[금]·으로써사ᄅᆞ물·맛디아
·니ᄒᆞ·니이다ᄒᆞ·고두사ᄅᆞ·미서르辭[쎵]讓
샹ᄒᆞ·야오·라더니令[령]榮[욍]公[공]이·든
닐·오ᄃᆡ世[솅]人[신]·이·됴ᄒᆞᆫ사ᄅᆞᆷ업·다혼
字[쭝]·ᄅᆞᆯ즐·겨니ᄅᆞᄂᆞᆫ사ᄅᆞᆷ·어·루저·롤賊
[쪅]害[ᅘᆡᆼ]ᄒᆞ·ᄂᆞ·다닐·올디로·다녯사ᄅᆞ·미닐
오디사ᄅᆞ·미다어·루써堯[욯]舜[슌]이·ᄃᆞ외
·리·라ᄒᆞ·니모·매보·아·도·다

李文靖公이 治居第於封丘門外ᄒᆞ야 廳事前

에 僅容旋馬ᄒᆞ러니 或이 言其太隘ᄒᆞᆫ대 公이 笑

曰ᄒᆞᄃᆡ 居第는 當傳子孫ᄒᆞ니이 此ㅣ 爲宰輔廳事

ᄃᆡᄂᆞ니 誠隘와거니 爲太祝奉禮廳事ᄃᆞᆫ 則已寬矣

라니

李링文문靖쪙公공이 이살지블 封봉ᄒᆞ요ᄃᆞ

ᄉᆞ門문 밧긔 지소ᄃᆡ 廳텽 알ᄑᆡ 아야오ᄃᆞ

지ᄆᆞᆯ돌만ᄒᆞ더니 或ᅙᅬᆨ이 너무좀다ᄒᆞ니ᄅᆞᆫ

·대公공이 우어닐오·ᄃᆡ사ᄂᆞᆫ지ᄇᆞᆫ반ᄃᆞ기

子ᄌᆞᆼ孫손ᄋᆡᆨ게傳뎐·ᄒᆞᄂᆞ니이 宰ᄌᆡᆼ輔ᄬᅮ

·의 廳텽이ᄃᆞ외·린댄眞진 實씷·로 좀거·니

·와大땡 祝쥭 奉ᄬᅩᆼ 禮롕·의廳텽이ᄃᆞ외린

댄·ᄒᆞ마어·위니·라

文中子之服은 儉以絜ᄒᆞ고 無長物焉ᄒᆞ·며 綺

羅錦綉ᄅᆞᆯ 不入于室야ᄒᆞ 曰·디ᄒᆞ 君子ᄂᆞᆫ 非黃白

·이어 不御·ᄂᆞ니 婦人則有青碧ᄒᆞ·니라

든

文문中듕子ᄌᆞ이오 슌儉:겸朴팍호ᄃᆡ죠

綉슈ᄅᆞᆯ지븨드리아니ᄒᆞ야닐오ᄃᆡ君군

子ᄌᆞᄂᆞᆫ누른빗과횐빗과아니어든닙

디아니ᄒᆞᄂᆞ니ᄯᅥ지분靑쳥碧벽이잇ᄂᆞ

니라

楚狂接輿ㅣ耕以爲食ᄒᆞ더妻從市來曰ᄒᆞ더

先生이少而爲義ᄒᆞ니더豈將老而遺之哉오리

門外車跡이어 何其深也오 接輿ㅣ 曰 王

이 不知吾의 不肖也ㅣ라 欲使我 治淮南야

遣使聲去者야 持金駟來聽노시다 其妻曰 得

無許之乎가 ㅣ 잇여 接輿ㅣ 曰 夫富貴者 人

之所欲也ㅣ니 子ㅣ 何惡聲去我 許之矣오 妻

曰 義士 非禮 不動거시든 不爲下同聲去貧而

易操며 不爲賤而改行去聲노니 妻ㅣ 事先生

躬耕以爲食며 親績以爲衣야 食飽衣暖

據義而動其樂이 亦自足矣니 若受人

重祿호며 乘人堅良호며 食人肥鮮고 而將何以
待之오 接輿ㅣ 曰호 吾不許也ㅣ라호리 妻曰호
君使不從이 非忠也오 從之又違非義也ㅣ니
不如去之니라ㅣ늘 夫負釜甑고 妻戴紝器야 變
姓名而從호니 莫知所之라호니

楚쵸狂꽝接졉輿영ㅣ 밭가라먹더니 接
輿영는 楚쵸國귁ㅅ사ᄅᆞ미일후미니 짐
즛미친양ᄒᆞ고 그우실아니홀씨그셔 졀
狂꽝이라ᄒᆞ더라 妻쳉 져제로셔와ᄂᆞᆯ

오딩 先션生싱·이 【先션生싱은 接졉輿영ᄅᆞᆯ 니ᄅᆞ니라】
셔 義의롤 ᄒ·더·니 엇·뎨 늘·거 ·브·리·리·오 門문
밧·긧 술·윗 자·최 엇·뎨 기·프·니잇·고 接졉
輿영ㅣ 닐·오·ᄃᆡ 님그미 내·의 不붕肯ᄀᆞᆼᄅᆞᆯ
아·디 몯·ᄒ·샤 날·로 淮ᄒᆞᆼ南남을 다·ᄉ·리·게
호·려 ᄒ·샤 【淮ᄒᆞᆼ南남은 ᄯᅡᆺ 일·후·미·라】 사·ᄅᆞᆷ 보·내·샤 金금
과 믈·와 가·져 와 무·르·시·ᄂᆞ·다 그 妻쳉ㅣ ᄀᆞᆯ·오
·ᄃᆡ 아·니 許헝ᄒ·시·니 잇·가 接졉輿영ㅣ

오디 富붕貴귕 눈사ᄅᆞ미코져ᄒᆞᄂᆞ거시
니그듸엇뎨내의許ᄒᆜᄒᆞ물아쳔ᄂᆞ뇨 妻
쳥 닐오듸어딘사ᄅᆞᆷ禮령아니어든무
디아니ᄒᆞ시가난ᄋᆞᆯ爲윙ᄒᆞ야節졀介갱
롤改갱易역디아니ᄒᆞ며賤쪈ᄒᆞ믈爲윙
ᄒᆞ야횡덕을고티디아니ᄒᆞᄂᆞ니내先션
生ᄉᆡᆼ을셤겨親친히가라飲ᅙᅳᆷ食씩ᄒᆞ며
親친히질삼ᄒᆞ야옷ᄒᆞ야밥이비브르며

오시더우며 義·힁 놀ᄇᆞ더 무유미 그즐거

우미 ᄡᅩ 足·죡ᄒᆞ니 ᄒᆞ다가 사ᄅᆞ미 重·ᄠᅲᆼ ᄒᆞᆫ

祿·록을 바ᄃᆞ며 사ᄅᆞ미 구든 술위와 됴·ᄒᆞᆫ

무롵·며 사ᄅᆞ미 슬·지며 됴·ᄒᆞ고 기를·먹

고쟝 太·엇뎨 기ᄃᆞ리오 接·졉 輿영ᅟᅵᆫᄂᆞᆯ

오디 내 許:형·ᄐᆡ 아니 호리라 妻쳥ᄂᆞᆯ 오디

님금 브·려시든 좃·디 아니 호미 忠·ᄃᆔᇰ·이 아

○니오 좃고 쏘 마ᄅᆞ미 義·힁·아니니 나갑곤

디몬ᄒᆞ니라ᄒᆞ야 놈남진의 가마와 실을
지고 겨지 분질삼 횔 벼슬이여 姓(셩)과
일후믈 고텨 올모니 간 고보아 미몬ᄒᆞ니
라

內訓卷第三

內訓卷三

七十

恭惟我

仁粹王大妃殿下自在

世祖大王潛邸承事

兩宮晝夜靡懈及冊爲

嬪尤謹婦道躬執

御饌不離左右

世祖大王常稱孝婦造賜孝婦圖書以顯孝

焉

天資嚴正所育

王孫等少有過失略不掩護即正色誡飭

兩宮戲名暴

嬪

世祖大王稱我

主上殿下曰我子

大王大妃稱月山大君曰吾子以慰焉嚴教

如此以至今日可勝言哉承歡

長樂之餘患女婦之無知孜孜訓誨然烈女

女教明鑑小學等書卷秩浩繁初學病

焉

親自睿斷撮其切要總成七章名曰內訓繼

以諱譯使之易曉雖至愚駼一覽瞭然

以便習誦　臣竊觀歷代賢妃勤事舅姑

以盡仁孝之德嚴於教子以成國家之

慶者多而躬撰訓書垂誡者鮮矣是書

之作奚啻

仁粹殿下之教王業耶以至閭巷愚婦女工

之暇朝習暮誦於心玩味則漸知克家

之道其於風化豈小補云鳴呼至哉
成化乙未孟冬十有五日尚儀臣曹氏
敬跋

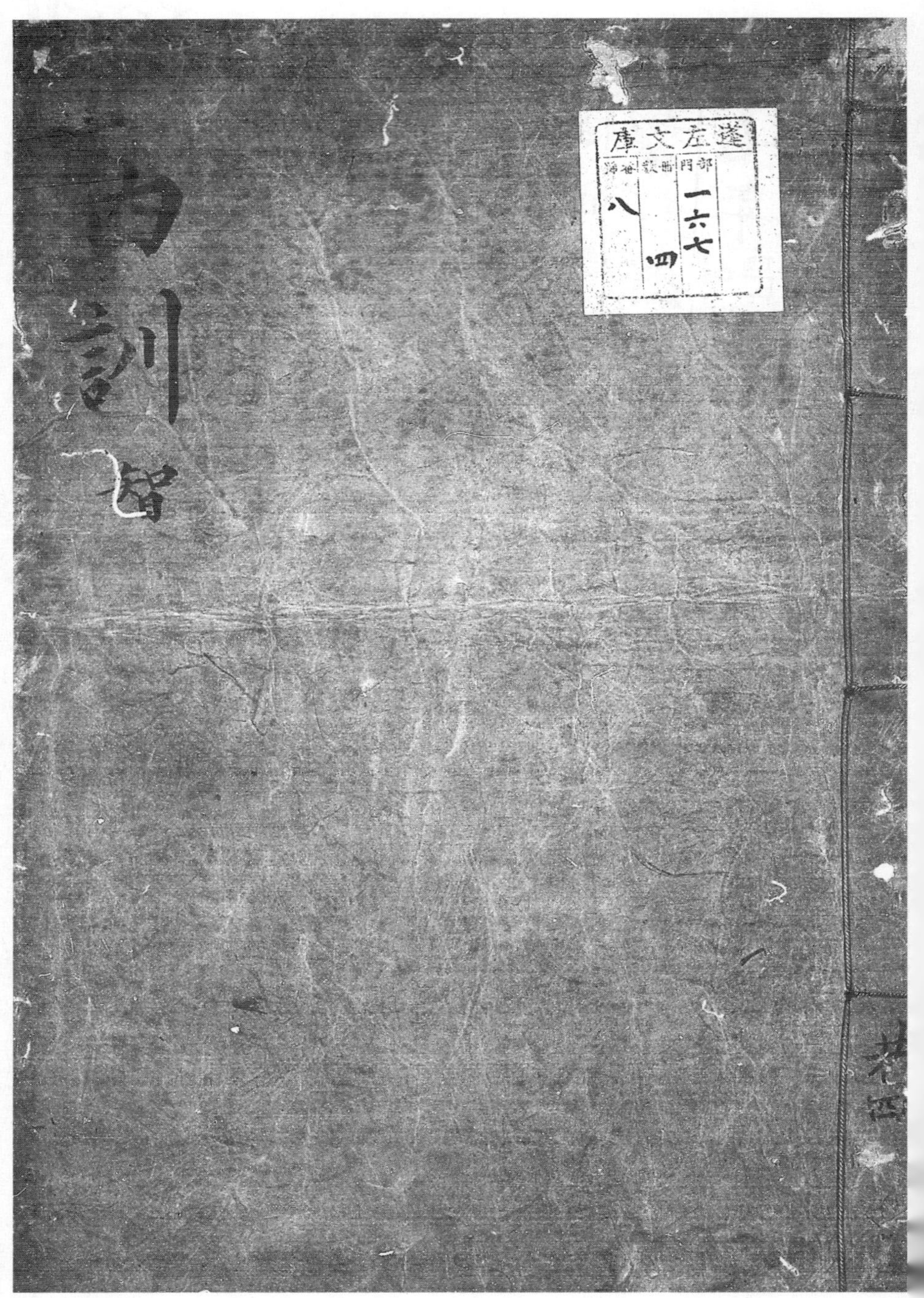
內訓
智
蓬左文庫
部門 一六七
敎育部 四
八
乾
四

內訓卷第二下

後漢和熹鄧皇后ᄂᆞᆫ 太傅禹之孫也ㅣ시니라 父
訓ᄋᆞᆫ 護羌校尉오 母ᄂᆞᆫ 陰氏니 光烈皇后入
從弟女也ㅣ라 后ㅣ年이 五歲예 太傅夫人이
愛之야 自爲剪髮ㅣ니ᄒᆞ더 夫人이 年高目冥ᄒᆞ야
誤傷后額대ᄒᆞᆫ 忍痛不言ᄒᆞ시어늘 左右ㅣ恠而問
之대ᄒᆞᆫ 后ㅣ曰ᄒᆞ디샤 非不痛也ㅣ마ᄂᆞᆫ언 大夫人이
哀憐ᄒᆞ야 爲斷髮ᄒᆞ실ᄉᆡ 難傷老人意故로 忍之
耳로 六歲예 能史書ᄒᆞ고시 十二예 通詩論語

시며 諸兄이 每讀經傳이어든 輒下意難問샤

志在典籍고 不問居家之事ㅣ어늘 母ㅣ 常

非之曰 汝ㅣ 不習女工야 以供衣服고 乃

更務學니 寧當舉博士耶아 后ㅣ 重違母言

야 晝修婦業고 暮誦經典대 家人이 號

曰 諸生이러니라 父訓。異之야 事無大小히

輒與詳議라 永元四年에 當以選入시니러

會訓。卒커늘 后ㅣ 晝夜애 號泣고 終三年

록 不食塩菜야 憔悴毀容시어 親人이 不識

之라ᄒᆞ더 后ㅣ嘗夢捫天ᄒᆞ니ㅅㅣ 蕩蕩正青ᄒᆞ고 若
有鐘乳狀ᄒᆞ늘이어 乃仰漱飲之ᄒᆞ고ㅅㅣ 以訊諸占
夢대ᄒᆞ신ᄃᆡ 言ᄃᆡᄒᆞ堯ㅣ夢애攀天而上ᄒᆞ고ㅅㅣ湯이
夢애及天而舐之ᄒᆞ니ㅅㅣ 斯皆聖王之前占이라이
吉不可言다이로 又相者ㅣ見后ᄒᆞ고ᄒᆞ숩驚曰ᄃᆡᄒᆞ
此는成湯之法ᄒᆞ이야로늘다 家人이竊喜而不敢
宣라ᄒᆞ니 后ㅅ叔父陵言ᄃᆡᄒᆞ嘗聞活千人者는
子孫이有封ᄒᆞ이니라兄訓이 爲謁者ㅣ使修石
曰河야ᄒᆞ歲活數千人니ᄒᆞ天道ㅣ可信댄인家必

蒙福라ᄒ리初애太傅ㅣ嘆曰호ᄃ吾ㅣ將百萬
之衆ᄒ야未嘗妄殺一人이니ᄒ其後世예必有興
者ㅣ라ᄒ리七年에后ㅣ復與諸家子로俱選入
宮ᄒ시后ㅣ長이七尺二寸이오姿顏이姝麗
야ᄒ絕異於衆ᄒ니左右ㅣ皆驚ᄒ더八年冬
애入掖庭ᄒ샤爲貴人ᄒ니시時年이十六이시니러
恭肅小心ᄒ샤動有法度ᄒ샤承事陰后ᄒ디샤
夜戰兢ᄒ며시接撫同列ᄒ디ᄒ샤常克已以下之
며ᄒ시雖宮人隷役도이라皆假恩借ᄒ대ᄒ신和帝

深嘉愛焉ᄒ시니더 及后ㅣ 有疾ᄒ야 特令后의 母

와 兄弟로 入侍醫藥ᄒ야 不限日數ᄒ시ᄂ어 后ㅣ

言於帝曰되ᄒ샤 宮禁이 至重ᄒᄂ이어 而使外舍

로 父在內省ᄒ야 上令陛下ㅣ로 有幸私之譏ᄒ고

을 誠不願也이ᄒ다노 帝曰人이 皆以數入로 爲

下使賤妾로 獲不知足之謗ᄒ야 上下ㅣ 交損

榮ᄂ이어 貴人은 反以爲憂ᄒ야 深自抑損ᄒ니ᄒ 誠

難及也다ㅣ로 每有讌會예 諸姬貴人이 競自

修整ᄒ야 簪珥光采며ᄒ 袿裳을 鮮明ᄂ이어 而后

獨著素ᄒᆞ샤 裝服이 無飾ᄒᆞ며ᄒᆞ시 其衣有與陰
后로 同色者ᄃᆞᆫ이어 即時解易ᄒᆞ시 若並時進
見시어든 則不敢正坐離立ᄒᆞ시 行則僂身自
甲며ᄒᆞᆫ시 帝每有所問시이어든 常逡巡後對ᄒᆞ샤 不
敢先陰后言시ᄒᆞ니더 帝知后의 勞心曲體고ᄒᆞ시
歎曰디ᄒᆞ샤 修德之勞ㅣ어 乃如是乎아 後에 陰
后ㅣ漸踈ᄂᆞᆯ 每當御見시ᄒᆞ 輒辭以疾시다더
時예 帝數失皇子시ㅣᄂᆞᆯ어 后ㅣ憂繼嗣의 不廣
ᄡᅡᄒᆞ샤 恒垂涕歎息ᄒᆞ샤 數選進才人ᄒᆞ샤 以博帝意

시ᄒᆞ더 陰后ㅣ 見后의 德稱이 日盛ᄒᆞ고 不知所爲ᄒᆞ야 遂造祝詛ᄒᆞ야 欲以爲害라ᄒᆞ더 帝嘗寢病危甚ᄉᆡ이니러 陰后ㅣ 密言ᄒᆞ되 我ㅣ 得意ᄒᆞ면 不令鄧氏로 復有遺類ᄒᆞ리라ᄒᆞ니 后ㅣ 聞ᄒᆞ고 乃對左右ᄒᆞ야 流涕言曰ᄒᆞ샤ᄃᆡ 我ㅣ 竭誠盡心ᄒᆞ야 以事皇后ᄒᆞ되 竟不爲兩祐ㅣ오 而當獲罪於天이로다 婦人이 雖無從死之義나 然이나 周公이 身請武王之命ᄒᆞ며 越姬心誓必死之分이니 上以報帝之恩ᄒᆞ며 中以解宗族之禍ᄒᆞ며 下不令陰氏

有人豕之譏ᄒ호리잇고라 即欲飮藥시ᄂ러어宮人

趙玉者ㅣ固禁之야ᄒ 因詐言디ᄒ호 屬有使來니ᄒ

上疾이已愈다ㅣ로소이ᄒ야ᄂ늘 后ㅣ信以爲然샤ᄒ 乃

止니ᄒ시 明日에 帝果廖니ᄒ시라 十四年夏애 陰

后ㅣ以巫蠱事로廢ᄂ늘어시 后ㅣ請救不能得

니ᄒ시 帝便屬意焉대ᄒ신 后ㅣ愈稱疾篤사ᄒ深

自閉絕시ᄒ니더 會有司ㅣ奏建長秋宮대ᄒ 帝曰

딕ᄒ야샤 皇后之尊이 與朕同體야ᄒ 承宗廟며ᄒ 母

天下니ᄒᄂ 豈易哉오리 唯鄧貴人이 德冠後庭

乃可當之리니 至冬야 立爲皇后대 신辭讓者ㅣ 三然後에 即位샤 手書表謝샤 深陳德薄야 不足以充小君之選이더라 是時예 方國貢獻을 競求珍麗之物이니 自后ㅣ即位로 悉令禁絶고 歲時예 但供紙墨而已러라 帝每欲官爵鄧氏든어 后ㅣ 輒哀請謙讓故足兄隲이 終帝世토 不過虎賁中郎將이라 元興元年에 帝崩커시 長子平原王이 有疾고 而諸皇子夭歿이 前後十數러니 後生者

輒隱秘ᄒᆞ야 養於人間ᄒᆞ니 殤帝生이 始百

日서이 니러 后ㅣ乃迎立之다ᄒᆞ시니 尊后ᄒᆞ야 爲皇太

后고ᄒᆞ시 太后ㅣ臨朝ᄒᆞ라시 和帝葬後에 宮人

이 並歸園ᄒᆞ니이러 太后ㅣ賜周馮貴人策曰ᄉᆞᄒᆞ

딕 朕與貴人로으 託配後庭ᄒᆞ야 共歡等列이 十

有餘年ᄒᆞ이러 不獲福祐ᄒᆞ야 先帝早棄天下시ᄒᆞ

ᄂᆞ 孤心煢煢ᄒᆞ야 靡所瞻仰이라 夙夜永懷ᄒᆞ야 感

愴이發中다이로 今當以舊典으로 分歸外園ᄒᆞ실이

慘結增歎ᄒᆞ니호 燕燕之詩ᄂᆞᆫ 曷能喩焉오이리 其

賜貴人王青盖車와 采飾輅와 驂馬各一駟

黃金三十斤과 雜帛三千匹와 白越四千

端시고라ᄒ야 又賜馮貴人王赤綬ᄒ시고 以未有

步搖環珮ᄒ시라ᄉ야 加賜各一具다ᄒ시라 是時예 新

遭大憂야ᄒ야 法禁이 未設니이러 宮中이 亡大珠

一篋대ᄒ호 太后ㅣ 念欲考問ᄒ야ᄉ 必有不辜ㅣ라

乃親閱宮人샤ᄒ 觀察顏色니ᄒ시 即時예 首

服라ᄒ니 又和帝幸人吉成의 御者ㅣ 共枉吉

成以巫蠱事늘ᄒ야 遂下掖庭야ᄒ 考訊니ᄒ시ᄉ 辭

證이 明白니더 太后ㅣ以先帝左右로 待之
有恩도이라 平日에 尚無惡言니더 今反若此
니 不合人情이시이라고 更自呼見 實霙니시
果御者의 所爲눌어 莫不歎服야이 以爲聖明이
라니

後漢한 人和황 熹힁 鄧皇后
太傅봉 禹의 孫손子ㅣ시니라 太
傅봉은벼 아바님 訓훈은 護校

尉(·윙)·오 護(·홍)羌(캉)校(·굠)尉(·윙)ㅅ벼·스리·라 ·어마님은 陰(:흠)氏(:씽)니 光(광)烈(·렳)皇(황)后(:흥)ㅅ 四(·싱)寸(·촌) ᄯᆞᆯ이시니라 后(:흥)ㅣ 나히 다ᄉᆞᆺ 서레 太(탱)傅(·붕)ㅅ 夫(붕)人(신)이 ᄉᆞ랑ᄒᆞ야 손ᅀᅩ 마리룰 갓더니 夫(붕)人(신)이 나히 만ᄒᆞ거늘 눈 어드워 그르 后(:흥)ㅅ 니마ᄒᆞᆯ 헐오ᄃᆡ 알ᄑᆞ믈 ᄎᆞ마샤 니ᄅᆞ디 아니ᄒᆞ거시ᄂᆞᆯ 右(·ᅌᅮᆼ)엣 사ᄅᆞ미 怪(·괭)異(·잉)히 너겨 묻ᄌᆞ온ᄃᆡ 太(탱)后(:흥)

ㅣ니르샤ᄃᆡ알ᄑᆞ디아니ᄒᆞᆫ주ᄅᆞ라아니언

마ᄂᆞᆫ大ᄯᅡᆼ夫붕人신이어엿비너겨마ᄅᆞ

ᄅᆞᆯ갓ᄀᆡ실신ᄂᆞᆯ그시닛ᄲᆞ들구ᄎᆔ미어려

운젼ᄎᆞ로ᄎᆞᆷ노라여숫서레史ᄉᆞᆼ書셩ᄅᆞᆯ

잘ᄒᆞ시고史ᄉᆞᆼᄂᆞᆫ글書셩시라열둘혜詩싱와論론ᄅᆞᆯ

語엉ᄅᆞᆯ通통ᄒᆞ더시니모ᄃᆞᆫ오라비샹녜

글닐글져기어든곤ᄲᆞ들ᄂᆞᆺᄌ기ᄒᆞ샤무

ᄅᆞ샤ᄲᆞ들글와래두시고生ᄉᆡᆼ計곙샤릿

이롤몯디아니커시 눌어마니미 샹녜외

오너겨니르샤ᄃᆡ 녜 겨지비롤 니겨 衣

服뽁을ᄒᆞ디 아니코 다시곰 學뽁ᄋᆞᆯ 힘

쎠ᄒᆞ니 반ᄃᆞ기 博박士쌍ㅣ ᄃᆞ욀다 博박士쌍

스 눈 션비 벼 后뽕ㅣ 어마ᄂᆞᆷ 말ᄉᆞᆷ어ᄀᆡ 유믈 리라

重뚱히 너기샤 나지어든 겨지비롤 댓

ᄀᆞ시고 바미어든 글와롤 외오신 ᄯᆡ집 사

ᄅᆞ미 일후믈 션비라 ᄒᆞ더니 아바님 訓훈

이 奇(끵)異(잉)·히 너·겨 이·롤 크·니·쳐 그·니 엄
시·곤·더 브·러 議(읭)論(론) ᄒᆞ·더 시·다 求(웡)
元(원) 四(ᄉᆞᆼ)年(년)·에 반·ᄃᆞ·기 ᄀᆞᆯ·히·여 들·리·러시
니마초아 訓(훈)·이 죽거·시·늘 后(ᅘᅮᇢ)ㅣ 畫(ᅘᅪᇹ)
夜(양)·애 우·르·시·고 三(삼)年(년)이 및ᄃᆞ·록 소
곰·과 菜(ᄎᆡᆼ)蔬(송)·와·롤 좌·시·디 아·니 ᄒᆞ·샤·여
위·여·넷 양·지 엄·거·시·늘 親(친) ᄒᆞ·샤·ᄅᆞ·미·아
디·몬 ᄒᆞ·더·라 后(ᅘᅮᇢ)ㅣ 아·라 수·메 하·ᄂᆞᆯ호·믄

·지시니 蕩땅 蕩땅·ᄒᆞ·야 正·졍·히 퍼러ᄒᆞ·고

蕩땅蕩땅·은 넙·고 먼 양지·라 鍾죵乳ᅀᅲᆼㅅ 골 곤ᄒᆞ·거·시

·ᄂᆞᆯ 잇·거·늘 鍾죵乳ᅀᅲᆼᄂᆞᆫ 藥·약 일·후·미·라 鍾죵乳ᅀᅲᆼ·을 위·러 색·라 좌·시

·고 숨 占·졈 ᄒᆞ·ᄂᆞᆫ 사ᄅᆞᆷ ᄃᆞ·려 무·르·신·대 솔·오

·되 堯욤ㅣ 수·메 하ᄂᆞᆯ·홀 자·바 오ᄅᆞ·시·고 湯

탕 ·이 수·메 하ᄂᆞᆯ·해 미·처 할ᄒᆞ·시·니·이·다 聖

셩王왕ㅅ 알·ᄑᆡㅅ 占·졈·이·라 吉·긿 ·호·ᄆᆞᆯ 니·ᄅᆞ

·디 몯·ᄒᆞ·리·로·소·이·다 ·또 相·샹 볼 사ᄅᆞᆷ·미 后

湯탕·ᄅᆞᆯ 보숩고 놀라 ᄉᆞᆯ오ᄃᆡ ·이ᄂᆞᆫ 成쎵湯탕

ㅅ 法법·이로다 ᄒᆞ야 놀·지·빗 사ᄅᆞ미 그스

·기 깃거 ᄒᆞᄃᆡ ·젹간 도·니ᄅᆞ·디 아니 ᄒᆞ니라

后홍ㅅ 아자비 陵ᄀᆡᆼ 닐오ᄃᆡ 아래 ᄃᆞ로·니

千쳔人신·ᄋᆞᆯ 사ᄅᆞ닌 子ᄌᆞ孫손·이 封봉 侯

ᄒᆞ리 잇다 ᄒᆞ니 兄형 訓훈·이 謁엻者쟝

ᅵ ᄃᆞ외여셔 謁엻者쟝·ᄂᆞᆫ 벼ᄉ슬·이·라 石쎡日꿇河ᅘᅡᆼ

·ᄅᆞᆯ 닷가·ᄂᆞᆫ 石쎡日꿇河ᅘᅡᆼ·ᄅᆞᆯ ·일·후미·라 ·히마다 數숭千쳔

人신을 사르니 天텬道뚱ㅣ어루 믄 불딘
댄 지비 반ᄃ기 福복을 니브리라 쳐서미
太탱傳뽕 禹웅ㅣ 嗟챵嘆탄ᄒ야 닐오ᄃᆡ
내 百빅萬먼 衆즁을 거느려 앉간도 ᄒ샤
룸도 간대로 주기디 아니ᄒ니 後흫ㅅ 子ᄌ
죵孫손이 반ᄃ기 니르와다 나리이시리
라ᄒ니라 七칟年년에 后흫ㅣ 쏘 모ᄃᆫ 집
子ᄌ息식과 ᄒᄢᅴ 골히야 宮궁의 드르시

后(ᅘᅮᇢ)ㅣ 크 닐굽자 두치시고 양ᄌᆡ 고와 모ᄃᆞᆫ 中(듀ᇰ)에 ᄀᆞ장 다ᄅᆞ더시니 左(쟈ᇰ)右(우ᇢ)ㅣ 다 놀라더라 掖(역)庭(땡)에 드르샤【掖(역)庭(땡)은 기픈 ᄠᅳᆯ히니 大(땡)闕(쾅)을 니ᄅᆞ니라】 貴(귕)人(ᅀᅵᆫ)이 ᄃᆞ외시니 그ᄢᅴ 나히 열여슷 시러시니 溫(온)恭(고ᇰ)ᄒᆞ시며 싁싁ᄒᆞ시며 조심ᄒᆞ샤 일마다 法(법)度(뚱)ㅣ 겨샤 陰(음)后(ᅘᅮᇢ)ᄅᆞᆯ 셤기샤 딕일져 미리져 ᄒᆞ시며 조

심ᄒᆞ시며 同똥列렳을 對됭接졉ᄒᆞ샤ᄃᆡ 샹녜 모믈이 긔여ᄂᆞᆫᄎᆞ기 ᄒᆞ시며 비록 宮궁人신隷롕役역이라도 [隷롕ᄂᆞᆫ 賤쪈人신 役역은 賤] 다 恩ᄒᆞᆫ惠ᅘᅨᆼ룰 더으신대 和ᅘᅪᆼ帝뎡 기피 아ᄅᆞᆷ다이 너겨 委ᅙᆔᆼ曲콕히 ᄒᆞ더시니 后ᅘᅮᇢㅣ 病뼝ᄒᆞ샤믈 미ᄎᆡ 特뜩別뼈ᇙ히 后ᅘᅮᇢ의 어마님과 兄ᅘᅧᆼ弟똉로 드러 醫ᅙᅵᆼ藥약올 믜슈와 낫數숭를 限한 티 아니케 ᄒᆞ야

시늘后ᅙᅵ帝·뎽 씌 슬오샤디 宮궁禁·금

이至징極·끅重:뜡 커·놀 밧·긋지브로오·래

안해이셔우ᄒᆞ론 陛뼁下·ᅘᅡᆼ로아 딤ㅕ

엿비너기시논긔룡잇고아래론賤쪈ᄒ

날足·죡을아디몯ᄒᄂ誹빙謗·팡올

더上·쌍下·ᅘᅡᆼᅵ서르損손ᄒ몯眞진實씷

로願·원티아니ᄒ노ᅵ다帝·뎽니ㄹ샤ᄃ

사ᄅ미다조조드로모ᄅ榮웡寵·통히너

기거눌 貴귕 人신은 도ᄅᆞᆫ 혀시르믈 사마

고쟝 ᄂᆞᆽ기 ᄒᆞ니 眞진 實씷 로 미 추미어

렵도다 샹녜이 바ᄃᆡ여 모ᄃᆞᆫ 姬긩 와 貴귕

人신이 난졋 빗어 簪좀 珥ᅀᅵᆼ 롤 빗내 ᄒᆞ며

簪좀ᄋᆞᆫ 빈혜오 珥ᅀᅵᆼᄂᆞᆫ 玉옥의 衣ᅙᅵᆼ 服뽁 로 밍ᄀᆞ론 귀예 드리ᄂᆞᆫ 거시라

을 빗내 ᄒᆞ니 后ᅙᅮᇢ ᅵ ᄒᆞ오ᅀᅡ 빗나디 아

니 ᄒᆞ거늘 니브샤 오시 ᅀᅮ묘미 업스시며

그 오시 陰흠 后ᅙᅮᇢ 와 비치 ᄀᆞᆮ ᄒᆞ니 잇거든

즉재 바사 ㄱᄅ시며 ᄒᄢ뵈ᅀᅡ 올져기어

시든 바ᄅ 안ᄌᆞ며 곧 와셔 디 아니ᄒ시며

行ᄒᆼ호져 긴 모몰 구펴ᅀᅡ 가이 ᄒ시며 帝

뎡 민샹 무르샤미 겨시거든 샹녜 머므러

後ᄒᇢ에 對됭 荅답ᄒ샤 陰음 后ᇢ씌 몬져

니ᄅ디 아니ᄒ더시니 帝뎡ㅣ 后ᇢ의 勞

롱 心심ᄒ시며 모몰 구피샤 ᄆᆞᆯ 아ᄅ시고

嘆창 歎탄ᄒ야 니ᄅ샤디 德득을 닷ᄂᆞᆫ것

부미이러ᄒᆞ녀後:ᅘᅮᇂ에 陰흠 后:ᅘᅮᇂㅣ 漸:쪔

漸쪔 疎송커늘 샹녜모ᅀᆞᆷ올제 當당ᄒᆞ샤

곧 病뼝ᄃᆞᆯᄒᆞ샤마더시다그ᄢᅴ 帝뎡 ᄌᆞ조

皇ᅘᅪᆼ 子ᄌᆞᄅᆞᆯ일허시늘 后:ᅘᅮᇂㅣ子ᄌᆞ息식

이너ᄃᆞ몯ᄒᆞᆯ가 分분 別:뼈ᇙᄒᆞ샤ᄆᆡᆼ 눈물

디며 한숨디ᄒᆞ샤 ᄌᆞ조才찡 ㅅ신을ᄀᆞᆯ히

야 進진 上썅ᄒᆞ샤 帝뎡 ㅅᄠᅳᆯ너피더시

니 陰흠 后:ᅘᅮᇂㅣ后:ᅘᅮᇂ의 有:ᅌᅮᇢ德득 ᄒᆞ소리

날로 盛·썽ᄒᆞᆯ보고 ·ᄒᆞ욜·이롤아·디몯ᄒ
·야 祝·죡 諨·죵ᄒᆞ·야 害·ᄒᆡᆼᄒᆞ·려ᄒᆞ·더·라 帝·뎅
아·리 病·ᄈᆡᆼᄒᆞ·샤 甚·씸·히 바 ·드·랍·더·시·니 陰
·흠 后·ᅘᅮᆼ ㅣ ·ᄀ마·니닐·오·ᄃᆡ·내·ᄠᅳᆯ 得·득·ᄒ
·면 鄧·뜽 氏·씨로·ᄂᆞ·외여·기·튼 類·ᄅᆔᆼ 잇·ᄃᆡ아
·디케호·리·라 后·ᅘᅮᆼ ㅣ ·드·르·시·고 ·ᄒᆈ 右·ᇢ
·롤 對·됭ᄒᆞ·야 눈·믈흘·려니·ᄅᆞ·샤·ᄃᆡ·내 精·졍
誠·쎵·을 ·ᄀ장ᄒᆞ·며 ·모·ᄉᆞ·ᄆᆞᆯ다·ᄒᆞ·야 皇·ᅘᅪᆼ后

롤 셤기디 몯ᄒ야 太 도외요미 도외디 몯호
니 반ᄃ기 하ᄂᆞᆳ 罪쬥룰 得득ᄒ리로다
婦뿡人신이 비록 조차 죽논 義읭 업스나
그러나 周즁公공이 모ᄆᆞ로 武뭉王왕ㅅ
命명을 請쳥ᄒ시며 越왫姬긩 모ᄆᆞ로 반
ᄃ기 주글 分분을 盟명誓쎙ᄒ니 우ᄒ로
帝뎽ㅅ 恩ᅙᅳᆫ을 갑ᄉ오며 가온ᄃ로 아ᄉ
미 災징禍ᅘᅪᆼ룰 벗기며 아래로 陰흠氏씽

로ㅅ豕싄ㅅ譏긩弄롱이잇디아니
호리라ᄒᆞ시고 皇황后ꙸ呂령氏씽ㅣ는 前쪈漢한ㅅ
쳑夫붕ㅅ신을새와손발버히고 눈을앗
고귀뼈지고말·몯홀藥약머기고 뒷간으
드리텨두고일후믈
사름도티라ᄒᆞ나라즉재藥약을머구려
ᄒᆞ거시ᄂᆞᆯ宮궁人신趙뜸玉옥이구틱여
말이ᅀᆞ와소겨솔오디마초아사ᄅᆞ미오
니皇황帝뎽ㅅ病뼝이ᄒᆞ마됴ᄒᆞ시도소
이다ᄒᆞ야ᄂᆞᆯ后ꙸㅣ미드샤올히너기샤

마ᄅᆞ시니 이 틋나래 帝뎽ㅣ 果광然션 :됴ᄒᆞ시니라 十씹四ᄉᆞᆼ年년 녀르메 陰음后뽕ㅣ 巫뭉蠱공ㅅ일로 廢뼹ᄒᆞ야시ᄂᆞᆯ 蠱공ᄂᆞᆫ 무당을 브려 鬼귕神씬이 바다 :사ᄅᆞᆫ믈 害ᄒᆡᆼ호ᄆᆞᆯ :비러시라 后뽕ㅣ 請청ᄒᆞ야 救궁ᄒᆞ다가 得득디 몯ᄒᆞ시니 帝뎽ㅣ 곧 ᄠᅳ들 지향ᄒᆞ신대 后뽕ㅣ 더옥 病뼝·ㅣ 되요ㄱ라 ᄒᆞ샤 기피 ᄌᆞ걔 ᄀᆞ초와 그치 더시니 마ᄎᆞ아 有ᅌᅮᆲ司ᄉᆞㅣ 長땅秋츓宮궁

세요믈 원ᄌᆞ온대 帝뎅 니ᄅᆞ샤ᄃᆡ 皇ᅘᅪᇰ

后ᅘᅮᇢ ᄅᆞᆯ 尊존호미 날와 ᄀᆞᆮᄒᆞ야 宗조ᇰ 廟마ᇢ ᄅᆞᆯ 셤기며 天텬 下ᅘᅡᇰ 앳 어미 ᄃᆞ외ᄂᆞ니

엇뎨 수 우리오 오직 登드ᇰ 貴귕 人신 이 德득 이 後ᅘᅮᇢ 宮구ᇰ 에 爲윙 頭뜨ᇢ ᄒᆞ니 어루 當당 ᄒᆞ리라 겨스레 니ᄅ러 세여 皇ᅘᅪᇰ 后ᅘᅮᇢ

ᄅᆞᆯ 삼신대 辭ᄊᆞᆼ 讓ᅀᅣᇰ 올 세 번 ᄒᆞ신 後ᅘᅮᇢ 에 即즉 位윙 ᄒᆞ샤 表뵴 ᄅᆞᆯ 손ᄉᆞ소 샤 謝싸ᇰ

恩ᅙᆞᆫ·호ᄒᆞ·샤 기·피 德·득이·져·거 小·숑君군ᄀᆞᆯ

히·샤매·몌 우·믜 足·죡 디·몯호·이·다 호·시·다

小·숑君군은 남·금 夫붕人신·이·라 이·삐 四·ᄉᆞᆼ方방 나·랏 貢

公공獻·헌 올·나·졋 貴·귕 코·됴호·거·슬 求꿈호

더·니 后·훙ㅣ 卽·즉位·윙 롤브·터·다 禁금止

:졍·케 호·시·고 歲·셍時씽·예 오·직 죠·히·와·먹

ᄲᅮ·바·틸 쓰·ᄅᆞ·미·러·라 帝·뎽 :미·샹 鄧뚱氏·씽

롤·벼·슬 히·요·려 커·시·든 后·훙ㅣ ·곤·셜이·비

슝와 辭(쎵)讓(샹)ᄒᆞ신 젼ᄎᆞ로 몯 오라비 隔

집이 帝(뎽)ㅅ 시졀이 무초ᄃᆡ 虎(훙)賁(뿐)中

郎(랑)將(쟝) 애셔 넘디 몯ᄒᆞ니라

버스리라 元(원)興(흥) 元(원)年(년)에 帝(뎽)

업거시ᄂᆞᆯ 長(땽)子(ᄌᆞ) 平(뼝)原(원)王이 病(삥)

ᄒᆞ얫고 여러 皇(황)子(ᄌᆞ)ㅣ 즐어 주구미 前(쪈)

後(훙)에 열호로 혜리러니 後(훙)에 나니

ᄅᆞᆯ 곰초아 民(민)間(간)애 기ᄅᆞ더니 殤(샹)

帝뎽나샤미 것 百·빅 日·싷 ·이러시니 后뽕ㅣ마자다가 셰시다 后뽕·롤 尊존호슨·와 皇뽱太탱后뽕·롤 삼숩고 太탱后뽕ㅣ朝 會·뽱마즈시니·라 和뽱帝뎽葬·장호슨온 後·뽕에 宮궁人·신이다 園원의 가더·니 太탱后뽕ㅣ周즁馮뽕貴·귕人신·을 策·칙·을주샤니릇·샤디 周즁馮뽕인 人신이 姓셩이·라 ·두貴·귕人·신·과로 後뽕宮궁에 브터르 委

曲콕히 ᄒᆞᄃᆡ 이 쇼미여라 ᄆᆞᆫ히러니 福
복을 得득디 몯ᄒᆞ야 先션帝뎽일 天텬下
하롤 ᄇᆞ리시니 ᄒᆞ온 삿 ᄆᆞᅀᆞ미 煢뀽煢뀽
ᄒᆞ야셔 ᄇᆞ틀 ᄊᆞ 업손 양재라 올워롤고딕
업순디라 나지여 바미며 기리 ᄉᆞ랑ᄒᆞ야
셜우미 ᄆᆞᆺ나ᄂᆞᆺ다 이제 반ᄃᆞ기 녯 法
법으로 여희여 後후 園원에 가ᄅᆞ쉴 셜위
한숨오니 燕연燕연 詩싱ᄂᆞᆫ 엇뎨 能능히

가죻비리오 燕·연은 詩싱 篇편ㅅ 일·후·미니 燕·연은 ·저·비·니 衛·위 毛몽·의 몸

莊장公공夫붕人신 莊장姜강·이 子중息·식 ·업서 莊장公공妾·쳡 戴·딩嬀윙·ᄅᆞᆯ 爲·윙·ᄒᆞ·야 ·내 子중 ·사·맷·더·니 莊장公공·이 ·업·스·시·거·늘 그 아·ᄃᆞ·리 即·즉位·윙·ᄒᆞ·얫·ᄂᆞᆯ 그 ·어·미 ·믈·터 ·니·ᄉᆞ·랑·ᄒᆞ·시·ᄂᆞᆫ 妾·쳡·엣 아·ᄃᆞ·리 그 님·을 주·겨·ᄂᆞᆯ 戴·딩嬀·윙 爲·윙 제 ·나·라·ᄒᆞ·로 갈·ᄉᆡ ·ᄌᆞᆯ

·에 莊·장姜·강·이 ·보·내·며 슬·허 ·이 詩싱·를 지·ᅀᆞ·니·라 貴·귕人신·을

靑쳥蓋·갱車겅·와 ·ᄂᆞᆫ 皇·ᅘᅪᆼ子·중ㅣ 封·봉 靑쳥蓋·갱車겅 王왕·ᄒᆞ·야 ·ᄐᆞᆺ ·빗·내·수·믄 술·위·와 驂참馬·망 王왕·ᄒᆞ·야 ·ᄐᆞᆺ 술·위·라

各·각 네·필·와 ·ᄂᆞᆫ 참·은 술·윙·메 黃·ᅘᅪᆼ金금 各·각 네·필·와 ·이·ᄂᆞᆫ 모·리·라 黃·ᅘᅪᆼ金금 三삼

十씹斤근과 雜짭帛뵉 三삼千쳔匹폥
와 白뵉越윓 四ᄉᆞᆼ千쳔匹폥을 주라 ᄒᆞ시
고 馮뽕貴귕人신을 王왕 赤쳑綬윻 주
시고 머리 엿 步뽕搖욯와 環뽠珮뼁 엽다
ᄒᆞ샤 各각 ᄒᆞᆲ올옴 더 주시다 皇뽕步뽕搖욯ᄂᆞᆫ 后ᅘᅮᇢ人신ᄋᆡ 首슈飾식이오 環뽠珮뼁ᄂᆞᆫ 珮뼁玉옥이라
이 뼈 새로 큰 거상
을 맛나 法법이셔 디몯ᄒᆞ엿더니 宮궁中듕
이 굴근 구슬ᄒᆞ 箱샹子ᄌᆞᆼ 롤 일흔대 太

、탕后ᅘᅮᇢㅣ져주고져ᄒᆞ샤딘반ᄃᆞ기罪쬥
업스니이실가녀기샤親친ᄒᆞ宮궁人신
올보샤顏안色ᄉᆡᆨ올보와솔피시니卽즉
時씽예自ᄍᆞᆼ服뽁ᄒᆞ니라소和ᅘᅪᆼ帝뎽ㅣ
幸ᅘᆡᆼ히녀기시던사ᄅᆞᆷ吉ꀗ成쎵의조ᅕᅩᆫ
사ᄅᆞᆷ이모다吉ꀗ成쎵을포몽蠱공ᄉᆞᆯ
로ᄒᆞ라ᄂᆞᆯ掖역庭뗭에ᄂᆞ라와져주시니
말ᄊᆞᆷ과본중이明명白뽁ᄒᆞ더니太탱后

一先_션帝_뎽ㅅ 左_쟝右_ᇢ로 對_됭接_졉
을 有_ᇢ恩_{ᄒᆫ}히 ᄒᆞ실저기라도 平_{ᅙᅣᆼ}日_{ᅀᅵᇙ}
에 오히려 모딘 마리 업더니 이제 도ᄅᆞ혀
미이곤ᄒ니 ㅅ 情_쪙에 맛디 아니타 ᄒ
시고 다시 ᄌ개 블러 보샤 覈_{ᅘᅵᆨ}實_씷ᄒ시
니 果_광然_션 조ᄎ 사ᄅᆞ미 ᄒ욘 이리어늘
嗟_챵嘆_탄ᄒ야 降_{ᅘᅡᆼ}伏_뽁 아니 ᄒ리 업서
聖_셩明_명이 샷다 솔오니라

大明太祖孝慈昭憲至仁文德承天順聖高
皇后馬氏는 其先이 自宋太保默으로 家于宿
州闌子鄉新豐里야ᄒ야 世豪里中이니ᄒ더 父馬公
性이 剛直고ᄒ야 愛人喜施야ᄒ야 賙人之急디ᄒ호 如
將不及라ᄒ더 母鄭氏早卒늘커 后ㅣ幼ㅣ시니러 父
素與定遠人郭子興로 爲刎頸之交니ᄒ러러
遂以后 託其家고ᄒ 父ㅣ卒늘커 子興이 育后
同己女라ᄒ더 后ㅣ自少로 貞靜端一며ᄒ시
孝敬慈惠며ᄒ시 聰明이 出人意表야ᄒ 尤好詩

書ㅣ시ᄒᆞ더 旣笄ᄒᆞ샤 嬪于太祖高皇帝ᄒᆞ샤 誠敬이
感孚ᄒᆞ샤 內外咸譽之ᄒᆞ더라 值歲大歉ᄒᆞ야 后ㅣ
從帝在軍ᄒᆞ샤 嘗自忍飢ᄒᆞ시고 懷糗餌脯脩ᄒᆞ샤
供帝ᄒᆞ샤 未嘗乏絶ᄒᆞ며 造次顛沛예 恪遵婦
道ㅣ시ᄒᆞ니더 帝每有識記書札든이어 輒命后藏之
고ᄒᆞ시 倉卒取視든어시 后ㅣ即於囊中에 出而
進之ᄒᆞ샤 未嘗脫誤ᄒᆞ시더 帝焚香祝天ᄒᆞ야 願
天命이샤 早有所付ᄒᆞ샤 母苦天下生民ᄒᆞ고져
ᄂᆞᆯ 后ㅣ謂帝曰ᄒᆞ샤 方今에 豪傑이 並爭이라

雖未知天命所歸나 以妾觀之댄 惟以不殺
人으로 爲本야 顚者를 扶之며 危者를 救之야
收集人心면 人心所歸即天命所在니 彼縱
殺掠야 以失人心면 天之所惡라 雖其身나이
亦難保也이다니 帝曰샤 爾言이 深合我意
시고다 明日에 冒雨歸샤 語后曰 昨聞
爾言니호 往來方寸間야 不能忘다이로 有一卒
違令야 忽與婦人로 俱ㅣ어 詰之니호 不能
隱야 吐實云디호 掠得之셔라홀 我ㅣ 告之曰디호

今日用兵은 所以禁亂이니 若寡人之妻며 孤
人之子ㅣ면 適以生亂이니 不即舍之면 吾必戮
爾호리라 此卒이 感悟야 遂即舍之니 由爾
之言也ㅣ라 后ㅣ 曰 用心이 如此니 何
憂人心之不歸乎ㅣ잇고 后ㅣ 初애 未有子샤
撫育帝ㅅ 兄子文正과 姊子李文忠 及沐
英等數人샤 愛如己出시더니 後에 太子諸
王生호야 恩無替焉시다 帝師師渡江실
后ㅣ 亦率諸將士의 妻妾야 繼至太平

라니 及居建康ᄒ샤時예 吳漢이 接境ᄒ야 戰無虛

日니이러 親率妻ᄉ勝샤ᄒ 完絹衣鞍샤ᄒ 助給將士

ᄒ샤 夜分不寐며ᄒ 時時예 左右帝規畫샤ᄒ 動

合事機샤ᄒ더다 洪武元年春正月에 帝即位샤ᄒ

冊爲皇后고ᄒ시 因謂侍臣曰디ᄒ샤 昔에 漢光

武ㅣ勞馮異曰디ᄒ샤 倉卒애 蕪蔞亭豆粥과

滹沱河麥飯厚意ᄅᆯ 乆不報ᄒ샤라 君臣之間

이始終保全니ᄒ朕이 念皇后ㅣ起布衣야ᄒ 同

甘苦며ᄒ 嘗從朕在軍야ᄒ 倉卒애 自忍飢餓고ᄒ

懷糗餌야ᄒ야 食朕니ᄒ니 比之豆粥麥飯댄ᄃᆫ 其困이

尤甚라ᄒ니 昔에 唐太宗人 長孫皇后ㅣ 當隱

太子構隙之際예야ᄒ야 內能盡孝며ᄒ며 謹承諸妃

消釋嫌猜다ᄒ야 朕이 數爲郭氏의 所疑야ᄒ야 朕이

徑情不恤니ᄒ다 將士ㅣ 或以服用로〇 爲戲

后ㅣ 先獻郭氏야ᄒ야 慰悦其意며ᄒ며 及欲危朕

야ᄒ后ㅣ 輒爲繭縫야ᄒ야 卒免於患니ᄒ며 殆又難於

長孫皇后者라ᄒ니 朕이 或因服御야ᄒ야 詰怒小

過든ㅣ어 輒謂朕曰디ᄒ호 主ㅣ 忘昔日之貧賤耶

朕復愓然ᄒᆞ노라 家之良妻ᅵ 猶國之良
相이니라 豈忍忘之ᄒᆞ시리오 罷朝ᄒᆞ샤 因以語后ᄒᆞ신
대 后ᅵ曰ᄒᆞ샤대 妾은 聞夫婦相保ᄂᆞᆫ 易ᄒᆞ고 君
臣相保ᄂᆞᆫ 難ᄒᆞᆫ이니라 陛下ᅵ 旣不忘妾於貧賤
ᄒᆞ시니 願無忘群臣百姓於艱難ᄒᆞ셔ᄒᆞ쇼셔 且妾은
安敢比長孫皇后ᅵ 賢잇고이리오ᄒᆞ며 但願陛下ᅵᄡᅥ
堯舜ᄋᆞ로ᄋᆞᆯ 爲法耳ᅵ라ᄒᆞᆫ 后ᅵ旣正位中宮ᄒᆞ샤 益
自勤勵ᄒᆞ야 督宮妾治女工ᄒᆞ시고 凤興夜寐ᄒᆞ샤
無時豫怠ᄒᆞ샤ᄒᆞ더시니 勸帝親賢務學ᄒᆞ시며 隨事幾

諫며ᄒᆞ시 講求古訓ᄒᆞ샤 諭告六宮ᄒᆞ디ᄒᆞ샤 孜孜求

倦ᄒᆞ시다더 一日에 集女史清江㳒孺人等ᄒᆞ샤 問

曰ᄒᆞ샤 自漢唐以来로 何后ㅣ 最賢ᄒᆞ며이 家法

은 何代最正고 對曰ᄒᆞ고 惟趙宋諸后ㅣ 多賢

ᄒᆞ며 家法이 最正ᄒᆞ다니 后ㅣ 於是예 命女史ᄒᆞ샤

錄其家法賢行ᄒᆞ야 每令誦而聽之ᄒᆞ고ᄒᆞ시

曰不徒為吾이 今日法이라 子孫帝王后妃皆ᄒᆞ샤

當省覽이니 此ㅣ 可以為萬世法也ㅣ로다ㅣ라 或曰

디ᄒᆞ 宋朝ㅣ 過於仁厚ᄒᆞㅣ대라 后ㅣ 曰ᄒᆞ디ᄒᆞ샤 過於

仁厚ㅣ不猶愈於刻薄乎아 吾子孫이 苟能

以仁厚로爲本면이。至於三代不難矣라니 仁厚

ㅣ雖過ㅣ나ㅣ何害於人之國哉오리 帝嘗謂后曰

ㅎ샤 君者는百責所萃니ㅣ一夫ㅣ不得其所

도라 君之責也ㅣ시라ㅎ늘 后ㅣ即起拜曰ㅎ샤

妾은聞ㅎ니호 古人이有云디호 一夫失所ㅣ時予

之辜ㅎ며라 一民이饑든케曰我ㅣ饑之고라ㅎ

民이寒든케曰我ㅣ寒之니라ㅎ 今陛下之言이

即古人之心이이다로소 致謹於聖心샤ㅎ加惠於

窮民이면ᄒᆞ야 天下ㅣ受其福ᄒᆞ며 妾亦與有榮焉

이ᄒᆞ리다 又嘗從容告帝曰ᄒᆞᄉᆞ야 人主ㅣ雖有明

聖之資나ㅣ不能獨理天下ㅣ라 必擇賢以圖治

ᄂᆞ니라 然나이世代愈降ᄒᆞ야 人無全材니ᄒᆞ야陛下ㅣ

於人材예 固能各隨其短長而用之ᄒᆞᄂᆞ시니 然

나이 尤宜赦小過ᄒᆞ샤以全其人이이ᄒᆞ다니 帝喜ᄒᆞ샤 稱

善ᄒᆞ다시 一日에 聞得元府庫ᄒᆞ야 輸其貨寶ᄒᆞ야

至京師ᄒᆞ고시 問帝曰ᄒᆞ샤得元府庫何物이잇ᄒᆞ야

고 帝曰ᄒᆞᄉᆞ야 寶貨耳라 后ㅣ曰ᄒᆞᄉᆞ야 元氏有

此寶닐호 何以不能守而失之고잇 盖貨財ㅣ非

可寶라 抑帝王이自有寶也이니다니 帝曰ᄒ샤

皇后之意를 朕이知之矣라와 但謂以得賢로

爲寶耳다로 后ㅣ即拜謝曰ᄃᆞ샤 誠如聖言ᄒ시ᄒ

다니 妾이每見人家ㅣ産業이厚則驕至

時命이順則逸生ᄒ니ᄂ 家國이不同ᄒ나其理

無二니ᄒ 人之常情이 所當深戒다니ᄒ이

與陛下로同處窮約가이라 今에富貴至此ᄂᄒ

恒恐驕縱이生於奢侈ᄒ며 危亡이起於忽微

이호다노 故로 世傳디호 技巧ㅣ 爲喪國斧斤오이 珠

玉이 爲蕩心鴆毒호이니라 誠哉라 是言여이 但得

賢才야호 朝夕啓沃야호 共保天下미호 即大寶也

며ㅣ 顯名萬世미호 即大寶也니 而豈在於物乎

잇고ㅣ리 帝曰善다호 嘗侍坐乾清宮야호 語及窮約

時事시ㅣ니러 帝曰디호샤 吾與爾로 跋涉艱難

備嘗辛苦니호 今日에 化家爲國은 無心所得

라이 上感天地之德과 祖宗之恩니호도 然나이 亦

爾의 內助之功也라 后ㅣ曰디호샤 陛下人

念救民之心이 格于皇天샤 天命이 眷之시

며 祖宗이 祐之니시 妾은 何力之有이고리 但

願陛下ㅣ 不忘於窮約之時샤 而警戒於治

安之日셔쇼 妾亦不忘相從於患難야 而謹

饍於朝夕이호다리 則天地祖宗이 非惟庇祐於

今日라이 將爲子孫無窮之福耳어 帝凡御

膳을后ㅣ 必躬自省視시더 宮人이 請曰도호

宮中人衆니 無煩聖體셔쇼 后ㅣ曰디호샤 吾

固知宮中에 有人니이와 但婦之事夫는 不

可不謹며이 膳羞上進은 不可不蠲潔이니 脫有
不至야 汝輩受責면 吾心이 豈安이오 吾所
以爲此者는 一以敬上而不敢忽오이 一以保
汝輩야 免於責也니 豈爲無人耶시니오 宮
人이 聞之고 莫不感悅라더 后ㅣ聞女史이
論西漢寶太后ㅣ 好黃老고시 顧而問曰샤
黃老는 何如오 女史ㅣ 答曰 清淨無爲
爲本니 若絶仁棄義야 民復孝慈ㅣ 是也
이다니 后ㅣ曰 不然다 孝慈ㅣ 即仁義事

也ㅣ니 詐有絶仁義而爲孝慈哉ㅣ오리 仁義ㄴ 乃

爲治之本늘이어 乃曰絶之棄之니라호 非理也

后ㅣ 令誦小學書고호시 注意聽之니러시

旣而오 秦曰되호샤 小學書ㄴ 言易曉고호 事易

行라이 於人道애 無所不備니호 眞聖人之敎法

소니로 盎表章之고리잇 帝曰然다호 吾已令親王

과 駙馬와 大學生로 咸講讀之矣라로 后ㅣ嘗

聞元世祖后의 煮故弓絃事고호시 亦命取練

之샤호 織爲衾裯샤호 以惠孤老며호시 每製衣裳

고시 餘帛을 絹爲巾褥曰디ᄒᆞ샤 身處富貴ᅡᆫᄒ

當爲天地惜物이니 暴殄天物은 古人의 深戒

也ㅣ라 織工이 治絲ᄒᆞᆯ 有荒纇棄遺者ㅣ어든 亦

俾絹而織之ᄒᆞ샤 以賜諸王妃와 公主ᄒᆞ고ㅣ시 謂

曰디ᄒᆞ샤 生長富貴ᅡᆫᄒ 當知蠶桑之不易此

雖荒纇棄遺니ㅣ 在民聞ᅡᆫᄒ 猶爲難得이니 故

織以示汝ᅡᄂ노 不可不知也ㅣ더시니라 平居에

服澣濯之衣ᄒᆞ고ㅣ시 不喜侈麗ᄒᆞ며시 衮裯ㅣ雖

弊나不忍易시ᄒᆞ니더 有言於后曰디ᄒᆞ 享天下至

貴至富ㅣ니 何庸惜此고 잇고 后ㅣ 曰ㅎ샤 吾

聞古之后妃皆以富而能儉ㅎ며 貴而能勤ㅎ로

見稱於載籍ㅎ니 蓋奢侈之心은 易萌ㅎ고 崇高

之位難處ㅣ라 不可忘者ㅣ 勤儉이오 不可恃者

富貴也ㅣ니 勤儉之心이 一移면ㅎ 禍福之應

響至ㅣ니 每念及此고ㅎ 自不敢有忽易之

心耳라로 宮人이 有過야ㅎ 帝怒之든어 后ㅣ 亦

怒샤ㅎ 命左右샤ㅎ 執付宮正司야ㅎ 議罪시ㅎ 帝

怒解샤ㅎ 問后曰ㅎ야샤 爾不自責罰고ㅎ 付之宮

正司ᄂᆞᆫ 何也ㅣ오 后ㅣ 曰ᄒᆞ샤ᄃᆡ 妾ᄋᆞᆫ 聞賞罰이 惟公ᄋᆞ이라 足以服人ᄒᆞ니라 故로 不以喜而加賞ᄒᆞ며 不以怒而加刑ᄒᆞ니이다 喜怒之際예 而行賞罰ᄒᆞ면 必有偏重ᄒᆞ야 人議其私ㅣ니와 付之宮正司ㅣ면 則當斟酌其輕重矣리이 治天下者ㅣ 亦豈能人人을 自賞罰哉ㅣ리잇고 有司者ㅣ 論之耳ㅣ니이다 帝曰ᄒᆞ샤ᄃᆡ 爾亦怒之ᄂᆞᆫ 何也오 后ㅣ 曰ᄒᆞ샤ᄃᆡ 當陛下怒時ᄒᆞ야 遽自罰之ᄒᆞ면 非惟宮人이 得重責ᄒᆞ라 陛下ㅣ 亦損中和之氣시ᄒᆞ

니리 故로妾之怒者는所以解陛下之怒也니

다이 帝喜ᄒᆞ다ᄒᆞ시 后ㅣ以不逮事舅姑로爲恨ᄒᆞ샤

見帝의追慕悲傷ᄒᆞ고 亦爲之流涕ᄒᆞ시며ᄒᆞ시

夕에樟翟로從帝ᄒᆞ샤拜謁奉先殿ᄒᆞ며每當晨

祭야ᄒᆞ躬治膳羞ᄒᆞ샤務盡誠敬ᄒᆞ시며接妃嬪以

下有恩ᄒᆞ며ᄒᆞ시被寵顧有子者란待之加厚더ᄒᆞ

다시語諸王妃와公主曰ᄒᆞ샤ᄃᆡ無功受福이造

物의兩惡니吾與若屬로으被金繡ᄒᆞ며羨飲食

고ᄒᆞ終日無兩爲니當勤女工ᄒᆞ야以報造物者

시며ᄒᆞ랴 太子와 諸王을 雖愛之甚篤ᄒᆞ나시 勉

令務學ᄒᆞ샤 諄切懇至ᄒᆞ시더 嘗曰ᄒᆞ샤 汝父ㅣ

尊臨萬國ᄒᆞ샤 身致大平은 亦由學以聚之니

爾小子ᄂᆞᆫ 當思繼繼繩繩ᄒᆞ야 以不辱兩生이니라

又曰ᄒᆞ샤 吾聞女史ㅣ 言니ᄒᆞ 鄧禹ㅣ 爲將

아ᄒᆞ 不妄殺人故로 其女ㅣ 爲后ㅣ니 吾ㅣ

家世忠厚ᄒᆞ며 至吾父야ᄒᆞ 雖無禹之功나ᄒᆞ 然平

生애 急於義ᄒᆞ더 今日爲后ㅣ 非偶然也ㅣ라

汝輩ᄂᆞᆫ 異日에 有人民社稷之寄니ᄒᆞ 尤必積

累忠厚ᄒᆞ샤ᅵ라 乃可長世ᄂᆡ 切不可自恃而不
務德ᄒᆞ고 謂事有偶然也ᄂᆡ 汝ᅵ切切識之ᄒᆞ라 諸
王이 或以衣服器皿로 相尚者ᅵ어든 后ᅵ曰
ᄋᆞ샤ᄃᆡ 唐堯虞舜이 茅茨土階ᄒᆞ시며 夏禹文王
惡衣甲服ᄒᆞ시니 汝父ᅵ儉朴ᄒᆞ샤 尤惡奢麗
ᄒᆞ샤 日夜憂勤ᄒᆞ샤 以治天下ᄒᆞ시니 汝輩無功
ᄃᆡ호 錦衣玉食ᄒᆞ고 猶欲以服御로 相加ᄒᆞᄂᆡᆫ 何
志氣不同이 如是乎오 惟當親師取友ᄒᆞ야 講
論聖賢之學ᄒᆞ야 開明心志ᄒᆞᄉᆞᅵ라 自無此氣習也

后ᅵ 慈以接下ᄒ샤 親戚勳舊之家를 無라ᄒ리
不得其懽心ᄒ며ᄒ시 命婦ᅵ 入朝ᅵ어든 不以尊
貴로 臨之ᄒ샤ᄒ시 延接을 如家人禮ᄒ시더 遇水旱
歲ᄒᆞ샤ᄒ 進食에 必闕設麥飯野蔬ᄒ시더 帝因
告以賑恤之事ᅵ시ᄂᆞᆯ어 后ᅵ 曰ᄒ딕샤 妾은 聞水
旱이 無時無之ᄒ니라호 賑恤之有方이 不如畜
積之先備니ᄒ 卒不幸야ᄒ 有九年之水와 七年
之旱ᄒ면 將何法以賑之ᄒ리잇고신대 帝ᅵ 深以爲
然ᄒ다ᄒ시 嘗爲帝言ᄒ딕샤 施恩은 欲溥徧나이 然

亦有等差ᄒ니 衆庶ᄂᆞᆫ 日給이 固有艱難ᄒ니와 百官家在京者ᅵ 其鄕里遠近이 不同ᄒ며 家貧富ᅵ 亦異ᄒ야 而俸入이 有限ᄒ니 應或不給難이 必甚ᄒ야 遇暑雨祁寒앤 輒形於嗟嘆이어다 帝感其意ᄒ야 每遣存問ᄒ야 周給之ᄒ더라 近臣及諸奏事官이 朝罷ᄒ고 會食庭中이어시늘 后ᅵ 命中官ᄒ야 取其飲食ᄒ야 親嘗之ᄒ니 滋味凉薄不肯ᄂᆞᆯ 奏帝曰호ᄃᆡ 朝廷이 用天祿ᄒ야 以養天下之賢이니 故로 自奉은 欲其

薄오이養賢은欲其豐이니에今之典大烹者ㅣ不

能輯其下人야ᄒ惟奉上者ㅣ甘肯오群臣飲

食이皆不得其味니ᄒ岂陛下의養賢之意乎

이리上曰디ᄒ샤飲食之事ᄂ朕이不經心야ᄒ

將謂群臣이皆得甘肯니라岂意兩司ㅣ自分

厚薄오이리想群臣이欲言고ᄒ又難於啓齒다로

事雖甚微나所係亦大니에皇后ㅣ今日에不

言면이朕이岂知其如此ㅣ리오고오亟召光祿卿

徐興祖等야ᄒ切責之니ᄒ시與祖等이皆慚服

帝嘗臨大學ᄒᆞ샤 祀先師孔子ᄒᆞ시고 還ᄒᆞ시거늘 后ㅣ問曰ᄒᆞ샤ᄃᆡ 大學生이 幾何오ᄒᆞ고 帝曰 數千이라ᄒᆞ야시ᄂᆞᆯ 又問ᄒᆞ샤ᄃᆡ 悉有家乎ㅣ잇가ᄒᆞ야ᄂᆞᆯ 帝曰ᄒᆞ샤ᄃᆡ 亦多有之라ᄒᆞ니 后ㅣ曰ᄒᆞ샤ᄃᆡ 善理天下者ᄂᆞᆫ 以賢才爲本ᄒᆞᄂᆞ니 今에 人才衆多ᄒᆞ니 深足爲喜이로ᄃᆡ 但生負이 廩食於大學ᄒᆞ고 而妻子ᄂᆞᆫ 無所仰給ᄒᆞᄂᆞ니 彼寧無所累於心乎ㅣ가 帝即命月賜糧ᄒᆞ야 給其家ᄆᆞᆯᄒᆞ샤 以爲常ᄒᆞ시다 嘗謂帝曰ᄒᆞ샤ᄃᆡ 事幾得失이 本君心之邪正ᄒᆞ니

天下安危는 係民情之苦樂이호 又曰호사

法을 屢更면 必弊니호ᄂ 法弊則姦生고호 民數

擾면호 必困니호ᄂ 民困則亂生이호다ᄂ 帝皆命

女史샤호 書之다호 시 后ㅣ得疾시이놀어 帝寢食不

安샤호 以語群臣대호신 群臣이 請禱祀山川며호

徧求名醫놀어 后ㅣ聞고호 시 謂帝曰디호사 妾이

平生애 無疾니호다 今一旦애 得疾如此시호 自

慶不能起이호다노 死生이 有命니호 禱祀求醫들호

何益之有잇고리 及疾亟샤호 帝問曰디호사 爾有

身後之屬乎아 后ㅣ曰ᄒᆞ샤ᄃᆡ 陛下ㅣ與妾으로 起布衣ᄒᆞ샤 今日에 陛下ㅣ爲億兆主ᄒᆞ고ᄒᆞ시 妾이爲億兆母ᄒᆞ니ᄒᆞ니 尊榮이 至矣니 尚何言이 잇이고 帝復惟感天地祖宗ᄒᆞ야 無忘布衣而已ᄒᆞ다니이 帝復問之ㄴ대ᄒᆞ신 后ㅣ曰ᄃᆡᄒᆞ샤 陛下ㅣ當求賢納諫ᄒᆞ며ᄒᆞ시 明政教ᄒᆞ샤 以致雍熙ᄒᆞ며ᄒᆞ시 教育諸子ᄒᆞ샤 使進德修業이이다ᄒᆞ니 帝曰ᄃᆡᄒᆞ샤 吾已知之라와 但老身이 何以爲懷오 后ㅣ復曰ᄃᆡᄒᆞ샤 死生은 命也니 願陛下ㅣ愼終如始ᄒᆞ샤 使子孫이 皆

賢ᄒ며 臣民이 得兩ᄒ면ᄒ시 妾이 雖死나 如生也ㅣ니ᅌᅵ다 ᄒ시고 遂崩ᄒ시니 年이 五十一이러시니 洪武 壬戌八月丙戌也ㅣ러라 帝慟哭ᄒ시고 終身不復立后ᄒ시니라 帝嘗罷朝커시ᄂᆞᆯ 內臣과 女史왜 皇后 進ᄒ야 奏事不已ᄒ대 帝悽然不懌曰ᄒ샤ᄃᆡ 后ㅣ一在ᄒ면 吾豈有此煩聒哉ㅣ시리오ᄒ고 后ㅣ一在時예 內政을一不以煩帝ᄒ샤 帝從容甚適故로 不勝哀悼焉ᄒ시니라

大(땡)明(명)太(탱)祖(종) 仁孝(ᅘᅭᆢ)慈(ᄍᆞᆼ)昭(쯯)憲

헌至:정仁신文문德득承씅天텬順쓘聖

셩高곻皇휭后흫馬망氏씽 눈그祖죵 上

셩이宋숭人太탱保봏默믁 브터太탱保봏 눈 뻐

은일후미라宿슉州즁人閔민子즁鄕향

스리오默믁

人新신豊픙里링 예사라世셍로므솔 해

豪뽕傑껋이러니아바님馬망公공이性

셩이剛강直띡ᄒ고사ᄅ물어엿비너겨

주믈즐겨사ᄅ미時씽急급호져글도오

디몬 미쳐 ᄒᆞ시ᄒᆞ더라 어마님 鄭ᄝᅵᆼ氏

일 죽거시늘 后ᅘᅮᆼ ㅣ 졈 더시니 아바님

이 아리 定띵遠ᅌᅯᆫ人ㅅ 사름 郭곽子ᄌᆞ興ᅘᅳᆼ

과로 刎 頸ᄀᆡᆼ ᄒᆞᄂᆞᆫ 버디러니 은 刎문 頸ᄀᆡᆼ

ᄒᆡᆯ시니 수외 사괴야 비록 모골 버ᄂᆡ니ᄅᆞ니라 后ᅘᅮᆼ로

그지비 付붕屬쇽ᄒᆞ고 아바님이 죽거시

놀 子ᄌᆞ興ᅘᅳᆼ이 后ᅘᅮᆼ ㅣ 룰 기르수오ᄃᆡ 제 ᄯᆞᆯ

ᄀᆞ티 ᄒᆞ더라 后ᅘᅮᆼ ㅣ 져머셔브터 貞ᄃᆛᆼ靜

쪙ᄒᆞ시며 端단正졍ᄒᆞ시며 專쥰一ᅙᅵᆯᄒᆞ
시며 孝효道ᄯᅭᆼᄒᆞ시며 恭공敬경ᄒᆞ시며
慈ᄍᆞ惠ᅘᆒᆼᄒᆞ시며 聰총明명이샤ᄅᆞ미쁘
밧긔나샤 詩싱와 書셩와ᄅᆞᆯ 더욱 즐기더
시니 ᄒᆞ마 笄곙ᄒᆞ샤 太탱祖종高공皇ᅘᅪᆼ
帝뎡ᄭᅴ 嬪삔이 ᄃᆞ외샤 誠쎵敬경이 感감
動뚱ᄒᆞ샤 안팟기 다 기리습더라 ᄒᆡᆨ장
가난ᄒᆞ저 글맛나 后ᅙᅮᇢ一ᅵᆯ 帝뎡ᄭᅴ 존ᄌᆞ와

軍군中듕에 겨샤일즉즈개비골포몰太

무시고 乾간飯빤과 脯붕肉슉을 푸무샤

帝뎽씌 받즈오샤 굿디 아니케 호시며 急

급遽껑호며 어려운 시뎔에 婦뿡道똘를

조심호야 조차 호더시니 帝뎽 샹녜 記깅

錄록호 글위리어든 곧 后萼를 命명호샤

구초라 호시고 밧븐 제 가져 오라 호야 보

시거든 后萼ㅣ 즉재 누무 채 내야 받즈오

샤옸간도그르아니터시다 帝뎡ㅣ 香향
퓌우시고 하ᄂᆞᆯᄭᅴ 비르샤딕 願원ᄒᆞᆫ든 天
텬命명이 쏠리 맛디샤미 겨샤 天텬下
ᄒᆞᆼ 앳 生싱民민을 受쓩苦콩케 마ᄅᆞ쇼셔 ᄒᆞ
야시ᄂᆞᆯ 后ᄒᆞᇢㅣ 帝뎡ᄭᅴ 솔오샤딕 이제 豪
傑껄이 모다 두토와 비록 天텬命명에
갈고 돌아디 몯ᄒᆞ나 妾쳡ᄋᆞ로 보건댄 사
름 주기디 아니호ᄆᆞ로 根근本본올 사마

·업더디ᄂᆞᆯ 니ᄅᆞ와ᄃᆞ며 바ᄃᆞ라오ᄂᆞᆯ 敎

궁 ·ᄒᆞ야 사ᄅᆞ미 ᄆᆞ슾믈 뫼ᄒᆞ면 사ᄅᆞ민 ᄆᆞ

숨가ᄂᆞᆫ ·디 곤 天텬 命명 잇ᄂᆞᆫ고 ᄃᆡ니뎌

주기며 虜롱 掠략 ᄒᆞ몰ᄀᆡ 장ᄒᆞ야 虜롱ᄂᆞᆫ 사ᄅᆞᆫ ᄌᆞᄂᆞᆫ

블시오 掠략은 티고 아ᄉᆞᆯ지라 사ᄅᆞ민 ᄆᆞ슾믈 일우믄 하

놉히 아쳐로ᄃᆞ시ᄂᆞᆫ고 ᄃᆡ라 비록 그 ᄆᆞ미나

坐 安한 保봉 ᄒᆞ미 어려우니 이다 帝뎅

·ᄅᆞ샤ᄃᆡ 그딧 마리 내 ᄠᅳ데 ᄀᆞ장 맛ᄉᆞ다 ᄒᆞ시

고 ·이틄나래비 마·차 도·라가샤 后(훙)·씌 ·솔

·오샤 ·디어 ·제 그딧마롤 드로니 무슨매 來

링 往(왕)·호야 닛·디 몯·호·리로 쇵·다·호 軍(군)

士(쏭)ㅣ 軍(군) 令(령)·을 그·처 忽(훓)然(션)·히

·겨지 블·드·렷거·늘 져주·니 굼·이·디 몯·호·야

情(쪙)實(씷)·을 내·여 닐·오·디 虜(롱)掠(략)·호·야

·어두·라 호·시·내 告(공)·호·야·늘 ·오·디 ·오·ᄂᆞᆳ날

兵(병)馬(망) ·뿌·ㅁ 亂(란)·을 禁(금)·호·미·니 萬(먼)

一[힗]에 ·사ᄅᆞ·미 겨지·블 寡[광]·케 ᄒᆞ·며 寡[광]ᄂᆞᆫ 남진 업슬 ·시·라 ·사ᄅᆞᄆᆡ 子[ᄌᆞ]息[식]·을 孤[공]·케 ᄒᆞ·면 孤[공]ᄂᆞᆫ 졈·고 아·비 업·슬·시·라 마 治亂[란]·을 내ᄂᆞᆫ·디·니 即[즉]時[씽]·예 브·리·디 아·니ᄒᆞ·면 내 반·ᄃᆞ기 너·롤 주·교·리·라 ᄒᆞ·니 이 軍[군]士[ᄉᆞ]ᅵ 感[감]動[똥]ᄒᆞ·야아·라 즉재 브·리·니 그딋 마·리 다·시·라 后[훙]ᅵ 술·오·샤ᄃᆡ 므·슴 ·뻐 호·미 이 ᄀᆞᆮ·ᄒᆞ·시·니 엇·뎨 ·사ᄅᆞ·미 므·슴 모·다 가·디 아·니·호

몰分(분)別(뼞)ᄒᆞ리잇고 后(ᅘᅮᇢ)ㅣ 처ᅀᅥ미 子
息(식)이 업스샤 帝(뎽)ㅅ 兄(휑)님아ᄃᆞᆯ 文
正(졍)과 문누의 님아ᄃᆞᆯ 李(링)文(문)忠(튱)
과 沐(목)英(ᅘᅧᆼ)과 두ᅀᅥ 사ᄅᆞᆫ 믈 기르샤ᄃᆡㅅ
랑호몰 내 나호니ㄱ티 ᄒᆞ더시니 後(ᅘᅮᇢ)에
太(탱)子(ᄌᆞᆼ)와 諸(졍)王(왕)이 나샤도 恩(ᅙᅳᆫ)을
그치디 아니ᄒᆞ더시다 帝(뎽)ㅣ 軍(군)士(ᄊᆞᆼ)
롤 거ᄂᆞ리샤 江(강)을 건나실제 后(ᅘᅮᇢ)ㅣ 쏘

한 將·쟝士·쌍·이 妻·쳉妾·쳡·을 거느·리·샤 大·땡平뼝·에 버·거 오·시·니·라 (大·땡平뼝·ᄋ 일·후·미·라) 建·건康·캉·애 사·ᄅ·샤·매 미·츠·샤 그 ᄢᅴ 吳·ᅌᅩᆼ·와 漢·한·괘 (吳·ᅌᅩᆼ 漢·한·ᄋ 나·랏 일·후·미·라) 地·띵境·경·이·니·셔 사·ᄒᆞᆷ 아·니 혼 날 업·더·니 親·친·히 侍·씽女·녕·ᄅᆞᆯ 거느·리·샤 옷·과 신·과·ᄅᆞᆯ 고·텨 기·우·샤 將·쟝士·쌍·ᄅᆞᆯ 도·와 주·샤 ᄡᆞᆲ 둥·이 ᄃ·록 자·ᄃ·니 아·니 ᄒᆞ·시·며 時·씽時·씽·예 帝·뎽·ㅅ 쇠·ᄅ·더·도

오샤 일마다 조가개 맛게 ᄒ더시다 洪(ᅘᅩᇰ)

武(뭉)元(원)年(년) 春(츈)正(졍)月(윓)에 帝(뎽) 即(즉)位(윙)ᄒ샤 皇(ᅘᅪᇰ)后(ᅘᅮᇢ)ᄅᆞᆯ 冊(촉)封(봉)ᄒ시고 因(힌)ᄒ야 侍(씽)臣(씬)ᄃᆞ려 니ᄅᆞ샤ᄃᆡ 네 漢(한)人 光(광)武(뭉)ㅣ 馮(삥)異(잉)ᄅᆞᆯ 慰(ᅙᅱᆼ)勞(롱)ᄒ야 니ᄅᆞ샤ᄃᆡ 時(씽)急(급)ᄒ제 蕪(뭉)蔞(룽)亭(뗭)人 豆(뚱)粥(쥭)과 滹(홍)沱(땅)河(행)人 보리밥올

蕪(뭉)蔞(룽)亭(뗭)은 亭(뗭)子(ᄌᆞᆼ)ㅅ 일후미오 滹(홍)沱(땅)河(행)ᄂᆞᆫ 믌 일후미라

일후·미 나 光광武뭉ㅣ 王왕郎랑·과 사호·ᄒᆞ실 ·쩌·긔 馮뿡異잉ㅣ 豆뚷粥쥭·과 보·리바·ᄇᆞᆯ·반ᄌᆞ 委ᅙᅱᇰ曲콕·ᄒᆞᆫ ᄠᅳᆮ·들 ·오·래 감·디 몯호·라 ·ᄒᆞ샤 님금과 臣씬下ᅘᅡᇰ·ㅣ ·왓ᄉᆞᄫᅵ예 ·처섬·과 모·초·몰 保봄全쪈·ᄒᆞ니 내 念념·ᄒᆞ니 ·ᄒᆞ니 皇ᅘᅪᇰ后ᅘᅮᇢㅣ 布봉衣ᅙᅴᆼ·로 니·러·나 돌·며 붓·에·겨·샤 時씽急급·ᄒᆞ제 ᄌᆞ개 비·골폼·ᄆᆞᆯ·ᄎᆞ 몰·ᄒᆞᄃᆡ ·ᄒᆞ시·며 일·즉 나·ᄅᆞᆯ 조·차 軍군中듕 무·시·고 乾간飯뻔·을 푸·머 나·ᄅᆞᆯ 이·바ᄃᆞ시

디豆뜡粥쥭 과 보리밥애 가졸비건댄 그
困콘호미 더옥 甚:씸호니라 네 唐땅太탱
宗종人長:땅孫손皇황后뚛ㅣ隱흔 太탱
子중ㅣ嫌뼘恨한 지어신 저글 當당호야
안호로 能능히 孝흥道뚛룰 다 호며 모든
妃핑룰 조심호야 셤겨 猜칭嫌뼘 올엄게
호니 내 太조郭곽氏씽이 疑읭心심호미
도외야 내 쁘들 바르 호고 分분別뼈 아니

ᄒᆞ다니將쟝士ᄊᆞᆼ ㅣ衣힁服뽁과ᄇᆞᆯ거슬
주어든后ᅘᅮᇢ ㅣ몬져郭곽氏씽ᄭᅴ받ᄌᆞ와
그ᄠᅳ들慰ᅙᅱᆼ勞롱ᄒᆞ야깃기시며나ᄅᆞᆯ害
ᅘᆡᆼ코져ᄒᆞ매다ᄃᆞ란后ᅘᅮᇢ ㅣ믄득彌밍縫
뽕ᄒᆞ샤彌밍縫뽕ᄋᆞᆫ 김보탈시라 ᄆᆞᄎᆞ매患ᅘᅪᆫ難난ᄋᆞᆯ
免면ᄒᆞ니거싀ᄯᅩ長댱孫손皇ᅘᅪᇰ后ᅘᅮᇢᄭᅴ
어려우니라내시혹衣힁服뽁과ᄇᆞᆯ거ᄉᆞᆯ
因힌ᄒᆞ야죠고맛허므를怒농ᄒᆞ야ᄒᆞ거

든곤 나를 爲윙ᄒᆞ샤니ᄅᆞ샤ᄃᆡ主즁上썅

이녯가난ᄒᆞ고微밍賤쪈ᄒᆞ저글니ᄌᆞ신

가ᄒᆞ야시ᄃᆞ내ᄯᅩ놀라ᄒᆞ노라지빗어딘

겨지비오히려나라ᄒᆡᆺ어딘宰ᄌᆡᆼ相샹과

곤ᄒᆞ니엇뎨太마니ᄌᆞ리오ᄒᆞ시고朝ᄯᅭᆼ

會ᅘᅬᆼ를罷빵ᄒᆞ샤因힌ᄒᆞ야后ᅘᅮᆼᄭᅴ술오

신대后ᅘᅮᆼㅣ솔오샤ᄃᆡ妾쳠은드로니夫붕

婦뿡ㅣ서ᄅᆞ保봉全쪈호ᄆᆞ쉽고君군

臣씬이 서르 保봄全쪈호미 어렵다 호니
陛뼝下ᅘᅡᆼㅣ 호마 妾쳡을 貧삔賤쪈에 닛
디 아니ᄒᆞ시니 願원ᄒᆞᆫ 群꾼臣씬百빅
姓셩을 가난애 닛디 마ᄅᆞ쇼셔 쏘妾쳡ᅌᅵ
어느 長땅孫손 皇ᅘᅪᆼ后ᅘᅮᇢ의 어디르샴과
곤ᄒᆞ리잇고 오직 願원ᄒᆞᆫ 陛뼝下ᅘᅡᆼㅣ
堯욜舜순을 法법 바ᄃᆞ시과뎌호ᄯᅥᆫ 근미
로이다 后ᅘᅮᇢㅣ 호마 宮궁中듕에 正졍位

ᄒᆞ샤 더욱 ᄌᆞ개ᄇᆞᄌᆞ러니 힘ᄡᅥ 샤 宮궁이

妾쳡을 考콩察찰ᄒᆞ샤 겨지비 이롣다 ᄉ

리 샤 일ᄯᅵ르시고 밤들어든 자샤 ᄀ게으르

디 아니ᄒᆞ시며 帝뎽ᄭᅴ 賢현ᄒᆞᄂᆞᆯ 親친히

ᄒᆞ시며 學ᄒᆞᆨ 힘ᄡᅥ 샤ᄆᆞᆯ 勸퀀ᄒᆞ시며 이ᄅᆞᆯ

조차 ᄀ마니 諫간ᄒᆞ시며 녯글와ᄅᆞᆯ 講강

論론ᄒᆞ샤 六륙 宮궁에 알외샤 ᄃᆞᄇᆞᄌᆞ러

니 ᄒᆞ샤 게으르디 아니ᄒᆞ더시다 ㅣ

실엄·에 女:녕史:승 淸청江강范뻠孺유人신

들흫·호샤 皇황后흫人신 禮:롕度똥

女:녕史:승ᄂᆞᆫ 글 아ᄂᆞᆫ 겨지비니 政졍事쏭 ㄱ솜아랫ᄂᆞᆫ 벼스리라 淸청江강ᄋᆞᆫ ᄯᅡᆺ일후미·오 范뻠ᄋᆞᆫ 姓셩이·라

무르샤·ᄃᆡ 漢한唐땅 브터오ᄆᆞ로 어느 代똉

后흫ㅣ 믓 어딜·며 家강法법

正졍호뇨 對됭答답 호ᅀᆞ오·ᄃᆡ 오직 趙뚱

宋송入諸졍后흫ㅣ 어디·니 하·며 家강法법

이믓 正졍호·니이·다 趙뚱ᄂᆞᆫ 宋송ㅅ 姓셩이·라 后흫

ㅣ이에 女녕史ᄉᆞᆼ를 命명ᄒᆞ샤 家강法법과 어딘 ᄒᆡᇰ뎌를 글記긩錄록히야 샹녜 외오여 드르시고 니르샤ᄃᆡ ᄒᆞᆫ갓 내의 오ᄂᆞᆳ 法법이 두ᄫᅳᆯ ᄲᅮᆫ 아니라 子종孫손帝뎡王왕后흫妃핑 다 반ᄃᆞ기 ᄉᆞᆯ펴 보리니이어루 萬먼世셰옛 法법이 ᄃᆞ외리로다 或획이 ᄉᆞᆯ오ᄃᆡ 宋송朝듐ㅣ 仁신厚흫에 너므니라 호ᄃᆡ 后흫ㅣ 니르샤ᄃᆡ 仁신厚흫에 너

무·미 아·니 刻·큭 薄·빡 호매 더으·며 내 子·ᄌ
孫손 이 眞진 實·씷 로 能능 히 仁신 厚흫 로
根근 本:본 올 사·ᄆ면 三삼 代·ᄄᆡᆼ예 가·미어
렴·디 아·니 ᄒ·니라 仁신 厚:흫 ㅣ 비·록 너·므
나 엇·뎨 사·ᄅ·미 나·라해 有:윰 害·행 ᄒ·료 帝
·뎡 아·래 后:흫 씌 술·오샤·디 님금은 온 가·짓
兩:솅 任·ᅀᅵᆷ 에 모·도·미니 一·힗 夫붕 ㅣ 제 兩
송 룰 得·득 디·몯 ᄒ·야도 님금의 責·쵝 이라

ᄒᆞ야시ᄂᆞᆯ后ᅘᅮᇢㅣ즉재니러절ᄒᆞ샤솔오
샤ᄃᆡ妾쳡읻ᄃᆞ로니녯사ᄅᆞ미닐오ᄃᆡ
힝夫붕ㅣ失싏所송호미이내罪ᄍᆡᇰ라ᄒᆞ
며百빅姓셩이주으리거든닐오ᄃᆡ내
주으리게호라ᄒᆞ고ᄒᆞᆫ百빅姓셩이치위
커ᄃᆞᆫ닐오ᄃᆡ내칩게호라ᄒᆞ니이졋陛뼁
下ᅘᅡᇰ人ᅀᅵᆫ말ᄊᆞ미곧녯사ᄅᆞ미ᄆᆞᅀᆞ미로소
이다聖셩心심에삼가ᄆᆞᆯ닐우샤셜운百

百(빅)姓(셩)의게 恩(ᄒᆞᆫ)惠(ᅘᅨᆼ)를 더으시면 天(텬)下(ᅘᅡᆼ)ㅣ 그 福(복)을 닙ᄉ오며 妾(쳡)도 參(참)預(영)ᄒᆞ야 榮(ᅌᅱᆼ)華(ᅘᅪᆼ)를 외요미 이시리이다 ᄯᅩ 아래 從(쫑)容(용)히 (從쫑容용은 ᄆᆞᅀᆞᆷ 便뻔安한ᄒᆞᆯ씨라 아ᄉᆞᆯ오샤 ᄆᆞᆯ니ᄅᆞ니라) 帝(뎡)ᄭᅴ 술오샤ᄃᆡ 人(신)主(즁)ㅣ 비록 明(명)聖(셩)ᄒᆞ신 資(ᄌᆞᆼ)質(짏) 이겨시나 能(능)히 ᄒᆞ오사 天(텬)下(ᅘᅡᆼ)를 다ᄉᆞ리디 몯ᄒᆞ논디라 반ᄃᆞ기 어딘 사ᄅᆞᆷ

몰로히야다ᄉ료몰議ᅙᅵᆼ論론ᄒᆞᄂᆞ니그
러나世솅代똉더욱ᄂᆞ리여사ᄅᆞ미고죤
지죄업스니陛뼁下ᅘᅡᆼㅣ人신才ᄍᆡ예本본
來ᄅᆡ能능히各각各각그더르며기로
몰조차ᄲᅵ시ᄂᆞ니그러나더욱져근허므
를赦샹ᄒᆞ샤그사ᄅᆞᄆᆞᆯ保봉全쪈홀디니
이다帝뎽깃그샤됴ᇰ다ᄒᆞ시다ㅣ힝日
에元원ㅅ府붕庫콩ᄅᆞᆯ得득ᄒᆞ야寶봉

貨황·롤옮겨·셔올오·몰드르·시·고帝뎅·씨

몬ᄌᆞ오·샤디元윈ㅅ府뿽庫콩·애ᄆᆞ스·글

ㅅ·ᄯᆞ미라后뚱ㅣ·솔오·샤디·元윈氏씽

·어드·시·니잇·고帝뎅·니ᄅᆞ·샤디·寶봉貨황

이寶봉·롤두·디엇·뎨가지·디몯ᄒ·야일·ᄒ

·니잇고貨황財찡寶봉ㅣ아·니·라·ᄯᅩ帝뎅

王왕·이各각別·뼝ᄒ寶봉ㅣ·잇ᄂᆞ·니이·다

帝뎅·니ᄅᆞ·샤디皇ᄒᆞᆼ后뚱ㅅ·ᄠᅳ·들·내알·와

이 당오 직어 딘사ᄅᆞᆷ어 두 모로 寶뽕 사모

라니르 시 ᄂᆞᆺ다 后뿡ㅣ 즉재 拜뱅 謝쌰 ᄒᆞ

시이다 妾쳡이 샹녜 보니 사ᄅᆞ미 지비 生

시이다 眞진 實씷 로 聖셩 言언 곤ᄒᆞ

計곙 두터우면 驕ᄀᆞᇢ 慢만 이니 를오 命

이 됴ᄒᆞ면 便뼌 安한 ᄒᆞ미 나ᄂᆞ니 집과

나라 쾌 곤 디 아니ᄒᆞ나 그 理링 ᄂᆞᆫ 다ᄅᆞ디

아니ᄒᆞ니 사ᄅᆞ미 샹 녯 비디 반ᄃᆞ기 장

警경戒갱·홀디니이다 妾쳡·이 陛삥下향

와가난애 혼ᄃᆡ사숩다가·이제 富붕貴귕

·예니르니 驕끃慢만·ᄒᆞ며 放방縱죵·호미

奢샹侈칭예나며 危윙亡망·이 忽홇微밍

·예니러날가 샹녜젼노이다 :져忽홇微밍 글·시라

·이런젼ᄎᆞ로 世솅예傳뗜·호디고 巧콜

효노룻시나라 홀배ᄂᆞᆫ도 최오 珠즁玉옥

·이므슴을 放방蕩땅·히ᄂᆞᆫ 醜ᄶᆞᆷ毒뚝·이라

힁니 醯(띰)食(씩)에 ᄡᅳᆫ 毒(똑)ᄒᆞᆫ 거시니 그리면 사ᄅᆞ미 죽ᄂᆞ니 飮(ᅙᅳᆷ)

라 올타이마리여오직 賢(현)才(찡)로어더

朝(뚈)夕(쎡)에 啓(켕)沃(혹)ᄒᆞ야 오 沃(혹)은 啓(켕)논 열씨 저

질시니 高(곰)宗(종)이 傅(붕)悦(욇)ᄃᆞ려 ᄒᆞ샤ᄃᆡ 네 마ᄉᆞᆷ을 여러 내 마ᄉᆞᆷ을 저지라

라시니 天(텬)下(행)ᄅᆞᆯ 모다 安(한)保(봉)호미 곤

大(땡)寶(봄)ㅣ며 萬(먼)世(셍)예 일훔 나기 ᄒᆞ

요미 곤 大(땡)寶(봄)ㅣ니 엇뎨 物(뭃)에 이시

리잇고 帝(뎅)니ᄅᆞ샤ᄃᆡ 善(쎤)타 아래 乾(낀)

淸청宮궁의 뫼ᅀᆞ와 안자 겨샤마리 가난

횟시졄이 레미쳿더시니 帝뎽 니르샤ᄃᆡ

내 그ᄃᆡ와로 가난ᄒᆞᄃᆡ 든녀 受쓩苦콩ᄅᆞᆯ

ᄀᆞ초ᄃᆡ 내요니 오ᄂᆞᆯ 나래 지ᄇᆞᆯ 化황ᄒᆞ야

나라 ᄃᆡ외요ᄆᆞᆫ 得득홀 모ᅀᆞ미 엄순디라

우ᄒᆞ론 天텬地띵人德득과 祖종宗종人ᅀᅵᆫ

恩ᄒᆞᆫ惠ᅘᅨᆼ를 感감動똥ᄒᆞ노시니 그러나쏘

그ᄃᆡ의 안ᄒᆞ로 도온 功공이라 后ᅘᅮᇢ ᅵ

솔오샤디 陛뼝下ᅘᅡᆼ 人 ᄒᆞᆫ번 念념ᄒᆞ샨 百빅

姓셩敎굠 호려ᄒᆞ신 ᄆᆞᅀᆞ미 皇ᅘᅪᆼ天텬

에 니르샤 天텬命명이 도라보시며 祖

宗종이 도ᅌᆞ시니 妾쳡은 므슴히 미이

시리잇고 오직 願원ᄒᆞᅀᆞᆫ 陛뼝下ᅘᅡᆼ

ㅣ어려운 시졀을 닛디마ᄅᆞ샤 便뼌安한

ᄒᆞ나래 警경戒갱ᄒᆞ쇼셔 妾쳡이 ᄯᅩ 患ᅘᅪᆫ

難난애 서르 존ᄌᆞᆼ오ᄆᆞᆯ 닛디 아니ᄒᆞ야 朝

夕쎡에 조심호리이다 天텬地띵祖종

宗종이 今금日싫에 도올쑤니아니라쟝

太子孫손 無뭉窮꿍 혼福복이드외리

이다 帝뎅ㅅ 믈읫 御엉膳쎤을 后蘭ㅣ반

두기 親친히 솔펴보더시니 宮궁人신이

請쳥ㅎ야 솔오디 宮궁中듕에 사루미하

니 聖셩體뗑:잇비 마른 쇼셔 后蘭ㅣ니른

샤디 내 眞진實씷로 宮궁中듕에 사룸잇

눈주를알아니와오직婦뿡人신의남편
셤교믄삼가디아니호미몬홍리며차반
셰슈오모조티아니호미몬호리니호다
가호極끅디몬호미이셔너희罪쪙를
니브면내모슴미엇뎨便뼌安한호리오
내이리호믄호녀고론우흘恭꿍敬경호
야므더니너기디아니호미오호녀교론
너희룰安한保뽕호야罪쪙룰免면케호

미 디엇뎨사ᄅᆞ미엄소믈 爲윙 ᄒᆞ리오 ᄒᆞ시

니 宮궁人신이 듣ᄌᆞᆸ고 다 感감動똥 ᄒᆞ야

깃ᄉᆞ와 ᄒᆞ더라 后ᅘᅮᇢㅣ 女녕史ᄉᆞᆼ의 西셍

漢한 人신實씷 太탱后ᅘᅮᇢ의 黃ᅘᅪᆼ老룅 즐교

몯 議읭論론 커늘 드르시고 黃ᅘᅪᆼ老룅 黃ᅘᅪᆼ帝뎽

老룅子ᄍᆞᆼ왜라 도라 무러 니르샤ᄃᆡ 黃ᅘᅪᆼ老룅

엇뎌 ᄒᆞ뇨 女녕史ᄉᆞᆼㅣ 對됭答답 ᄒᆞᅀᆞ오

디 清쳥淨쪙 ᄒᆞ야 ᄒᆞ욤 엄수미로옷 ᄃᆞᄆᆞᆯ

사ᄆᆞ니仁신을그치며義ᅌᅴᇰ롤ᄇᆞ러百ᄇᆡᆨ

姓셩이孝효道ᄯᅲᇢᄒᆞ며仁신慈ᄍᆞᆼᄒᆞ매도

라가게호미니이다后ᅘᅮᇢㅣ니ᄅᆞᆫ샤ᄃᆡ그

러티아니ᄒᆞ다孝효道ᄯᅲᇢᄒᆞ며仁신慈ᄍᆞᆼ

호미곧仁신義ᅌᅴᇰ옛이리니ᄯᆡ仁신義ᅌᅴ

ᅙᅵᇰ롤그쳐孝효道ᄯᅲᇢᄒᆞ며仁신慈ᄍᆞᆼᄒᆞ리

오ᄂᆞ義ᅌᅴᇰ논다ᄉᆞ로맷옷ᄃᆞ미어ᄂᆞᆯ

오ᄃᆡ그치며ᄆᆞ리라ᄒᆞ니理링아니로ᄃᆞ

后*훙*ㅣ 小*숑*學*훅*書*셩*를 외오이시고ᄆ
수믈고 초아 든더시니 이 슥고 연ᄌᆞ오샤
되 小*숑*學*훅*書*셩* ᄂᆞᆫ 말ᄊᆞ미 수이 알오이
리 수이 行*ᅘᆡᆼ* ᄒᆞᆯ디라 人*신* 道*뚱*애 ᄀᆞᆺ디 아
니호미 업스니 眞*진* 實*씷* 人 聖*셩* 人*신*의
ᄀᆞᆯ치샨 法*법* 이로소니 엇뎨 나토아 내
디 아니ᄒᆞ리잇고 帝*뎽* 니ᄅᆞ샤ᄃᆡ 올ᄒᆡᆼ다
내 ᄒᆞ마 親*친*王*왕* 과 駙*뿡*馬*망* 와 大*땡*學*훅*

學학生ᄉᆡᆼ과로다 講강論론ᄒᆞ며 늘게 홍다 后ᅘᆕᆼㅣ 아래 元원世솅祖종ㅅ 后ᅘᆕᆼ의 놀글ᄒᆞᆯ시올니 기시던 이롤 ᄃᆞ르시고 ᄯᅩ 命ᄆᆑᆼᄒᆞ야 가져다가 니기이샤 ᄢᅥ 니블 ᄆᆡᇰᄀᆞᄅᆞ샤 외ᄅᆞ외며 늘그니룰 주시며 샹녜 옷과 치마 ᄆᆞ르시고 나ᄆᆞᆫ 裁찡剪젼을 手슈巾근과 쇼ᄒᆞᆯ ᄆᆡᇰᄀᆞ라 니ᄅᆞ샤ᄃᆡ 모미 富붕貴귕예 이션 반ᄃᆞ기 天텬地띵롤 爲

內訓卷二下 五十一

王 ᄒᆞ야 物·믈을 앗ᄭᅵᆯ디니 ᄒᆞᄂᆞᆫ 物·믈을 모

던히 너겨 ᄒᆞ야 ᄇᆞ료ᄆᆞᆫ 넷 사ᄅᆞ미 기픈 警

戒·갱라 보ᄲᅥᆯ 사ᄅᆞ미 시롤 다ᄉᆞᆯ 제 ᄇᆞ

리ᄂᆞᆫ 무기 잇거든 소닁여 ᄲᅥ이샤 諸·졍

妃·핑와 公·콩主·쥬와롤 주시고 ᄂᆞᆫ 샤

딕 富·붕貴·귕예 나 기런 모로매 蠶·ᄍᆞᆷ 桑·상

이 쉽디 아니호몰 아롤디니 이 비록 무기

ᄇᆞ릴 거시나 民·민閒·간애 이션 오히려 어

두미어려우니그럴ᄉᆡ뼈여너롤뵈노니

아디몯ᄒᆞ미몯ᄒᆞ리라ᄒᆞ더시다샹녜셩

론오숣ᄂᆞ비시고奢(샹)侈(칭)ᄒᆞ며됴ᄒᆞ거

슬즐기디아니ᄒᆞ시며니ᄇᆞ리비록허나

ᄀᆞ로ᄆᆞᆯ춤디몯더시니后(훙)ᄭᅴ솔오리이

쇼딕天(텬)下(행)애至(징)極(끅)ᄒᆞ貴(귕)와

至(징)極(끅)ᄒᆞ富(뿡)와롤누리시ᄂᆞ니엇뎨이

롤앗기시ᄂᆞ니잇고后(훙)ᅵ니ᄅᆞ샤ᄃᆡ내

드로니 녯 后ﮰ 妃핑 다 富ﮰ ᄒᆞ고 能ᄂᆞᆼ히

儉껌 朴팍ᄒᆞ며 貴귕ᄒᆞ고 能ᄂᆞᆼ히 브즈런

호ᄆᆞ로 글와래 일ᄏᆞ이다 ᄒᆞ니 奢샹 後쳐

ᄒᆞ모 ᄉᆞᆷ수이 나고 노픈 位윙이 쇼미어

려운디라 닛디 몯홀거시 勤끈 儉껌이오

믿디 몯홀거시 富뿡 貴귕니 勤끈 儉껌ᄒᆞ

므스미 ᄒᆞᆫ번 을ᄆᆞ면 禍ᅘᅪᆼ 福복의 應ᅙᅳᆼ이

뫼ᅀᅡ리 니르듯 ᄒᆞᄂᆞ니 每밍 每밍예 念념

호미 이에 밋고 自쪙然션히 믜던히 너쯸
모ᄉᆞᆸ 둘디 몯ᄒᆞᆫ 그미로라 宮궁人신
이 허믜리 이셔 帝뎽ㅣ 怒ᄂᆞᆼ커시ᄃᆞᆫ 后쯯
ㅣ 坐怒ᄂᆞᆼᄒᆞ샤 左장右ᇢ를 命명ᄒᆞ샤 宮
궁正졍司ᄉᆞ애 자바 맛뎌는 宮궁正졍司ᄉᆞ 宮궁中듕
숨안마ᄉᆞᆷ리라 罪쬥를 議ᅙᅴ論론ᄒᆞ라 ᄒᆞ더시
帝뎽ㅣ 怒ᄂᆞᆼ를 프르샤 后쯯씌 무러 니ᄅᆞ
샤ᄃᆡ 그ᄃᆡ 親친히 외다 ᄒᆞ야 罪쬥 주ᄃᆡ 아

니ᄅ고 宮(궁)正(정)司(ᄉᆞ)애 맛됴ᄆᆞᆫ 엇뎨 잇고 后(ᄒᆑ)ㅣ 솔오샤ᄃᆡ 妾(쳡)은 드로니 賞(샹)罰(벌)이 公(공)反(변)ᄒᆞ야 ᄡᆞ足(죡)히 사ᄅᆞᄆᆞᆯ 降(강)伏(뽁)히ᄂᆞ다 ᄒᆞ니 그럴씩 깃부ᄆᆞ로 賞(샹)을 더으디 아니ᄒᆞ며 怒(농)로 刑(ᄒᆑ)을 더으디 아니ᄒᆞᄂᆞ니 깃브며 怒(농)ᄒᆞᆺ시예 賞(샹)罰(벌)을 行(ᄒᆡᆼ)ᄒᆞ면 반ᄃᆞ기 기우로 重(듕)호미 이셔 사ᄅᆞ미 그 私(ᄉᆞ)情(쪙)을 議(읭)

論론ᄒᆞ려니와 宮궁正졍司ᄉᆞ애 맛디면

반ᄃᆞ기 輕경重뜡을 斟짐酌쟉ᄒᆞ리이다

天텬下ᅘᅡᆼ를 다ᄉᆞ리ᄯᅩ엇뎨 能능히 사ᄅᆞᆷ

마다 親친히 賞샹罰ᄫᅥᇙᄒᆞ리잇고 有ᅌᅮᆯ司

ㅣ 議ᅌᅴ論론ᄒᆞᆯᄯᆞ르미니이다 帝뎅니

르샤ᄃᆡ 그ᄃᆡᄯᅩ 怒농ᄒᆞᄆᆞᆫ 엇뎨잇고 后ᅘᅮᇢ

ㅣ 솔오샤ᄃᆡ 陛뼁下ᅘᅡᆼ 怒농ᄒᆞ신 시졀을

當당ᄒᆞ야 ᄆᆞᆫ득 親친히 罪ᄍᆌᆼ 주시면 ᄒᆞᆫ갓

宮궁人신이 重뜡ᄒᆞ외다 ᄒᆞ몰어들쑌아

니라 陛삉下ᅘᅡᆼㅣ 쏘 中듕和ᅘᅪᆼᄒᆞ신 긔운

올 損손ᄒᆞ시리니 그럴시 妾쳡이 怒농호

ᄆᆞᆫ 陛삉下ᅘᅡᆼ 人ᅀᅵᆫ 怒농롤 프노라 호미니 이

다 帝뎽 깃그시다 后ᅘᅮᇢㅣ 舅귷姑공롤 미

쳐 셤기ᄉᆞᆸ디 몯ᄒᆞ모로 슬ᄒᆞ샤 帝뎽의 그

리슈와 슬허ᄒᆞ샤믈 보슈오시고 쏘 爲윙

ᄒᆞ야 눉믈 흘리시며 아춤 나조히 樟횽 翟

떡ᄋᆞ·로 帝·뎅·를 祖·조太·태·ᄉᆞ·ᅣ
入祭·졔·홀·저·긔·니 奉·뽕先·션殿·뗜·에 拜·뱅
（브·시·ᄂᆞᆫ 오·시·라）
謁·ᅙᅡᆯ·ᄒᆞ·시·며 ·미·샹 祭·졔·를 當·당·ᄒᆞ·야 親·친
·히 차반·ᄋᆞᆯ ·ᄆᆡᇰᄀᆞ·ᄅ·샤 誠·쎵敬·경·을 힘·뻐·ᄒᆞ
·시·며 妃·핑嬪·삔以·잉下·ᅘᅡᆼ·ᄅ·를 對·됭接·졉
·ᄒᆞ·샤·ᄃᆡ 恩·ᅙᆫ惠·ᅘᆒ·ᄅ·를 두·시·며 得·득寵·튱·ᄒᆞ·야
子·ᄌᆞ息·식 잇·ᄂᆞᆫ 사·ᄅᆞᆷ·란 對·됭接·졉·을 ·더
厚·ᅘᅮᇢ·히 ·ᄒᆞ·더·시·다 諸·졍王·왕妃·핑 와 公·공

主_중 드려 니르샤디 功_공 업시 福_복 올 受

_쓩 호미 하놀히 아쳗는고 디니 내 너희 돌

쾌로 金_금 繡_슝 롤 니브며 飮_음 食_씩 을 됴

히 ᄒ고 나리져 모 드록 ᄒ논 일 업스니 반

드기 겨지비 이룰 브즈러니 ᄒ야 하놀씨

갑ᄉ 올디라 ᄒ시며 太_탱 子_종 와 諸_졍 王

_왕 올 비록 ᄉ랑ᄒ샤 믈 甚_씸 히 두터이 ᄒ

시나 힘뻐 學_빡 올 힘ᄡ의 오샤 子_종 細_셍 히

니ᄅ시며 精졍誠쎵오로 ᄒᆞ더시니 아래

니ᄅ샤ᄃᆡ 네 아바니미 萬먼國귁에 尊존

히 디려 겨샤 모매 太탱平뼝을 닐위샤ᄆᆞ

小숗學ᄒᆞᆨ文문 ᄒᆞ야 뫼호ᄆᆞᆯ 브ᄐᆡ시ᄂᆞ니 너

子ᄌᆞ 눈 반ᄃᆞ기니 수믈 ᄉᆞ랑ᄒᆞ야 나혼

바ᄅᆞᆯ 辱ᅀᅭᆨ 히 디 마롤디니라 쏘니ᄅᆞ샤ᄃᆡ

내 女녕史ᄉᆞᆼ의 마ᄅᆞᆯ 드로니 鄧ᄠᅳᆼ 禹웅 ㅣ

將쟝軍군 ᄃᆞ외야셔 간대로 사ᄅᆞᆷ 주기ᄃᆡ

아니혼젼太로 그 씬리 皇황后ᅘᅮᇢㅣ ᄃ외
다ᄒᆞᄂᆞ니 우리 家강門몬이 世셰世셰로
忠듕厚ᅘᅮᇢᄒᆞ며 우리 아바님ᄭᅴ 니르러 비
록 鄧뜽禹웅의 功공이 업스시나 그러나
平뼝生ᄉᆡᇰ애 義ᅙᅴᆼ를 時씽急급히 ᄒᆞ더시
니오 났 皇황后ᅘᅮᇢ ᄃ외요미 偶웅然션
티 아니ᄒᆞ니라 너희들ᄒᆞᆫ 다른 나래 百빅
姓셔ᇰ과 社쌰稷즉 올맛도미 잇ᄂᆞ니 더옥

모로매 忠(듕)厚(:흫)ᄅᆞᆯ 만히 ᄒ야ᅀᅡ 子(죵)孫
이 길리니 잢간도 제 만고 德(득)을 힘ᄡᅥ
디 아니 ᄒ고 이리 偶(ᅌᅮᆷ)然(ᅀᅧᆫ) ᄒ니라 너기
ᄢ마ᄅᆞᆯ 디니 네 잢간도 닛디 말라 諸(졍)王
王(왕)이 시혹 衣(흥)服(뽁)과 器(킝)具(꿍)와로셔
르 崇(쓩)尚(썅) ᄒ거든 后(:흫)ㅣ 니르샤ᄃᆡ 唐(땅)
堯(욤)와 虞(옹)舜(슌)괘 새로 니시고 흙셤
ᄒ시며 夏(혱)禹(ᅌᅮᆼ)와 文(문)王(왕)괘 사ᄋᆞ나

온옷과 놋가온오솔ㄴㅣ비시ㄴㅣ 네 아바
ㄴㅣ미 儉(껌) 朴(팍)호샤 더옥 奢(샹) 侈(칭)호며 됴
호거슬 아쳐르시고 日(ᅀᅵᇙ) 夜(양)애 分(분) 別
호머 브즈런호샤 天(텬) 下(ᅘᅡᆼ)롤 다ᄉᆞ리
시니 너희 功(공) 업수디 錦(금) 衣(ᅙᅵᆼ) 玉(옥) 食
씩호고 순지 衣(ᅙᅵᆼ) 服(뽁)과 器(킝) 具(꿍)를 됴
르더우려 호ᄂ니 엇뎨 뿐그윤 곤디아
니호미 이곤호뇨 반ᄃ기 소스을 親(친)히 호

·며·들사·괴야聖·셩賢·현ㅅ學·ᄢᅡᆨ을講·강
論·론ᄒᆞ야ᄆᆞ슴·믈開·ᄀᆡᆼ明·명케ᄒᆞ야·사自
·ᄶᅥᆼ然·션·히이氣·킝習·씹이업·스·리라后·ᅘᅮᇢ
一慈·ᄍᆞᆼ로아래·ᄅᆞᆯ對·됭接·접ᄒᆞ샤아숨·과
功·공臣·씬ㅅ·지블다·것·분ᄆᆞ슴·믈得·득·디
아·니호·미업·스시·며命·명婦·뿡ㅣ드·러비
습거·든尊·존貴·귕·로對·됭接·접아·니ᄒᆞ샤
對·됭接·접을샹녯家·강人·신禮·롕·디ᄒᆞ

더시·다 家강人인·은 샹녯 집사ᄅᆞ미니·라 水:쉰旱·한·과
가난호·리를 맛나·샤 食·씩·을 進·진上·샹ᄒᆞ
실·제 반·ᄃᆞ기 보리밥과 묏ᄂᆞᄆᆞᆯ흘 조쳐 ᄒᆞ
·라 ᄒᆞ더시·니 帝·뎡ㅣ 因힌ᄒᆞ야 賑·진恤·슗
·ᄉᆞ이ᄅᆞᆯ 니ᄅᆞ거시ᄂᆞᆯ 后·ᅘᅮᇢㅣ 솔오샤ᄃᆡ 妾
·쳡·은 드로·니 水:쉰旱·한이 업슨 시절 업·다
호·니 賑·진恤·슗홀 法·법이 슈미 儲·뗭蓄·튝
올 몬져 預·영備·삥홈 곤·ᄃᆞ·ᄆᆞᆫ ᄒᆞ·니 ᄆᆞ太·태매

不붏率힁ᄒᆞ야아홉힛믈와닐굽힛ᄀ
리이시면쟝太어늬法법으로賑진恤
ᄒᆞ시리잇고ᄒᆞ신대帝뎨기피올히너
시다아래帝뎨ᄅᆞᆯ爲윙ᄒᆞ야솔오샤ᄃᆡ恩
흔惠ᅘᆐ펴믄너비다코져ᄒᆞ나그러나等
등差창ㅣ잇ᄂᆞ니한사ᄅᆞ믄날로주미眞
진實씷로어렵거니와百ᄇᆡᆨ官관의지비
셔울잇ᄂᆞ니그ᄂᆞ니本본鄕향이遠원近끈이

호가지아니ᄒᆞ며집가ᄉᆞ며로미

소ᄠᆞᆯ오ᄃᆡ祿록俸뽕은限한이잇ᄂᆞ니ᄒᆞ

다가주ᄃᆡ아니ᄒᆞ면가난이반ᄃᆞ기甚씸

ᄒᆞ야더윗비와ᄀᆞ장치오믈맛난噗창嘆

탄이나타날가녀기노이다帝뎡그ᄲᅥ들

感감動뽕ᄒᆞ샤민샹사ᄅᆞᆷ브려무르샤ᄌᆔ

더시다近끈臣씬과모든公공事ᄊᆞᆼ연ᄋᆛ

논官관貞원이朝둠會ᅘᅬ로罷빵ᄒᆞ고殿

편 庭뎡·에 모·다 밥먹·거늘 后·홯ㅣ 內·뇡 官

·을 命·명·ᄒᆞ·샤 飮·흠 食·씩·을가·져다가 親

친·히 맛보·시·니 마·시사오·나·와됴·티아·니

커·늘 帝·뎡·ᄭᅴ 엳ᄌᆞ오·샤·ᄃᆡ 朝·뚱 廷·뗭 이·하

녹 祿·록·을·뻐 天·텬 下·ᅘᅡᆼ·앳 어·딘사ᄅᆞᆷ·을 養

양·ᄒᆞ·ᄂᆞ·니그·럴·씨ᄌᆞ갯 奉·뽕 養·양·운 薄·빡

·히코·져·ᄒᆞ·시·고 賢·현·을 養·양·ᄒᆞ·몬 豐·퐁·히

코·져·ᄒᆞ·시·니·이·제 飮·흠 食·씩·ᄀᆞ숨·안사ᄅᆞᆷ

미그 아랫사ᄅᆞᆷᆯ그ᄅᆞ치디몯ᄒᆞ야오·직
進진上썅ᄒᆞᄂᆞᆫ거시돌며맛나고群꾼臣
씬의飮흠食씩이다그마슬得득디몯ᄒᆞ
니엇뎨陛삥下ᅘᅡᆼ의養양賢뼌ᄒᆞ시ᄂᆞᆫ
디리잇고上썅이니ᄅᆞ샤ᄃᆡ飮흠食씩엇
이ᄅᆞᆫ내ᄆᆞᅀᆞᆷ매디내디아니ᄒᆞ야쟝太
群꾼臣씬이다돌며맛난거슬먹ᄂᆞ니라너
기다니엇뎨그숨안사ᄅᆞᆷᅵ제厚ᅘᅮᇢ薄빡

올 달이 ᄒᆞᆯ더니 기리오 群군신이 니르
고쳐ᄒᆞ고 쏘이 베내요ᄆᆞᆯ 어려이 녀기더
ᄃᆞᆯ알리로다 이리 비록 甚씸히 져그나 關
係경호미 쏘크니 皇ᅘᅪᆼ后ᅘᅮᇢㅣ오 놃날
니ᄅᆞ디 아니ᄒᆞ시면 내 엇뎨 이러ᄒᆞᄆᆞᆯ 알
리오 ᄒᆞ시고 ᄉᆞᆯ리 光광祿록卿경 徐쎵興
흥 祖종 ᄃᆞᆯ ᄒᆞᆯ브르샤 ᄀᆞ장 외다 ᄒᆞ시니

光광祿록卿경은 벼슬 일후미라 興흥祖종ᄃᆞᆯ히 다 붓그려

降뻥伏뽁ᄒᆞ니라 帝뎽 아래 大땡學ᄒᆞᆨ애
行ᄒᆡᆼ幸ᄒᆡᆼᄒᆞ샤 先션師ᄉᆞᆼ 孔콩子ᄌᆞᆼㅣ룰 祭
졩ᄒᆞ시고 도라오나시ᄂᆞᆯ 后ᅘᅮᆼㅣ 묻ᄌᆞ와
니ᄅᆞ샤ᄃᆡ 大땡學ᄒᆞᆨ生셩이 언마나ᄒᆞ
잇고 帝뎽 니ᄅᆞ샤ᄃᆡ 數숭千쳔이니ᅌᅵ다 后ᅘᅮᆼㅣ니
ᄅᆞ샤ᄃᆡ 지비 잇ᄂᆞ니잇가 니ᄅᆞ샤ᄃᆡ 쇼
해 잇ᄂᆞ니이다 后ᅘᅮᆼㅣ 솔오샤ᄃᆡ 天텬下
행룰 善쎤히 다ᄉᆞ릴 사ᄅᆞᆷ 賢현才ᄍᆡ로

웃듬삼ᄂᆞ니 이제 人신 才ᄍᆡᆼ 하니 ᄀ장 깃

브도소이다 오직 生ᄉᆡᆼ 貟원이 大땡 學ᄒᆞᆨ

애셔 飮흠 食씩 ᄒᆞ고 妻쳉 子ᄌᆞᆼ ᄂᆞᆯ 우러러

사롤 디 업스니 뎨 엇뎨 ᄆᆞᅀᆞ매 미요미 업

스리 잇가 帝뎅 즉재 命명 ᄒᆞ샤 ᄃᆞᆯ마 다 粮량

食씩 주어 그 지블 유여ᅰ호ᄆᆞᆯ ᄯᆞᆫᄒᆞ

法법을 사ᄆᆞ시다 아래 帝뎅 ᄢᅴ 솔오샤ᄃᆡ

이리올ᄒᆞ며 외요ᄆᆞᆫ 님긊 ᄆᆞᅀᆞ매 邪쌍ᄒᆞ

·며 正정·호매 根근 源원·호·고 天텬下·행 ㅣ

便뼌 安한·ᄒᆞ·며 바·드라·오·ᄆᆞᆫ 百·빅 姓·셩·의

모·ᄉᆞ·미·셜·워·ᄒᆞ·며 즐·겨·ᄒᆞ매 잇·ᄂ·니·이·다

坐솔오·샤·디 法·법·을 ᄍ조·고 티·면 반·ᄃᆞ·기

弊·뼁·잇·ᄂ·니 法·법 곳 弊·뼁·이·시·면 姦간 邪

쌍ㅣ 나·고 百·빅 姓·셩·을 ᄍ조·어 ᄌ리·면 반

ᄃ기 困·콘·ᄒᆞ·니 百·빅 姓·셩·이 困·콘·ᄒᆞ·면

亂·란·이 나·ᄂ·니·이·다 帝·뎽 다 女·녕 史·ᄉᆞ·를

命〮명 ᄒᆞ샤〮 스라 ᄒᆞ시〮다 后ᅘᅮᇢㅣ 病뼝ᄒᆞ얫

거〮시〮ᄂᆞᆯ 帝뎽 좀자〮샴〮과 飮ᅙᅳᆷ 食씩 을〮 便뼌

安한히〮 몯〮ᄒᆞ샤〮 群꾼 臣씬 ᄃᆞ〮려 니ᄅᆞ〮신대〮

群꾼 臣씬이〮 山산 川쳔〮에 ᄲᅵᄅᆞ며〮 일홈난 醫

힁 負원을〮 두루 求꿈ᄒᆞ야〮 지ᅌᅵ〮이다〮 請쳥ᄒ

습거〮ᄂᆞᆯ 后ᅘᅮᇢㅣ 드르〮시고〮 帝뎽〮ᄭᅴ 술〮오〮샤〮

미 妾쳡이〮 平뼝 生ᄉᆡᆼ애〮 病뼝이〮 업〮다〮니〮ᅌᅵ

제〮 ᄒᆞ〮롯〮아〮 太팅미〮 病뼝어두미〮 이〮곤〮ᄒᆞᆯ시〮ᅟᅵᆫ대〮

니 머몬 호가 너기 노이다 주그며 사로미

命명이 잇ᄂ니 빌며 醫ᅙ貟원 어든 들엇

뎨 有ᅙ益혁ᄒ리잇고 病뼝이 되샤매미

쳐帝뎽 무러 니ᄅ샤ᄃᆡ 그듸 身신 後ᅘ엣

付붕屬쑉홀 이리 잇ᄂ니잇가 后ᅘᆞᆯ 솔

오샤ᄃᆡ 陛뼝下ᅘᆞᆯ 妾쳡과로 布봉衣ᅙ

로 니러나샤오ᄂᆞᆷ 나래 陛뼝下ᅘᆞᆯ 億ᅙ

兆ᄠᅭ主즁ᅵ ᄃᆞ외시고 姓셩을 니ᄅᄂᆞᆫ 百빅

妾쳅·이億흑兆됴母뭉ㅣ드외요니尊존
·ᄒᆞ며榮ᅌᅯᆼ華ᅘᅪᆼㅣ至징極극·ᄒᆞ니더·으므·ᅀᅳᆺ
말·ᄒᆞ리잇고오직天텬地띵·와祖종宗종
·을感감動똥·ᄒᆞ야布봉衣ᅙᅴ롤닙디마ᄅᆞ
실·ᄯᆞᄅᆞ미니이다帝뎽다시무르신·대后
ㅣ술오샤ᄃᆡ陛뼁下ᅘᅡᆼㅣ반ᄃᆞ기賢현
·ᄒᆞ닐求ᄀᆜ·ᄒᆞ시며諫간·을드르시며政졍
事ᄮᆞ·룰ᄆᆞᆯ기·ᄒᆞ샤大땡·平뼝·을닐위시며

모든아ᄃᆞᆯ フᄅ치샤 德득에 나ᅀᅡ가며 業업을 닷게ᄒᆞ샬디니이다 帝뎽니ᄅᆞ샤ᄃᆡ 내ᄒᆞ마알와이다 오직 늘근모미 엇뎨 목숨다히ᄒᆞ리잇고 后ᅘᅮᇢㅣ 소ᄉ솔오샤ᄃᆡ 주그며사ᄅᆞ오ᄆ 命명이니 願원혼ᄃᆞᆫ 陛삥下ᅘᅡᇮㅣ 내죵삼가샤믈 처엄フ티ᄒᆞ샤 子孫손이 다 어딜며 民씬民민이 得득兩케ᄒᆞ시면 妾첩이 비록주그나 사라슈

미곤ᄒᆞ니이다 ᄒᆞ시고 업스시니 나ᄒᆞ신

호나히러시니 洪ᅘᅩᆼ 武뭉 壬심 成ᄊᆜᆼ 年년

八밣 月ᄝᅯᇙ 丙병 戌ᄊᆜᇙ 이라 帝뎽 셜이우르

시고 終즁 身신 토록 다시 皇ᅘᅪᆼ 后ᅘᅮᇢ 롤셰

디아니ᄒᆞ시니라 帝뎽 아래 朝뚀ᇢ 會ᅘᅬᆼ 롤

罷빵 ᄒᆞ샤 ᄂᆞᆯ 內ᄫᅴᆼ 官관 과 女녕 史ᄉᆞᆼ 왜서

르나 사이롤 연ᄌᆞ오몰 마디아니ᄒᆞᆫ 대 帝

뎽 슬ᄒᆞ샤 깃디아니ᄒᆞ샤 니른샤ᄃᆡ 皇ᅘᅪᆼ 帝뎽

后뽕ㅣ 겨시면 내 엇뎨 이런 어즈러우믈 드리오 ᄒᆞ시다 后ㅣ 겨신 저긔 內ᄫᅵᆼ政졍 올ᄒᆞ나토 帝뎽ᄭᅵ 깃기시디 아니ᄒᆞ샤 帝뎽 ᄌᆞᄌᆞᄒᆞ샤 甚씸히 便뼌安한ᄒᆞ시던 젼ᄎᆞ로 셜워 ᄒᆞᄆᆞᆯ 이긔디 몯ᄒᆞ시니라

宿슉瘤[音留]女者ᄂᆞᆫ 齊ㅅ東郭採桑之女ㅣ시니 閔王之后也ㅣ니라 項有大瘤故로 號曰宿瘤ㅣ라

初애 閔王이 出遊ᄒᆞ샤 至東郭ᄒᆞ시니 百姓이
盡觀ᄒᆞᄆᆡ 宿瘤ㅣ 採桑을 如故ㅣ어늘 王이 怪
之ᄒᆞ샤 召問曰ᄒᆞ샤ᄃᆡ 寡人이 出遊에 車騎甚衆
百姓이 無少長히 皆棄事來觀ᄒᆞ거늘 汝
採桑道傍ᄒᆞ야 曾不一視는 何也오 對曰ᄒᆞᄃᆡ 妾
受父母敎ᄒᆞ야 採桑이오 不受敎觀大王ᄒᆞ이다
王曰此ㅣ 奇女也ㅣ로다 惜哉宿瘤ㅣ여 女ㅣ 曰
婢妾之職은 屬之不二ㅣ며 予之不忘이니이다 中
心謂何ㅣ언뎡 宿瘤ㅣ 何傷잇고 王이 大悅之

曰디ᄒᆞ샤 此ㅣ賢女也ㅣ라 命後乘載之대ᄒᆞ신 女
ㅣ一曰디ᄒᆞ고 賴大王之力이야ᄒᆞ 父母ㅣ在內ᄒᆞ니ᄒᆞ 使妾
不受父母之教而隨大王이면ᄒᆞ 是는 奔女也
ㅣ니 大王ㅇ은 又安用之고리잇고 王이 大慙曰디ᄒᆞ샤
寡人이失之라ᄒᆞ고 又曰디ᄒᆞ샤 貞女ㅣ一禮不備
어 雖死나不從이ᄒᆞ다니 於是예 王이遣歸
고든 使使者ᄒᆞ샤 加金百鎰ᄒᆞ샤 往聘迎之대ᄒᆞ신 父
母ㅣ驚惶야ᄒᆞ 欲洗沐加衣裳니ᄒᆞ더 女ㅣ曰디ᄒᆞ
如是見王則變容更服이라이 不見識也리ᄒᆞ니세 請

死不往ᄒᆞ리라 於是예 如故ᄒᆞ야 隨使者ᄒᆞ니 閔王이 歸ᄒᆞ샤 見諸夫人ᄒᆞ샤 告曰ᄒᆞ샤 今日에 出遊ᄒᆞ야 得一聖女ᄒᆞ니호 今至ᄒᆞ니 斥汝屬矣라호리 諸夫人이 皆怃之ᄒᆞ야 盛服而衛ᄒᆞ야 遲其至也ᄒᆞ니더 宿瘤ᅵ 駭ᄒᆞᆫ대 宮中諸夫人이 皆掩口而笑ᄒᆞ야 左右ᅵ 失貌ᄒᆞ야 不能自止ᄂᆞᆯ어 王이 大慙ᄒᆞ샤 曰디ᄒᆞ샤 且無笑라ᄒᆞ 不飾耳라니 夫飾與不飾이 固相去ᅵ 十百也라ᅵ 女ᅵ 曰디ᄒᆞ 夫飾은 相去ᅵ千萬도이라 尚不足言니이 何獨十百也잇ᄀᆞ리

王曰何以言之오 對曰호ᄃᆡ 性相近也ㅣ니 習相遠也ㅣ니 昔者애 堯舜桀紂ㅣ 俱天子也ㅣ라 堯舜ᄋᆞᆫ 自飾以仁義ᄒᆞ샤 雖爲天子ㅣ도ㅣ라 安於節儉ᄒᆞ샤 茅茨(慈音)ᄅᆞᆯ 不剪ᄒᆞ시며 采椽(柞木椽也)ᄋᆞᆯ 不斲(音卓)ᄒᆞ시며 後宮이 衣不重采ᄒᆞ며 食不重味ᄒᆞ니 至今數千歲예 天下ㅣ 歸善焉이ᄒᆞ니 桀紂ᄂᆞᆫ 不自飾以仁義코 習爲苛文ᄒᆞ며 造爲高臺深池ᄒᆞ며 後宮이 蹈綺縠(音斛)ᄒᆞ며 弄珠玉ᄒᆞ야 意非有饜(厭音)時也ㅣ라 身死國亡ᄒᆞ야 爲天下笑ᄒᆞ니 至今

千餘歲예 天下ㅣ 歸惡焉ㅎ나니 曲是로 觀之컨댄 飾與不飾이 相去ㅣ 千萬도이라 尚不足言이니 何獨十百也ㅣ잇고리 於是예 諸夫人이 皆大라ㅎ니 閔王이 大感癘女샤ㅎ 以爲后고시 出令샤 甲宮室며ㅎ 塡(音田)池澤며ㅎ 損膳며 減樂며ㅎ시 後宮이 不得重采ㅎ나 期月之閒애 化行鄰國야ㅎ 諸侯ㅣ 朝之늘ㅎ어 侵三晉며ㅎ 懼秦楚며ㅎ 一立帝號니ㅎ 閔王이 至於此也上 宿癘女ㅣ 有力焉라이니 及女死之後에 燕이 遂屠

齊關王이逃亡ᄒ야而弒死於外ᄒ시니라君子

ㅣ謂宿瘤女ᄅᆞᆯ通而有禮라ᄒ고詩云호ᄃᆡ菁菁[精音]

者莪ㅣ여在彼中阿다ㅣ로旣見君子호니樂且有

儀니라ᄒ니此之謂也ㅣ라

宿(슉)瘤(류)女(녕)ᄂᆞᆫ齊(쪙)人東(동)郭(곽)앳生

ᄠᅳ디겨지비니[東동郭곽은ᄆᆞᅀᆞᆯ이라]閔(민)王(왕)ㅅ人

后(ᅘᅮᇢ)ㅣ시니라모기크니혹잇ᄂᆞᆫ젼ᄎᆞ로

후믈닐오ᄃᆡ宿(슉)瘤(류)ㅣ라ᄒ더라宿(슉)ᄋᆞᆫ

·래·이·실 쳐ᄉᆞ무 閔민 王왕·이·내 노·리 ·호·샤 東동 郭곽·애 가·시·니 百·빅 姓·셩·이·다 보·ᄃᆡ 王왕 宿·슉 瘤 륭 ㅣ ᄲᅩᇰ ᄠᅩᆯ ·녜 ㄱ·티 ·ᄒ·거·놀 王왕 ·이 恠 광 異 잉·히 ·너·기·샤 블·러 무·러·니 ·샤 ·디·내 노·리 호·매 車 겅 騎 끵 ㅣ 甚·씸·히 할 ·시 百·빅 姓·셩·이 아·히 얼·운 업·시·다 이·를ᄡᅥ, 리·고·와 보·거·놀 네 갑ᄀᆞ시셔 ᄶᅩᇰ을 뽀·ᄃᆡ ᄒᆞᆫ 번·도 보·ᄃᆡ 아·니 호·믄 엇·뎨오 對 됭 答 답 ᄒᆞ

슈오딕 妾쳡이 父뽕母믕의 敎굠授쓩를
드러쑴을 빈고 大땡王왕을 보슝오라 혼
ㄹ 듣디 아니호이다 王황이니
ㄹ샤디 이 奇끵異잉호 거 지비로다 앗가 婢삥妾
올셔 宿슉瘤릏여 女녕ㅣ 솔오디
쳡의 所송 任심은 付붕屬쑉호면 두므슴
아니호며 주면닛디아니호미니 안모슝
미엇던고 호ᄡᅮ니 어령 宿슉瘤릏ㅣ므스

가害·힝ᄒ·리잇고王·왕이ᄀᆞ·장깃·거·니ᄅᆞ

·샤·딕賢·현女·녕ㅣ·로·다뒤·헷숫·위·롤命·명

·ᄒ·샤시·르·라ᄒ·신·대女·녕ㅣ·솔·오·딕大

王·왕ㅅ·히·믈ㄴ·비父·뿡母·뭉ㅣ·안·해잇

·ㄴ·니妾·쳡·으·로父·뿡母·뭉의敎·굠授·쓔ᇢ·롤

듣·디아·니ᄒ·고大·땡王·왕을존·조·오·면·이

·ᄂᆞ奔·분女·녕ㅣ·니 밍·업시:제갈·시·라 女·녕·는中·듕媒·ᄆᆡ大

·ᄯᅢᆼ王·왕·은소모·ᄉᆞ게·ᄡᅳ·시·리잇·고王·왕·이

ᄀᆞ장붓그려니르샤ᄃᆡ내그르호라ᄒᆞ솔

오딕貞뎡女녕ㅣ호禮령慶뗭ㅣ나깃디

아니커든비록주그ᄂᆞ마좃디아니ᄒᆞᄂᆞ니

이다그제王왕이보내시고사ᄅᆞᆷ브려金금

一ᅙᅵᆳ百ᄇᆡᆨ鎰ᅀᅵᆯ을더ᄒᆞ야鎰ᅀᅵᆯ은스므兩량이스므라

가보내여마치신대父뿡母ᄆᆞᆸㅣ놀라두

려싯봉겨오솔더니표려ᄒᆞ더니女녕ㅣ

닐오ᄃᆡ이러트시ᄒᆞ야王왕ᄋᆞᆯ뵈ᅀᆞᆸ오면

·양진다ᄅᆞ·며오시·고론디·라아·라보디·몯
·ᄒᆞ시리·니 請·쳥 ᄒᆞᄂᆞᆫ주·거도가·디아니·ᄒᆞ
리·라그저·녜ᄀ·티ᄒᆞ·야使·승者·쟝 조·차가
·니·라閔·민王·왕이·도·라가모ᄃᆞᆫ夫·붕人·신
·을보아告·곰·ᄒᆞ야니ᄅᆞ·샤ᄃᆡ오·놀내노·리
·ᄒᆞ·야ᄒᆞᆫ聖·셩女·녕·ᄅᆞᆯ어두·니·이제오ᄂᆞ·니
너희ᄅᆞᆯ내뫼초·리·라모ᄃᆞᆫ夫·붕人·신이·다
恠·괭異·앙·ᄒᆞ너겨오솔빗어뫼ᅀᆞ와셔오

몰기들오더니宿슉ㅣ놀란대宮궁
中듕엣모돈夫붕人신이다이블깃리오
고우서左장右ᄋᆞ襍ㅣ양조를일허能능히
제그치디몯거놀王왕이ㄱ장붓그려니
릉샤ᄃᆡ옷ᄒᆡ말라ᄉᆞ미디아니ᄒᆞᆫ들미
라ᄉᆞ미며아니수뮤매眞진實씷로서르
머로미열콰一ᅙᅵᆯ百빅괘라女녕ㅣ솔오
되수묘믄서르머로미千쳔과萬먼괘라

ᄯᅩ 오히려 足(족)히 니르디 몯ᄒᆞ리니 엇뎨 다ᄆᆞᆫ 열콰 一(ᅙᅵᆯ)百(빅) 갓 ᄯᆞᆯ미리 잇고 王(왕)이 니르샤ᄃᆡ 엇뎨 니르ᄂᆞ뇨 對(됭)답ᄒᆞᅀᆞ오ᄃᆡ 性(셩)이 서르 갓가오나 비호ᄆᆞ로 서르 머ᄂᆞ니 네 堯(ᅀᅭ)舜(순)과 桀(껄)紂(뜡)ᄂᆞᆫ ᄯᆞᆺ 天(텬)子(ᄌᆞᆼ)ㅣ라 堯(ᅀᅭ)와 舜(순)과ᄂᆞᆫ 내 仁(ᅀᅵᆫ)義(ᅌᅴ)로 수미샤 비록 天(텬)子(ᄌᆞᆼ)ㅣ 도외야 겨샤도 儉(껌)朴(박)호ᄆᆞᆯ 便(뻔)安(한)

히너기샤디 ·블쑤·로 ·니시·고 ᄀ리ᄃ·아·디

호시며 采쳉 椽뎐·을 갓ᄃ·아니 호시며 采쳉

采ᄂᆞᆫ 가·랍 남·기·오 椽뎐·은 셰·리·오 後후宮궁·이·오 ·솔 ·두 ·비·솔

·아·니 호시며 飮흠食씩·을 ·두 마·솔 아·니 ·호

·시·니 至징今금 數숭千쳔 歲솅·예 天텬下

行ᅘᆡᆼ·이 ·다 어·디·다 호ᄂ·니이·다 斲꼉 ·와 紗빵

·와ᄂ 자·내 仁신義ᅌᅵᆼ·로 ·ᄉ수·미·디 아·니 ·호

호ᄀᆞᆫ 수·유·믈 비·화 ᄒᆞ·며 노·푼 臺떙 ·와 기·픈

모솔밍을며 後ᅘᅮᇢ宮궁이 綺킝縠ᅙᆞᆨ을를

오며 珠즁玉옥을 놀여브데 足죡히너길

시졀이업순디라 모미주그머 나라히ᄉ

망ᄒᆞ야 天텬下ᅘᅡᆼ애 웃유미 ᄃᆞ외니 ᄶᆞ

슈금 千쳔餘영歲솅예 天텬下ᅘᅡᆼ一ᅵᆯ 모디

다ᄒᆞ노니 일로보건댄 슈미며아니 슈묘

미서르머로미 千쳔과萬먼과ᄅᆞ도 오히

며足죡히 니르디몯ᄒᆞ리니 엇뎨 다ᄆᆞᆯ열

콰ᅵ 百(ᄇᆡᆨ) 곳ᄲᅮ니 리잇고 고제 모ᄃᆞᆫ 夫
人(신)·이 다 ᄀ장 붓그리니라 閔(민) 王(왕)
后(훃)·ᄅᆞᆯ 사ᄆᆞ시고 出(츙) 令(령) ᄒᆞ샤 지블
즈기 ᄒᆞ시며 모ᄉᆞᆯ 메오시며 차반·ᄋᆞᆯ 더르
시며 音(흠) 樂(·악)·ᄋᆞᆯ 더르시며 後(훃) 宮(궁)·이
두비 出(츙)몯게 ᄒᆞ시니 [illegible] 敎(ᄀᆛ) 化(황)
ᅵ 이웃나라·해 펴디여 諸(졍) 侯(훃) ᅵ ·와

朝둏會·뼁 ·호거늘 三삼晉·진·을 侵침勞롱·호시·며 三삼晉·진國·귁·을 :세 헤·는 ·화魏윙·와 趙·뚈·와 韓·한·과 나·라·홀 이 밍골·시·니·라 三삼晉·진 秦찐 楚총·룰 저히시·며 호번·에 皇황帝뎅 ㅅ일후·믈 셰시·니 閔민王왕·이 에 니르·샤·문 宿숙瘤륳女녕·ㅣ 有융功공 ·호시·니·라 女녕·ㅣ 주근 後흫·에 燕연·이 燕연·은 나·라·히·라 齊졩·룰 터·눌 閔민王왕·이 逃똘亡망·호샤 밧긔 가 弑싱·호·야 주ㄱ

ᄒᆞ시니라 弒싱ᄂᆞᆫ 臣씬下행ㅣ 님금 주길 씨라 君군子ᄌᆞㅣ늘

오딕 宿슉瘤륭女녕ㅣ 通통達딸ᄒᆞ시고

禮령 잇느니 毛몽詩싱예 닐오디 菁졍

菁졍菁졍은 盛셩ᄒᆞᆯ시오 義앙ᄂᆞᆫ 일후미라

菁졍菁졍ᄒᆞᆫ 義앙여

뎌 가온ᄃᆡ 잇도다 ㅎ마 君군子ᄌᆞᄅᆞᆯ

보니 樂락ᄒᆞ고 坐 威휭儀힁 잇다ᄒᆞ니이

ㄹ도다

漢한 鮑봉宣션의 妻쳐 桓ᅘᅪᆫ氏씨 字ᄍᆞᄂᆞᆫ 少쇼君군이러니 宣션이 嘗쌍就쯀

少君父ㅣ야ᄒᆞ 學ᄒᆞ니더 父ㅣ 奇其清苦ᄒᆞ야 故로 以

女로 妻之(聲去)라ᄒᆞ니 裝送資賄甚盛이더니 宣이

不悅야ᄒᆞ 謂妻曰호ᄃᆡ 少君은 生富驕ᄒᆞ야 習美飾

而吾ᄂᆞᆫ 實貧賤야ᄒᆞ 不敢當禮라ᄒᆞᄂᆞᆫ 妻曰

大人이 以先生이 脩德守約故로 使賤妻

侍巾櫛ᄒᆞ니시 旣奉承君子ᄃᆡᄒᆞ란 唯命이 是

從이호ᄃᆡ 宣이 咲曰호ᄃᆡ 能如是면ᄒᆞ 是吾志也ㅣ라ᄒᆞ라

妻乃悉歸侍御服飾고ᄒᆞ 更(聲去)著短布裳야ᄒᆞᆫ

與宣로ᄋᆞ 共挽鹿車야ᄒᆞ 歸鄉里야ᄒᆞ 拜姑禮畢고ᄒᆞ

提甕出汲·ᄒᆞ야 脩行婦道·ᄒᆞ니 鄉邦·이 稱之·ᄒᆞ더라

漢한 鮑쁗 宣션·의 妻쳉 桓뽠氏씽ㅅ 字쯩·ᄂᆞᆫ 小숑君군·이·러·라 字쯩·ᄂᆞᆫ 德득·을 表봉ᄒᆞ·온 일·후·미라 宣션·이 아·리 小숑君군·의 아·빅·게 나·사 가 ᄇᆡ·호·더니 아·비 淸쳉廉렴ᄒᆞ·고 苦콩ᄅ·외요·ᄆᆞᆯ 奇끵異잉·히 너·겨 그럴·ᄊᆞᆯᆞ·로 얼·이·니·라 연장·과 쳔량·이 ᄀᆞ·장 盛쎵ᄒᆞ·더니 宣션·이 깃·디 아·니·ᄒᆞ야 妻쳉ᄃᆞ·려 닐·오ᄃᆡ 小숑

君군은가ᅀᆞ멸며 驕굠慢만호ᄃᆡ 나 됴ᄒᆞ

ᄉᆞ묘를 비홧거늘 나ᄂᆞᆫ 眞진實씷로 貧뼌

賤쪈ᄒᆞ야 禮롕롤 當당티 몯ᄒᆞ노라 妻쳉

닐오ᄃᆡ 大땡人ᅀᅵᆫ이 先션生ᄉᆡᆼ이 大땡人ᅀᅵᆫ은 小

숑君군의 아비ᄃᆞᆯ 니ᄅᆞ고 先션
生ᄉᆡᆼ은 鮑ᄬᅳᆷ宣션ᅀᅯᆫ을 니ᄅᆞ니라 德득을 닷

ᄀᆞ며 가난홈가져 이 쇼ᄆᆞ로 賤쪈妾쳡ᄋᆞ

로 手ᄉᆛ巾근과 비슬믜 숩게 ᄒᆞ시니 ᄒᆞ마

君군子ᄌᆞᆼ를 뫼ᅀᆞ오란ᄃᆡ 오직 命명을 죠

초리이다 宣·쎤·이우셔닐오디 能·능히이·

곤·호면이내비·디라호·야 노 妻·쳉 조춘사

룸·과 服·뻑 飾·식·을다보내오다시더른·비

치마·민여 宣·쎤·과술위굼어무술히가시·

어믜게절못고도골자바나가믈기러겨

지비 道·뚱·롤닷고니·기올콰나라쾌일·콘

·더라

內訓卷第二下

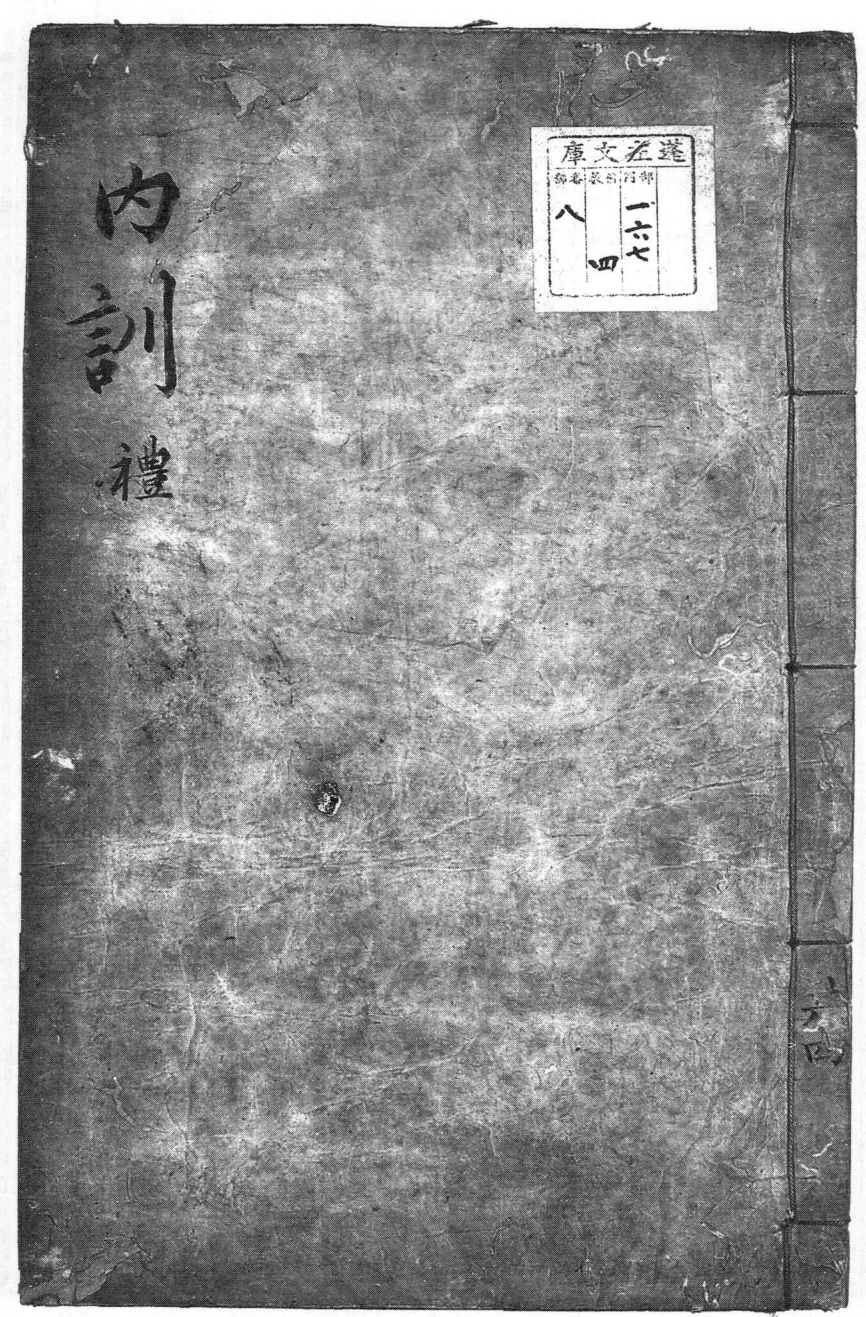

內訓
禮
蓬左文庫

內訓卷第二上

夫婦章第四

女教애 云호디 妻雖云齊나 夫乃婦天이라 禮當敬事호디 如其父焉이니 卑躬下意호야 毋妄尊大며 唯知順從이오 不敢違背니 聽其教戒호디 如며 聞聖經호며 寶其身體호디 若珠與瓊호야 戰兢自守니 敢曰縱肆아 已尚不有니어 何物을 敢恃오리 夫苟有過ㅣ어든 委曲諫之호디 陳說利害호야 和容婉辭니 夫若盛怒ㅣ든 悦則復諫호야

雖被箠鞭도ᄒᆞ라라 安敢怨恨오이리 夫職은 當尊

고ᄒᆞ而妻ᄂᆞᆫ 爲甲라 或毆或詈乃分之宜니 我

焉敢答ᄒᆞ며이 我焉敢怒오이리 藉以偕老라니 匪一

日故라 纖毫之事ᄅᆞᆯ 必當稟聞니이 豈敢自

專오이리 專則非人이라니 夫家有失을 勿告父

母니 徒貽親憂라 告亦何補오이리 嫁旣曰歸

야ᄒᆞ 死生以之니 若是紛紅이면 馬牛不如라니

欲家之興댄인 曰和與順니이 何以致斯오 又在

孚敬라ᄒᆞ니

女녕 敎·교 ·애 닐오·ᄃᆡ 겨지비 비·록 호가지·라 니나 남진은 겨지비 하·놀히라 禮:령·로 반ᄃᆞ기 恭공 敬·경ᄒᆞ야 셤교·ᄃᆡ 아비·ᄅᆞᆯ 홀 디·니 모·ᄆᆞᆯ ·ᄂᆞ가이ᄒᆞ며 ·ᄡᅳ들 ·ᄂᆞᆺ·기ᄒᆞ·야 ·거즛 尊존·코 ·큰 ·양 ·말며 ·오·직 順·쓘 從·쯩 ·호ᄆᆞᆯ 아·오 ·잢간·도 ·거·슬·ᄢᅥ 마·롤 디·니ᄀᆞ ·ᄅᆞ치·며 警·경 戒·갱 ·호ᄆᆞᆯ ·드·로·ᄃᆡ 聖·셩 人·신 ·스ᄀᆞᆯ ᄅᆞᆷ ·ᄀᆞ·티 ᄒᆞ·며 ·모·ᄆᆞᆯ 보·비·로·ᅌᅵ ·녀교

듸구슬티 ᄒᆞ야 저허 守(슝)홀디니 잢간

이나 ᄆᆞᆷ 노하 펴 아려 몸도 오히려 잇디

아니커니 ᄆᆞᄉᆞ글 미드리오 남지니 眞(진)

實(씷)로 허므리 잇거든 委(윙)曲(콕)히 諫(간)

호ᄃᆡ 利(링)害(ᄒᆡᆼ)ᄅᆞᆯ 펴 닐어 ᄂᆞ출 溫(온)和(ᅘ와)

히 ᄒᆞ며 말ᄊᆞ믈 順(쓘)히 홀디니 남지니

다ᄀᆞ장 怒(농)ᄒᆞ야커든 다시 諫(간)

관ᄒᆞ야 비록 튜믈 니버 도 엇뎨 잢간 이나

怨원 쏗망 ᄒᆞ며애와 티리오 남지ᄂᆡ 所쏭

任심 은 반ᄃᆞ기 尊존 ᄒᆞ고 겨지 분ᄂᆞᆺ가온

디라 시혹 티며 시혹 구지 조미 分분 에 맛

당호미니 내어듸 쏜 잢간이나 對됭 答답

ᄒᆞ며 내어듸 쏜 잢간이나 怒농 ᄒᆞ리오 브

터 ᄒᆞᆫ삐 늘골디라 ᄒᆞ롯젼 츄 아니니라 터

럭만 이롤 모로매 알외욜 디니 엇데 잢간

이나 제 쥬변 ᄒᆞ리오 쥬변 ᄒᆞ면 사ᄅᆞ미 아

·니 니·라 남진의 집 허ᄆᆞ를 父뻥母뭉씌니

르디 마·롤디니 ᄒᆞᆫ갓 어버의 시르믈 기·티

·논디라 니른·ᄃᆞᆯ ᄆᆞᆺ 기 보·태리오 남진이어

러 ᄒᆞ마도 라간 주그며 사로ᄆᆞ로 ᄡᅥ 홀디

·니 〈겨지·븐 남진의 지블 제 집사ᄆᆞᆯ 시 남진어·루믈 도·라가·다 ᄒᆞ·누·니·라〉

·가 어즈러이 ᄒᆞ·면 ᄆᆞ쇼만도 곤디 몯ᄒᆞ·니

·라 지블 니ᄅᆞ완고져 홀ㄷᆫ댄 닐오ㄷᆡ 和뽕

홈과 順쓘 홈괘니 ᄆᆞᆺ그로 ᄡᅥ 이에 닐위

료쏘恭_공敬_경ᄒᆞ오매잇ᄂᆞ니라

○夫婦之道ᄂᆞᆫ 參配陰陽ᄒᆞ며 通達神明ᄒᆞᄂᆞ니 信

天地之弘義며 人倫之大節也ᅵ라 是以로 禮

貴男女之際ᄒᆞ고 詩著關雎之義ᄒᆞ니 由斯言之

댄 不可不重也ᅵ라 夫不賢則無以御婦ᅵ오 婦

不賢則無以事夫ᅵ며 夫不御婦ᄒᆞ면 則威儀廢

壞ᄒᆞ고 婦不事夫ᄒᆞ면 則義理墮闕ᄒᆞ니 方斯二

者댄 其用이 一也ᅵ라 察今之君子ᄒᆞᆫ된 徒知妻

婦之不可不御와 威儀之不可不整ᄒᆞᆯᄉᆡ 故로

訓其男야ᄒ 檢以書傳고ᄒ 殊不知夫主之不可
不事와 禮義之不可不存也야ᄒ 但教男而不
教女니ᄒᄂ 亦蔽於彼此之數乎데ᄂ 禮예 八歲
예 始教之書고ᄒ 十五而志於學矣니ᄉ 獨不可
依此야ᄒ 以爲則哉아
夫붕 婦뿜의 道뚱ᄂ 陰음과 陽양과이
ᄌ뎌 神씬明명에 ᄉᄆᄎ니 眞진實씷로
하ᄂᆯ콰 ᄯᅡ괏 큰 義읭며 人신倫륜의 큰ᄆ

디라 이런·ᄃᆞ·로 禮·령예 男남 女녕 人ᅀᅵᆫ·이

·ᄅᆞᆯ 貴·귕·히 너·기·고 毛몸 詩싱·예 關관 雎졍

入ᅀᅵᆸ 義·읭·를 나·토·니 〔關관雎졍篇편 入ᅀᅵᆸ일·후·미·니 關관

鳩궁·는 므·렛 새·일·후·미 和뺭·히 우·ᅀᅢ·는 글·소·리 一힣 定뗭

·ᄒᆞ·야 서르 어즈·러·이 아·니 ᄒᆞ·며 둘·히 샹·녜

골·와 노·로·ᄃᆡ 서르 올·아 이·아·니 ᄒᆞ·야 샹

ᄠᅵᆯ 至·징 極·끅·히 ᄒᆞ·ᄃᆡ 골·히요·미 잇ᄂᆞ·니·라〕 쏘 周

즁 文문 王왕·이 나 聖·셩 德득·이·겨·시·고 ᄡᅳ

聖·셩 女녕 ᄉᆞᆼ氏씽·를 配·핑 쳐ᅙᅵ 삼·ᄉᆞ·샤 섬·ᄡᅵᆷ

을·사 마·시·놀 宮궁 中듕 人ᅀᅵᆫ ·사ᄅᆞ·미 그·처 ᄥᅵᆼ

오·실 제 幽흉 關한 貞뎡 靜·쩡 ᄒᆞᆫ 德득·이·겨 서르 和뺭 樂·락

실·신·이 詩싱·를 ·지·ᅀᅥ 닐·오·ᄃᆡ

락·ㅎ시·며 恭[공]敬[경]·ㅎ샤·미 雎[져]鳩[구]·ㅣ 곤·ㅎ시·다 ·ㅎ니·라 幽[융]·논 기·플시·오 閑[한]·은 安[한]靜[쩡]·ㅎ시·오 貞[뎡]·온 一[ᄒᆞᆯ]·ㅎ·야 定[뎡]·ㅎ시·라 靜[쩡]·온 ᄆᆞᅀᆞ·미 조·ᄒᆞᆯ시·라 이·롤

브·터 니·ㄹ·건·댄 重[뜡]·히 너·기·디 아·니·호·미 :몯·ㅎ·리·라 남지·니 어·디·디 ·몯·ㅎ·면 겨·지·블 거느리디 ·몯·ㅎ·고 겨지·비 어·디·디 ·몯·ㅎ·면 남지·놀 셤기·디 ·몯·ㅎ·며 남지·니 겨·지·블 거ᄂᆞ리디 ·몯·ㅎ·면 威儀[의]·ㅣ ·ㅎ야디·고 儀法·이 ·ㅎ·며 ·겨·지·비 남지·놀 셤

儀[의]·논 거·동·이 싁·싁·ㅎ·고 法[법]·은 바·담·직 ·ㅎ·올·시·라

기디몯ᄒ면 義힁 理링ᄅᆞᆯ어디리니이두

이ᄅᆞᆯ가졸비건댄그뿌미ᄒ가지라이젯

君군子ᄌᆞᆼᄅᆞᆯ본된ᄒᆞᆫ갓겨지블거느리디

아니호미외욤과 威휭 儀힁 整졍 齊쩽아

니호미왼주ᄅᆞᆯ알ᄊᆡ아ᄃᆞᆯ그ᄅ쳐글월

로몯가지게ᄒ고남지늘셥기디아니

호미외욤과 禮령 義힁ᄅᆞᆯ두디아니호미

왼주ᄅᆞᆯᄀ창아디몯ᄒᆞ야ᄒᆞᆯ갓아ᄃᆞᆯᄭ

르·치고 ·ᄉᆞ롤 ㄱ·르치디 아·니ㅎ·ᄂ·니 ·ᄯ더

·와이·왓혜아·로매ㄱ·료민뎌 禮령·예여듧

셔례비르셔그를ㄱ·르치고열다ㅅ새 學

·애뿐뒷ㄴ·니·ㅎ오·ㅅ·이롤브·터 法법 :삽

디아·니호미 可캉·ㅎ·리·여

○陰陽·이 殊性·고ㅎ 男女ㅣ 異行·니ㅎ 陽·은 ·以剛

爲德·고ㅎ 陰·은 ·以柔爲用·며ㅎ 男·은 ·以強爲貴·고ㅎ

女·는 ·以弱爲羙·니ㅎㄴ 故·로 鄙諺·에 有云·디ㅎ 生

男如狼이라도 猶恐其尪이오 生女如鼠ㅣ라도 猶
恐其虎ㅣ니라 然則脩身이 莫若敬고 避強이
莫若順이니 故로 曰호 敬順之道는 婦人之大
禮也ㅣ라 夫敬은 非他ㅣ라 持久之謂也ㅣ오 夫順
은 非他ㅣ라 寬裕之謂也ㅣ니 持久者는 知止足
也오 寬裕者는 尚恭下也ㅣ라 夫婦之好ㅣ 終
身不離야 房室에 周旋야 遂生媟黷니 媟
黷이 旣生면 語言이 過矣며 語言이 旣過면
縱恣ㅣ 必作며 縱恣ㅣ 旣作면 則侮夫之心

이 生矣니 此ㅣ 由於不知止足者也ㅣ라 夫事有

曲直ᄒᆞ며 言有是非ᄒᆞ니 直者ᄂᆞᆫ 不能不爭ᄋᆞ오ㅣ 曲

者ᄂᆞᆫ 不能不訟爭을 旣施ᄒᆞ면 則有忿怒

之事矣ᄂᆞ니 此ㅣ由於不尙恭下者也ㅣ라ㅣ悔夫

不節ᄒᆞ면 譴呵ㅣ從之고ᄒᆞ야 忿怒不止ᄒᆞ면 楚撻ㅣ

從之ᄒᆞᄂᆞ니 夫爲夫婦者ㅣ義以和親ᄋᆞ오ㅣ恩以

好合ᄒᆞᄂᆞᆯ이어 楚撻이 旣行ᄒᆞ면 何義之有ᄒᆞ며 譴呵

ㅣ旣宣ᄒᆞ면 何恩之有오ㅣ리 恩義俱廢ᄒᆞ면 夫婦

ㅣ離矣라ᄂᆞ니

陰흠 陽양이 性셩이 다ᄅ고 男남 女녕ㅣ
횡뎌기 다ᄅ니 陽양은 剛강으로ᄡᅥ 德득
·을 삼고 剛강은 구·라 들시 陰흠은 부ᄃᆞ러오ᄆᆞ로
ᄡᅥ 用용을 사ᄆᆞ며 남지ᄂᆞᆫ 세·요ᄆᆞ로ᄡᅥ 貴귀
호ᄆᆞᆯ 삼고 ·겨지·븐 弱약 호모로ᄡᅥ 아ᄅᆞᆷ
다오ᄆᆞᆯ 삼ᄂᆞ니 ·이럴ᄉᆡ 世셩 俗쪽·애 ᄂᆞᆯ오
딕 아ᄃᆞᆯ 일히곤 ᄒᆞ니를 나하도 오히려
질악흐 가저코 쏜ᄅᆞᆯ 쥐곤 ᄒᆞ니를 나하도

內訓 卷二

·오히·려 범곤흘 가·져 타·ᄒᆞ·니 그·러·면 몸닷

·고미 恭공敬경 만 ·ᄒᆞ·니 업·고 세·욤 避삥 ·호

미 順쓘 홈 만 ·ᄒᆞ·니 업·스·니 그·럴·ᄉᆡ 닐·오·디

敬경 과 順쓘 괏 道똥 논 婦뿡人신 ·의 큰 禮롕

·라 敬경은 ·녀ᄂᆞ ·아·니라 ·오·래 가·져 슈·믈

니·르·고 順쓘은 ·녀ᄂᆞ ·아·니라 어·위 크·며 ᄌᆞ

녹ᄌᆞ녹 ·호·믈 니·르·니 ·오래가·젯ᄂᆞ·닌 마롬

과 足죡 ·호ᄆᆞᆯ 알·오 어·위 크·며 ᄌᆞ 녹ᄌᆞ녹 ᄒᆞ

·ᄃᆞ는溫온恭공ᄒᆞ야ᄂᆞ족호ᄆᆞᆯ崇쑹尙썅

ᄒᆞᄂᆞ니라夫붕婦뿡의됴히너교미모미

못ᄃᆞ록여희디아니ᄒᆞ야방안해周즁

旋쎤ᄒᆞ야 周즁旋쎤은횟도ᄅᆞᆯ시라 ᄆᆞ던히너교미나ᄂᆞ

닌ᄆᆞ던히너교미ᄒᆞ마나면말ᄊᆞ미너ᄆᆞ

며말ᄊᆞ미ᄒᆞ마너ᄆᆞ면방쌔호미반ᄃᆞ기

니ᄅᆞ와ᄃᆞ며방쌔호미ᄒᆞ마니ᄅᆞ와ᄃᆞ면

남진ᄆᆞ던히너ᄑᆞᆯ모ᄉᆞ미나ᄂᆞ니이마롬

과足죡·호·몰아디·몯혼다시라이리曲콕
·호·며直띡호미이시며말ᄊᆞ미올·ᄒᆞ며외
요미잇ᄂᆞ니直띡·ᄒᆞ닌ᄃᆞ디아니·ᄒᆞ몰
몬·ᄒᆞ고曲콕·ᄒᆞ닌發뻟明명티아니·ᄒᆞ몰
몬·ᄒᆞᄂᆞ니發뻟明명홈과도토몰·ᄒᆞ마퍼
면忿푼怒농·ᄒᆞ논이리잇ᄂᆞ니이溫온恭
공·ᄒᆞ야ᄂᆞ족홈몰紫ᄶᆞᆼ尙썅아니혼다시
라남진모던히너교몰짐쟉아니·ᄒᆞ면구

·지 주미 좃고 忿푼怒농·를 :마·디 아·니ᄒ·면

·채마 조미 좃ᄂᆞ·니 夫붕婦뿡ㅣ 義읭로 和

親친ᄒ고 恩ᅙᆫ·으로 和勢合ᅘᅡᆸᄒ·면 ·ᄂᆞ거

시·어·늘 채마 조미 ᄒ마 行ᅘᆡᆼᄒ·면 ·ᄆᆞ合義

·이·시·며 구·지 주미 ᄒ마 ·펴면 ·ᄆᆞ合恩ᅙᆫ

·이·이시·리·오 恩ᅙᆫ 義읭 ·다 엄스·면 夫붕婦

ㅣ ·다·여·희ᄂᆞ니·라

○夫有再娶之義ᄒ고 婦無二適之文ᄒᄂᆞ니 故로

內訓卷二 上

曰호 夫者는 天也니 天固不可逃오 夫固不
可離也라 行違神祇면 天則罰之고시며 禮義有
愆면 夫則薄之니리 故로 女憲에 曰호 得意
一人면이 是謂求畢오이 失意一人면이 是謂求託
호니라 由斯言之댄 不可不求其心니이 然이나 所
求者ㅣ 亦非謂佞媚苟親也라 固莫若專心
正色야호 禮義俱摰야호 耳無塗聽며 目無邪視
며호 出無冶容며호 入無廢飾며호 無聚會群輩며호
無看視門戶니ㅣ 此則謂專心正色矣라 若夫

動靜이 輕脫ᄒ며 視聽이 陝輸ᄒ며 入則亂髮壞

形고ᄒ 出則窃窺作態ᄒ며 說所不當道ᄒ며 觀所

不當視ᄒ를ᄡ 此謂不能專心正色矣라

남진은다시妾츙ᄒ논義읭잇고겨지븐

두번가논글월리업스니이럴ᄉᆡ닐오ᄃᆡ

남진은하ᄂᆞᆯ히ᄒ니하ᄂᆞᆯᄒᆞᆫ本본來링逃똥

ᄂᆞᆫ망몯ᄒᆞ거시오남진은本본來링여희

디몯ᄒᆞ거시라ᄒᆡᆼ뎌기神씬明명ᄅ 씌어긔

면하 놀히 罰·뻝ᄒᆞ시고 禮·롕 義·ᅌᅴ 허·ᄆᆞ리
이시면 남진 ᄆᆞ·ᅌᅣ히 ᄒᆞ리니 그럴·ᄉᆞ 女
녕 憲·헌에 닐·오·ᄃᆡ 〔女녕 憲·헌은 겨집 警·경 戒·갱 홀 글·월 ·리라 ᄒᆞ〕 혼
사ᄅᆞ·미게 쁘들 得·득ᄒᆞ면 이·닐·온 求
므초·미오 ᄒᆞ 사ᄅᆞ·미게 쁘들 일·ᄒᆞ면 이·닐
·온 求·ᅌᅯ히 므초미라 ᄒᆞ니 ·이롤 브터 니ᄅᆞ
건댄 그 모ᄉᆞ몰 求·ᅌᅯ 티아·니 ᄒᆞ며 몬ᄒᆞ리
니 그러나 求·ᅌᅯ ᄒᆞᄂᆞᆫ 배 阿·ᅙᅡᆼ 黨·ᄄᆞᇰ ᄒᆞ며 아

롯다온양ᄒᆞ야苟꿍且챵히親친ᄒᆞ요ᄆᆞᆯ

닐온디아니라ᄆᆞ슴ᄆᆞᆯ올오며顔안色식

을正졍히ᄒᆞ야禮례義의예다ᄆᆞᆯ이여구

예더러온이를든디말며누네보ᄆᆞᆯ邪썅

히말며나양ᄌᆞ롤고이말며도러수묘ᄆᆞᆯ

廢뼁티말며무를뫼호디말며이폐엿오

디마롬곤ᄒᆞ니업스니닐온ᄆᆞ슴ᄆᆞᆯ올오

며顔안色식을正졍히ᄒᆞ요미라ᄒᆞ다가

動뚱ᄒᆞ며靜쪙ᄒᆞ미가비야오며보며드
로미一ᅙᅵᆶ定뗭ᄐᆡ아니ᄒᆞ며들면머리허
ᄐᆞ며양ᄌᆞ골업시ᄒᆞ고나면괴이양ᄌᆞ롤
지ᅀᅳ며니른디몯홀바롤니른며보디몯
홀바롤볼시이닐온ᄆᆞᅀᆞᄆᆞᆯ올오며顔안
色ᄉᆡᆨ을正졍히몯ᄒᆞ요미라

○夫得意一人면이是謂永畢오이失意一人면이
是謂永訖ᄒᆞ이니라欲人이定志專心之言也ㅣ라

舅姑之心을 豈當可失哉오 物이 有以恩로오
自離者ᄂ 亦有以義로 自破者也ㅣ니ᄒ 夫雖云
愛ᄂ 舅姑ㅣ 云非면 此ㅣ 兩謂義自破者也
ㅣ니 然則舅姑之心을 奈何오 固莫尚於曲從
矣라 니 姑云이 不爾而是면 固宜從令오 姑云
爾而非도라 猶宜順命이니 勿得違戾是非ᄒ며
爭分曲直이니 此則所謂曲從矣라 故로 女憲
에 曰ᄒ디 婦ㅣ 如影響이면 焉不可賞ᄒ이리오라
ᄒ샤 곧 미게 ᄲᅳᆯ 得득ᄒ면 이닐혼 求ᄭᅧᆼ

히ᄆᆞ초미오 ᄒᆞ사ᄅᆞ미 게ᄠᅳ들일ᄒᆞ면이

닐온求끃히ᄆᆞ초미라ᄒᆞ니 사ᄅᆞ미ᄠᅳ들

一힗定뎡ᄒᆞ며 ᄆᆞᅀᆞ몰올ᄋᆞ고 과며ᄒᆞᄂᆞᆫ마

리라 舅끃姑공의 ᄆᆞᅀᆞ물 엇뎨 일후ᄆᆡ맛

당ᄒᆞ리오 物믏이 恩흔惠휑로ᄡᅥ 제여ᄒᆡ

리이시며 ᄯᅩ 義희로ᄡᅥ 체혀리잇ᄂᆞ니남

진이 비록 ᄉᆞ랑ᄒᆞ나 舅끃姑공ㅣ 외다ᄒᆞ

면이 닐온 義희로 제 허로ᄆᆡ라 그러면 舅

姑공 의 무ㅅ수믈 엇뎨ᄒ료 曲콕 盡진·히

조초매 더으니 업스니라 싀어미 닐오디

너를 외오 아니너겨 올타ᄒ면 본디 令령

을 죠초미 올코 싀어미 닐오디 너를 외

라ᄒ야도 오히려 命명을 順쓘호미 올

나 올ᄒ며 외요매 거슬ᄧ호며 고 브며

ᄣᅵ 호몰 도아 分분揀간 티마롤디니

닐온 曲콕 盡진·히 조초미라 그럴시 女녕

憲헌에 닙오디며 느리 그리메와 모사리
곤ᄒᆞ면 엇뎨 아ᄅᆞᆷ답디 아니ᄒᆞ리오 ᄒᆞ니
라

方氏女教애 云호ᄃᆡᄒᆞ 百事之生이 多自婦人ᄒᆞᄂᆞ
니 旣悍而妬코ᄒᆞ 復毒而嗔면ᄒᆞ 大則破家ᄒᆞ고ᄒᆞ 小
則亡已ᄂᆡᄒᆞᆼ리 擧目而觀댄컨 滔滔皆是ᄒᆞ니라 唯
寬與慈와 及無偏頗ㅣ 此ㅣ 謂德懷니 家當
自和ᄒᆞ리라 視其緩急야ᄒᆞ 操縱을 合理ᄒᆞ며 又母

太寬ᄒ야 以至懈弛ᄒ니라 至於婢滕ᄒ야 當推以仁

니이 汝女를 汝愛ᄒ니、 彼獨非人가 以己取譬

면ᄒ 衆事를 可見ᄒ니이 有人心者ᅵ 能不興念가

輊其飢寒ᄒ며 均其勞逸ᄒ야 甚不得已ᄉ니어 始加

訶詰이니라 他事는 或易와커니 爲婦ᅵ 最難ᄒ니

爲婦ᅵ 最難ᄒ니 可不勉旃가

方방氏씽女녕敎굘 애닐오디 온가짓일

나미해겨지블븐ᄂ니ᄒ마 모디러새옴

ᄒᆞ고 有ᅙᅮᇢ 毒똑ᄒᆞ야 嗔친心심ᄒᆞ면 ·크
면 지블 ᄒᆞ야 ᄇᆞ리고 져그면 모ᄆᆞᆯ 배·리니
누늘 드러 보건댄 滔톱 滔톱 ᄒᆞ니 ·다 그·러
ᄒᆞ니라 滔톱 滔톱ᄂᆞᆫ 므·리 두·루 펴딘 양ᄌᆡ·니 사ᄅᆞ·미 ᄯᅡ ᄒᆞᆫ 가·지 몰·가 졸·비 ·니
·라 ·오직 어위·쿰과 慈쪙 悲빙 와 偏편 頗팡
업·수·미 偏편은 기·울 시·오 頗팡ᄂᆞᆫ 不붏正졍 ᄒᆞᆯ 시·라 ·이 有ᅙᅮᇢ 德
·득 ᄒᆞᄆᆞᆺ·미·니 ·지·비 당당·이 절·로 和ᅘᅪᇰ ᄒᆞ
·리·라 ᄂᆞ즈·며 ᄡᅥ·로·믈 보·아 자·비·며 펴·믈 理

링 예마초ᄒᆞ며 ᄡᅥ너모 어위여거을오매

니르디 마롤디니라 죵이며 고마의게

르러 모로매 仁쉰으로 ᄆᆞ롤디니네 ᄡᅩᆯᄂᆡ

슈랑ᄒᆞᄂᆡ며 눈호오ᄉᆞ 사ᄅᆞᆷ아니가모

ᄆᆞ로가 졸비면 한이룰 어루보리니 사ᄅᆞ

ᄆᆞ숨ᄆᆞᆺᄂᆡ니 念념을 니ᄅᆞ완디아니ᄒᆞ

ᄆᆡ비ᄭᅩᆯᄒᆞ며 치우믈 어엿비너기며 굿ᄇ

며 便뼌安한 호믈ᄀᆞᆯ오ᄒᆞ야 ᄀᆞ쟝 不뿛得득

커ᄉᆞ비ᄅᆞ서 구지 주믈 더울디니

라 녀ᄂᆡ 이ᄅᆞᆫ 시혹 쉽거니와 겨지비 못어

려우ᄂᆡ 겨지비 못어려우니 어루 힘ᄡᅳ디

아니ᄒᆞ야려

顏氏家訓에 曰호ᄃᆡ 婦ᄂᆞᆫ 主中饋라 唯事酒食

衣服之禮耳뎡언 國에 不可使預政이며 家애 不

可使幹蠱ᄒᆞ니 如有聰明才智야ᄒᆞ 識達古今

도 正當輔佐君子야ᄒᆞ 勸其不足뎡이언 必無牝

雞晨鳴야ᄒᆞᆯ以致禍也ㅣ니

顔안氏씽家강訓훈에 닐오ᄃᆡ 겨지븐가

온ᄃᆡ이셔 飮흠啖땀을 ᄀᆞ음아논ᄃᆡ라오

직수리며 바비 비며 衣ᄒᆡᆼ服뻑 브튼 禮롕롤

일 사ᄆᆞᆯ쑤니 언뎡 나라 해어 루히여 政정

事ᄊᆞ애 參참預영ᄒᆞ미 몯ᄒᆞ리며 지비어

루히여 일맛됴미 몯ᄒᆞ리니 ᄒᆞ다가 聰총

明명ᄒᆞ며 지조와 智딩慧ᅙᅰ왜이셔 넷이

리·며 이 제 이·를 ᄉᆞᄆᆞᆺ 알·리·라·도 正·졍·히 반

드·기 君군子ᄌᆞ·를·도·와 不·블足·족ᄒᆞᄆᆞ·디

·를 勸·권ᄒᆞᆯᄡᅮ·니 언·뎡모·로 매·암ᄃᆞᆯ·기아·ᄎᆞ

민·우러·뻐 災·ᄌᆡ 禍·ᅘᅪ·를 닐·위요·미 엄서·ᄉᆞ

ᄒᆞ·리·라

程太中夫人侯氏ㅣ 事舅姑·ᄃᆡᄒᆞ 以孝謹·로ᄋᆞ 稱

ᄒᆞ·며 與太中·로 相待如賓客·ᄒᆞ·니·더 太中·이 賴其

內助·야ᄒᆞ 禮敬·이 尤至·든·어 而夫人·이 謙順自牧

야ᄒ 雖小事도ᅵ라 未嘗專야ᄒ 必稟而後에 行ᄒ더

라 夫人者ᄂ 二程先生之母也ᅵ라

程뎡 太탱 中듕의 夫붕 人신 侯氏씨ᅵ

舅구 姑공ᄅᆞᆯ 셤교딕 孝흉 道뚤ᄒ며 삼가

오ᄆᆞ로일쿨이며 太탱 中듕과로셔 르待

接졉ᄒ오ᄆᆞᆯ손ᄀᆞ티 ᄒ더니 太탱 中듕이

안해셔도오ᄆᆞᆯ니ᄲᅥ禮롕 敬경이더욱至

징 極끅거든夫붕 人신이 謙겸 順쓘으로

모물 가져 비록 져근 이리라도 업간도 自

·쪈 專쥔 ·티 아·니 ·ᄒᆞ·야 모·로·매 ·솔·온 後뽕에

·ᄉᆞ行ᅘᆡᆼ ·ᄒᆞ·더·라 夫붕人신·은 二ᅀᅵᆼ 程뗭 先

生ᄉᆡᆼ·의 어마님·이·라 ᄉᆡᆼ·은 明명道똥·先生

션先生ᄉᆡᆼ과 伊힝川 先션生ᄉᆡᆼ·쾌·라

呂榮公夫人仙源이 嘗言·더호 與侍講·오로 爲夫

婦·야·호 相處 六十年·에 未嘗一日·도 有面赤·며·호

自少·로 至老·히 雖袵席之上·도·이·라 未嘗戲笑

호
호라니 榮陽公이 處身이 如此호디 而每歎范內
翰야호 以爲不可及이러라호 呂령榮형公공이 夫붕人신 仙션源원ㅣ
아리 닐오디 侍씽講강으로 夫붕婦뿡ㅣ
드외야호디 사로미 여슌히 예좠간도호
론 도ㅅ 블근 저기 업스며 져믄 제 브터늘
구메 니르리 비록 잘못우히라도 좠간도
노릇호야 우숨 아니호라 호니 榮형陽양

公공이 몸 가죠미 이 고ᇰᄒᆞ디 미샹 范뻠內뇡翰한을【范뻠은 姓셔ᇰ이오 內뇡翰한은 벼슬 일후미라】讚잔歎탄ᄒᆞ야 몯 미ᄎᆞ리로다 ᄒᆞ더라

樊뻔姬긩ᄂᆞᆫ 楚촣莊자ᇰ王와ᇰ之징夫부人ᅀᅵᆫ也양ㅣ시니라 莊자ᇰ王와ᇰ이 即즉位윙호야 好ᄒᆞᇢ狩슈ᇢ獵렵이어시ᄂᆞᆯ 樊뻔姬긩ㅣ 諫간ᄒᆞ시ᄂᆞᆯ 不불止징어시ᄂᆞᆯ 乃내 不불食씩禽끔獸슈ᇢ之징肉ᅀᅲᆨᄒᆞ신대 王와ᇰ이 改ᄀᆡ過광ᄒᆞ샤 勤끈於ᅙᅥᆼ政져ᇰ事ᄊᆞᆼᄒᆞ시니라

王와ᇰ이 嘗쌰ᇰ聽텨ᇰ朝됴ᇢ罷빠晏ᅙᅡᆫ이어시ᄂᆞᆯ 姬긩下행殿뗜迎ᅌᅧᇰ曰ᅱᇙ샤ᄒᆞ 何하罷빠晏ᅙᅡᆫ也양오 得득無무飢긩倦꿘乎ᅘᅩᆼㅣ잇가 王와ᇰ曰ᅱᇙ샤ᄒᆞ

與賢者로 語라니 不知飢倦也라호 姬曰디호샤 王之所謂賢者는 何也ㅣ잇고 曰호샤 虞丘子也ㅣ 姬掩口而笑대호신 王曰디호샤 姬之所笑는 何也오 曰디호샤 虞丘子ㅣ 賢則賢矣와어니 未忠也이다니 王曰디호샤 何謂也오 對曰디호샤 妾이 執巾櫛이 十一年니이 遣人之鄭衛야호 求美人야ᄒ 進於王니호 今에 賢於妾者ㅣ二人오이 同列者ㅣ七人니이 妾은 豈不欲擅王之寵愛哉마리잇고 妾은 聞堂上兼女는 所以觀人能

也ㅣ호니라 妾이 不能以私로 蔽公야 欲王로 多

見야 知人能也ㅣ라호이 今에 虞丘子ㅣ 相楚ㅣ

十餘年니이 兩薦이 非子弟면 則族昆弟오 未

聞進賢退不肖니호 是 蔽君而塞賢路니 知

賢不進면이 是 不忠오이 不知其賢면이 是 不

知也니 妾之兩笑ㅣ 不亦可乎가 王이 悦

야明日에 以姬言로 告虞丘子대호신 丘子ㅣ

避席야 不知所對라호니 於是예 避舍고호 使人

로 迎孫叔敖而進之늘야 王이 以爲令尹야

治楚초三年년에 而莊쟝王왕이 以霸ᄇᆡᆼᄒ시니 楚초史ᄉᆞᆼㅣ 書셔曰ᅌᅯᇙ호ᄃᆡ 莊쟝王왕之霸ᄇᆡᆼ는 樊뻔姬긩之力력也ㅣ니라 樊뻔姬긩는 楚초莊쟝王왕ㅅ 夫붕人ᅀᅵᆫ이시니라 莊쟝王왕이 即즉位윙ᄒ샤 山산行ᄒᆡᆼ을 즐기거시ᄂᆞᆯ 樊뻔姬긩ㅣ 諫간ᄒ시니 마디 아니커시ᄂᆞᆯ 즘ᄉᆡᆼ의 고기ᄅᆞᆯ 먹디 아니ᄒ신대 王왕이 改갱過광ᄒ샤 政졍事ᄊᆞᆼᄅᆞᆯ 브즈러니 ᄒ시니라 王왕이

朝듕會횡 마자 ᄂᆞᆺ거ᅀᅡ 罷빵ᄒᆞ야시ᄂᆞᆯ 姬킹ㅣ 殿뗜에 ᄂᆞ려 마자 솔오샤ᄃᆡ 엇디 ᄂᆞᆺ거ᅀᅡ 罷빵ᄒᆞ시니잇고 ᄒᆞ야니 비골포며 ᄀᆞᆺ보니잇가 王왕이 니ᄅᆞ싸ᄃᆡ 賢현者쟝와 말혼디라 비골포며 ᄀᆞᆺ본주를 아디 몯호이다 姬킹 솔오샤ᄃᆡ 王왕이 賢현者쟝ㅣ라 니ᄅᆞ시ᄂᆞ닌 엇더니잇고 니ᄅᆞ샤ᄃᆡ 虞융丘쿵子즁ㅣ니이다 姬킹이 블기리와

우ᄉᆞ신대王왕이 니ᄅᆞ샤ᄃᆡ 姬깅이 우수
믄엇뎨잇고 슬오샤ᄃᆡ 虞웅舜쓘子ᄌᆞᆼ ㅣ
어디로미 ᄊᆞ어딜어니와 忠듕貞뎡 ᄃᆞ외
디몬ᄒᆞ니이다 王왕이 니ᄅᆞ샤ᄃᆡ 엇뎨 ㅎ니
ᄅᆞ시ᄂᆞ뇨 對됭ᄎᆞᆷ답 ᄒᆞ샤ᄃᆡ 녀슈건과비
슬잡ᄉᆞ오미 열ᄒᆞ니 사ᄅᆞᆷ르 鄭평國귁
衛윙國귁에 보내야 고ᄋᆞᆫ 사ᄅᆞᆷ르 求꿀ᄒᆞ
야 ᄯᅩ 씌반ᄌᆞ오니 이체ᄂᆡ게셔어ᄃᆡ니

·두·사ᄅᆞ미 오·날 와 ᄀᆞᆯ·오·ᄂᆞ니 ᄇᆞᆯ구·비니 妾쳡

은 엇·뎨 王왕·씌 得득 寵툥 ᄒᆞ·요·믈 ᄒᆞ·오·샤

·코·져·아니 ᄒᆞ·리잇·고 마·ᄂᆞᆫ 妾쳡·은 드로·니

·지·비겨 지·블·여·러 호·ᄃᆡ 두문 사ᄅᆞ·미 能능·을

보·ᄂᆞ·다 ᄒᆞ·니 妾쳡·이 아ᄃᆞ·ᄆᆞ로·뻐 公공 反

두 외·요·믈 蔽·폐 ᄐᆡ·몬 ᄒᆞ·야 王왕·ᄋᆞ·로 해

보·샤 사ᄅᆞ·미 能능·을 아ᄅᆞ·시과·뎌 ᄒᆞ·이·다

·이·제 虞우 舜슌 子ᄌᆞ ㅣ 楚총·룰·도·오·며

라 ·믄히니 舉겨 薦·젼 ·혼배 子ᄌᆞ 弟·똉 ·옷아

·니·면아·ᄉᆞ맷 兄형 弟·똉 ·오·어디닐·나·소고

不붏 肯긍 ㆅ닐·믈리·다 ᄃᆞᆫ디·몯호·니 이·ᄂᆞᆫ

님그·믈 ㄱ리·와 어·딘 사ᄅᆞ·ᄆᆡ 길·휠 막·ᄂᆞᆫ디

니·어 디닐·알·오 나·소·디 아·니ㆅ·면 이·ᄂᆞᆫ 忠듕

·이 아·니·오 그·어 디니·ᄅᆞᆯ 아·디·몯ㆅ·면 이

·논 智딩 아·니·니 妾·쳡의 ·우·수·미 ·올·텨 ·아·니

·ᄒᆞ·니잇·가 王·왕이 ·깃그·샤 이·틋나·래 姬깅

의 말로 虞융舜쓩子즁ㅣ 더브러 닐ㄹ신대

舜쓩子즁ㅣ 듯골 避뼹ᄒᆞ야 對됭荅답홀

바ㄹ아 디몯ᄒᆞ니라 그 제 집을 避뼹ᄒᆞ고

사ᄅᆞ브려 孫손叔숙敖ᅙᅩᆼ롤 마자 나소아

놀 王왕이 令령尹윤올 사모샤ᄂ ·은 벼슬

후·미 楚총ᄅᆞᆯ 다ᄉᆞ린 三삼年년에 莊장王왕

이 霸방主즁ㅣ ᄃᆞ외시니 楚총人ㅿ史ᄉᆞᆼ官관

이 써 닐오ㄷ 莊장王왕의 霸방主즁 ᄃᆞ외

요믄 樊(뻔)姬(깅)의 힘이라 ᄒ니라

昭越姬者ᄂᆞᆫ 越王句踐之女오 楚昭王之姬

也ㅣ니라 昭王이 燕遊시니러 蔡姬ᄂᆞᆫ 在左고 越

姬ᄂᆞᆫ 參右시ᄂᆞᆯ어 王이 親乘駟샤ᄒ야 以馳逐고시

遂登附社之臺샤ᄒ야 以望雲夢之圉샤ᄒ야 觀士大

夫ㅣ逐者고시여 旣驩샤ᄒ야 乃顧二姬曰ᄃᆞᄒ야샤여 樂

乎아 蔡姬對曰ᄃᆞᄒ야 樂다ᄒ이 王曰ᄃᆞᄒ야샤 吾ㅣ願

與子로 生若此고ᄒ야 死又若此라ᄒ야노 蔡姬曰ᄃᆞᄒ야

昔에 敝邑寡君이 固以其黎民之役로ᄋᆞ 事君

王之馬足ㅣ라 故로 以婢子之身으로 爲苞首玩

好ㅣ서ᄒᆞ놀아 今乃比於妃嬪ᄒ시 固願生俱樂고ᄒ

死同時이ᄒ다노 王이 顧謂史ᄒ야 書之라ᄒ고 蔡姬許

從孤야ᄒ야 死矣다로 乃復謂越姬대ᄒ신 越姬對曰

ᄒ야 樂則樂矣와어니 然나이 不可久也ㅣ니 王이

曰ᄒ야 吾ㅣ 願與子로 生若此고ᄒ 死若此

니 其不可得乎아 越姬對曰ᄒ야 昔에 吾先

君莊王이 淫樂ᄒ야 三年을 不聽政事ᄒ니더 終

而能改ᄒ샤 卒霸天下ᄒ니시 妾이 以君王이 爲

能法吾先君샤호 將改斯樂而勤於政也리라시
니호다 今則不然고호시 而要婢子以死누시니시其
可得乎가ㅣ잇 且君王이 以束帛乘馬로 取婢
子於敝邑시이어 寡君이 受之太廟也디호샤 不
約死니호시 妾은 聞之諸姑니호 婦人이 以死로
彰君之善며호 益君之寵오이 不聞其以苟從其
闇死로 爲榮호니라 妾은 不敢聞命이다로소 於
是예 王이 寢샤호 敬越姬之言디호샤 而猶親璧
蔡姬也 시ㅣ다려 居二十五年에 王이 救陳시호실

二姬從시니러 王이 病在軍中시늘어 有赤雲이

夾日야ᄒᆞ 如飛鳥ᄂᆞᆯ이어 王問周史대ᄒᆞᆫ 신 史ᅵ

曰ᄃᆡᄒᆞ 是害王身니이 然나이 可以移於將相이이어

將相이聞之고ᄒᆞ 將請以身로ᄋᆞᆯ 禱於神ᄂᆞᆯ이어 王

曰ᄃᆡᄒᆞ샤 將相之於孤애 猶股肱也니ᄒᆞ 今移禍

焉ᄒᆞ면이 庸爲去是身乎시아고ᄒᆞ 不聽시ᄒᆞ늘야 越姬曰

大哉라 君王之德여이 以是로 妾이 願從

王矣다로이 昔日之遊ᄂᆞᆫ 滔樂也라ᅵ 是以로 不

敢許니ᅵ라 及君王이復於禮산ᄒᆞ야 國人이 皆將

爲君王死니 而況於妾乎ㅣ여 請願先驅狐狸

於地下ㅣ이ㅎ다노 王曰ㅎ디ㅎ샤 昔之遊樂애 吾ㅣ戲

耳니라 若將必死ㅣ면 是는 彰孤之不德也ㅣ라 ㅣ越

姬曰ㅎ디ㅎ샤 昔日에 妾이 雖口不言나ㅎ 心旣許

之矣다로이 妾은 聞信者는 不負其心ㅎ며 義者ㅣ

는 不虛設其事ㅣ호니라 妾은 死王之義오 不死

王之好也ㅣ다ㅣ로어 遂自殺ㅎ니라ㅎ시 王이病甚샤ㅎ

讓位於三弟대ㅎ신 三弟不聽다ㅎ 王이薨於軍

中시이ㅎ어 蔡姬竟不能死라ㅎ니ㅎ 王의弟子閭ㅣ

與子西와 子期로 謀曰ᄃᆡ호 母信者ㅣ 其子ㅣ
必仁ᄒᆞ이라고 乃伏師閉壁ᄒᆞ고 迎越姬之子熊章
ᄒᆞ야 立ᄒᆞ니 是爲惠王이니 然後에ᅀᅡ 罷兵ᄒᆞ야 歸葬昭
王ᄒᆞ니라
昭쯍越웛姬깅ᄂᆞᆫ 越웛王왕 勾궁 踐쩐ㅅ
ᄯᆞ리오 楚총ㅅ 昭쯍王왕ㅅ 姬깅시니라
昭쯍王왕이 노니더시니 蔡챙姬깅ᄂᆞᆫ 왼
녀긔 잇고 越웛姬깅ᄂᆞᆫ 올ᄒᆞᆫ녀긔 잇거시

놀 王(왕)이 親(친)히 駙(부)馬(마)ᄅᆞᆯ 타 들여 뵈ᄎ시고 附(부)社(사)臺(띵)예 오ᄅ샤 雲(운)夢(몽)

[附社ᄂᆞᆫ ᄯᅡᆺ 일후미라 雲夢ᄋᆞᆫ 몯 일후미라]

士(쌍)大(땡)夫(붕)의 ᄠᅳᆮ을 닐어 보시고 즐기샤 두 姬(깅)ᄅᆞᆯ 도라보와 니ᄅ샤ᄃᆡ 즐거우녀 蔡(챙)姬(깅) 對(됭)答(답)ᄒᆞᅀᆞᄫᅩᄃᆡ 즐거우이다 王(왕)이 니ᄅ샤ᄃᆡ 願(원)ᄒᆞᄂᆞᆫ 그ᄃᆡ와 사라셔 이기디 ᄒᆞ고 주거도 ᄡᅩᄂᆡ ᄀᆞ티

ᄒᆞ고져 ᄒᆞ노라 蔡챙姬깅ᄅᆞᆯ 솔오ᄃᆡ ᄂᆡ 敝뼁

邑읍엣 님금미 敝뼁ᄂᆞᆫ 사ᄅᆞ오나 올ᄒᆞ니 蔡챙國귁邑읍

을 指징ᄒᆞ야 니ᄅᆞ니라 百빅姓셩의 役역 夫붕로 ᄡᅥ

君군王왕의 ᄆᆞᄅᆞᆯ 바ᄅᆞᆯ 셤기젼 太太로 婢삥子ᄌᆞ

쥬의 모ᄆᆞ로 苞봉苴졍 玩완好ᄒᆜᆯ

시놀 苞봉苴졍ᄂᆞᆫ 飮홈食씩을 ᄡᅵ러 ᄂᆞᆷ 줄

시오 玩완ᄋᆞᆫ 놀일 시오 好ᄒᆜᆯᄂᆞᆫ 소랑

ᄒᆞᆯ 시 이제 妃핑嬪삔에 가 졸비 시니 眞진

實씷로 願원ᄒᆞ논 사라셔 ᄒᆞᆸ幽즐 기고 주

구믈호삐호고져호노이다도 王왕이史송
官관도라보샤쓰라蔡챙姬깅날조차
주구려호놋다쏘越웡姬깅룰더브리니라
신대越웡姬깅對됭答답호샤더즐거우
미삿즐겁거니와그러나오라디몬호니
이다도 王왕이니루샤디내願원호돈그디
와사라셔이기티호고주거도이기티호
고져호노니그를어루得득디몬호리여

越윓姬깅 對됭荅답ᄒᆞ샤ᄃᆡ 녜 우리 先
君군莊쟝王왕이 滛음樂락ᄒᆞ샤 三삼年
년을 政졍事ᄊᆞᆼ 드디 아니ᄒᆞ더시니 ᄆᆞᆺ
매 能능히 고티샤 天텬下ᅘᅡᆼ애 霸ㅸᅡᆼ主즁
ㅣ ᄃᆞ외시니 妾쳡이 君군王왕이 우리 先
션君군을 能능히 法법바ᄃᆞ샤 쟝太태이즐
거우믈 고티샤 政졍事ᄊᆞᆼᄅᆞᆯ 브즈러니 ᄒᆞ
시리라 ᄒᆞ더니 이제 그러티 아니ᄒᆞ시고

婢뼝子종와 주구모로 期끵約햑ᄒ시ᄂᆞ、
니 어루 그리 ᄒ리잇가 ᄯᅩ 君군王왕이 幣뼁
帛빅과 네 ᄆᆞᆯ로 婢뼝子종ᄅᆞᆯ 敝뼁
邑읍에 取츙커시ᄂᆞᆯ 指징ᄒ야 越웛國귁을 니ᄅᆞ니라 우
리 님그미 大땡廟묭애 가 受쓩命명ᄒ샤
듸 주구를 期끵約햑디 아니ᄒ시니 妾쳡
은 모든 아ᄌᆞ미손ᄃᆡ 드로니 婦뿡人ᅀᅵᆫ이
주구모로ᄢᅥ 님금의 어디르샤ᄆᆞᆯ 나토며

님금의 得득 寵통·을 더으고 苟궁且쳥히

그스기 주구믈 조초 모로 榮웡華황 삼ᄂᆞ

다듣디아니호니 妾쳡은 命명을 든ᄌᆞᆸ디

몯ᄒᆞ리로소이다 그제 王왕이 ᄭᆡᄃᆞ라 越

樊뻔姬킹 마롤 恭공敬경ᄒᆞ샤ᄃᆡ 樊뻥姬킹

룰손ᅎᅵᆫ 親친히 ᄉᆞ랑ᄒᆞ더시다 스믈다ᄉᆞᆺ

ᄒᆡᆺ자히 王왕이 陳띤을 救궁ᄒᆞ실제 陳띤은나

미랏일후 두 姬킹 조차 가더니 王왕이 病뼝

ᄒᆞ야 軍군中듕에 겨시거늘 블근 구루미
히롤 쎄ᄂᆞᆫ 새 곤거늘 王왕이 周쥼史ᄉᆞ
의게 무르신대 [周쥼史ᄉᆞᄂᆞᆫ 周쥼ㅅ 大땡史ᄉᆞㅣ라]
닐오ᄃᆡ 이ᄂᆞᆫ 王왕ㅅ 모매 有ᅌᅲᆼ害ᅘᅢᆼᄒᆞ니
그러나 어루 將쟝軍군과 宰ᄌᆡᆼ相샹의게
올ᄆᆞ리이다 將쟝軍군宰ᄌᆡᆼ相샹이ᄃᆞᆯ고
쟝ᄎᆞ 제 모ᄆᆞ로 鬼귕神씬의게 비러 지
다 請쳥ᄒᆞ거늘 王왕이 니ᄅᆞ샤ᄃᆡ 將쟝軍군

·과宰:정 相샹 ·과·ᄂ·내거·긔허튀와·ᄫ봐

곤·ᄒ·니·이·제 炎징 禍ᅘ·롤·옮·기·면엇·뎨·이

·모·매업·스·리·오·ᄒ·시·고·든·디아·니·ᄒ·야·시

·놀越ᅌᅱᆼ 姬긩 ·니른·샤·ᄃᆡ·크·실·셔君군王왕

ㅅ德·득 ·이·여·일·로·ᄡᅥ妾·쳡·이·오왕 ·을조ᄍ

오·려願·원·ᄒ·노·이·다·녯·날·노·리·ᄂᆞᆫ 溢음 ·ᄒ

樂·락 ·이·라·이·럴·ᄉᆡ許·형 ·티아·니·ᄒ·다·니君

군王왕 ·이禮·롕:예·도·라가·샤·매·미·처·ᄂᆞᆫ·나

랏사ᄅᆞ미다쟝太君군王왕을爲윙ᄒᆞ야

주구려ᄒᆞ리니ᄒᆞ몰며妾쳡이ᄉᆞᆫ녀請쳥

혼뒨여ᄉᆞ와솔꼴ᄯᅡ아래가ᄆᆞᆫ져모로려

願원ᄒᆞ노이다王왕이니ᄅᆞ샤ᄃᆡ녜놀며

즐겨ᄒᆞ뎬내弄룽談땀ᄒᆞ다니ᄒᆞ다가반

드기주그면이ᄂᆞᆫ내의사오나온德득을

나토간디니라越윓姬긩솔오디녜妾쳡

이비록이ᄲᅥ니ᄅᆞ디아니ᄒᆞ나ᄆᆞᆺ매ᄒᆞ

마許(헝)호·이다 妾(쳡)·은 ᄃ·로니 信(신)호·사ᄅ·ᄆᆞᆫ 그 ᄆᆞᅀᆞ믈 지·여 브·리디 아·니ᄒ·며 義(힝)호·사ᄅ·ᄆᆞᆫ 그 이·ᄅᆞᆯ 虛(형)히 ᄒ·디 아·니ᄒ·ᄂ·다 호·니 妾(쳡)·은오 王(왕) 義(힝)예 ·죽고·도 王(왕)ㅅ 즐·교매 ·죽·디 아·니ᄒ·노·이·다 ᄒ·고 갸 주그·시니·라 ᄒ 王(왕)이 病(뼝)·이 甚(씸) :ᄒ·샤 位(윙)·룰 ·셰·아ᇰ의게 辭(ᄊᆞ)讓(샤ᇰ)ᄒ·신·대 ·셰·아ᇰ이 ·든·디 아·니ᄒ·니·라 ᄒ 王(왕)이 軍(군)中(듀ᇰ)·에

셔죽거시 눌 蔡챙姬깅 ㅁ 太 매 能눙히 죽

디몬ᄒᆞ니라 王왕의 아ᅀᆞ子즁 閭령ㅣ子

西솅 와 子즁 期끵 와 로 議ᅙᅴ論론ᄒᆞ야

닐오ᄃᆡ 어미 信신혼 ᄉᆞ미 그 아ᄃᆞ리 반

ᄃᆞ기 仁신ᄒᆞ리라 ᄒᆞ고 軍군士ᄊᆞᆼ 롤 고초

고 陣띤 ㅅ門몬 을 닫고 越ᅌᅯᆯ 姬깅 아ᄃᆞᆯ 熊

章쟝 ᄋᆞᆯ 마자 셰니 이 惠ﾹ 王왕 이니 그

뭐혼 後ﾹ 에 ᄉᆞ 軍군 士ﾹ 롤 罷ﾹ ᄒᆞ야 도

·라와 昭[쯩音] 王왕을 무드니·라

後漢明德馬皇后는 伏波將軍援之少女也ㅣ니·라시 少喪父·ᄒ시·고 母兄客卿이 敏慧ㅣ러니 早夭·커늘 母藺夫人이 悲傷·ᄒ야 發疾慌惚·이어늘 后ㅣ 時年이 十歲ㅣ러시니 幹理家事·ᄒ야 勅制僅御·ᄒ시니 內外諮禀을 專同成人·ᄒ시니·다 初·애 諸家ㅣ 莫知者ㅣ러니 後·에 聞之·ᄒ고 咸歎異焉·라·ᄒ·더라 后ㅣ 嘗ᆺ疾·ᄒ시·늘어 大夫人이 令筮之·ᄒ대 筮者ㅣ 曰·ᄒ 此女ㅣ 雖有患狀·나이 而當大貴·ᄒ니·리

兆不可言也ㅣ라 後에 又呼相者ᄒᆞ야 使占諸女ᄒᆞᆫ대 見后大驚曰ᄒᆞᄃᆡ 我必爲此女야ᄒᆞ 稱臣이리라 然이나 貴而少子ㅣ니ᄒᆞ리 若養它子者ㅣ면 得力이 乃當踰於兩生이더니라ᄒᆞ 選入太子宮ᄒᆞ니 時年이 十三이러니 奉承陰后ᄒᆞ며 傍接同列ᄒᆞ샤 禮則이 修備ᄒᆞᆫ대신 上下ㅣ安之러니 遂見寵異ᄒᆞ샤 常居後堂ᄒᆞ시더니 明帝即位ᄒᆞ샤 以后로 爲貴人ᄒᆞ시니라 時예 后ㅅ 前母姊女賈氏亦以選入ᄒᆞ야 生肅宗ᄒᆞᆫ대 帝以后ㅣ無子로 命令養

之고ᄒᆞ야 謂曰디ᄒᆞ샤 人이 未必當自生子ㅣ니 但

患愛養이 不至耳라니 后ㅣ 於是예 盡心撫育

ᄒᆞ야 勞悴ㅣ 過於所生ᄒᆞ시니뎌 肅宗도 亦孝性이

淳篤ᄒᆞ며 恩性이 天至ᄒᆞ샤 母子ㅣ 慈愛ᄒᆞ샤 始

終無纖介之閒ᄒᆞ니라 后ㅣ 常以皇嗣ㅣ 未廣

로 每懷憂歎ᄒᆞ샤 薦達左右ㅣ어 每加慰納ᄒᆞ며 若數

後宮이 有進見者ㅣ어든 每加慰納ᄒᆞ며 若數

寵引ᄒᆞ든든 輒增隆遇ᄒᆞ시더라 永平三年春에 有

司ㅣ 奏立長秋宮ᄒᆞᆯ이어 帝未有所言ᄒᆞ시이니러 皇

太后ㅣ 曰ᄒᆞ샤 馬貴人이 德冠後宮ᄒᆞ니 卽其
人也ㅣ라ᄒᆞ야시ᄂᆞᆯ 遂立爲皇后ᄒᆞ시니라 先是ᄒᆞ야 夢有
小飛虫이 無數赴着身ᄒᆞ고 又入皮膚中ᄒᆞ야 而
復飛出ᄒᆞ더니 旣正位宮闈ᄒᆞ샤 愈自謙肅ᄒᆞ시더
身長이 七尺二寸이시고 方口羨髮ᄒᆞ시 能誦
易ᄒᆞ시며 好讀春秋楚辭ᄒᆞ시며 尤善周官과 董
仲舒書ᄒᆞ시더라 常衣大練ᄒᆞ시고 裙不加緣ᄒᆞ시더니
朔望애 諸姬主ㅣ 朝請ᄒᆞ시ᄂᆞᆯ 望見后布 疎麤ᄒᆞ
고ᄒᆞ야 反以爲綺縠다ᄒᆞ가라 就視ᄒᆞ고 乃笑ᄒᆞ대 后ㅣ

辭曰호샤디 此繪이 特宜染色故로 用之耳호라

대신 六宮이 莫不歎息호라호니 帝嘗幸苑囿離宮

시어든 后ㅣ 輒以風邪露霧로 爲戒호샤 辭意欵

備호샤 多見詳擇호시다더 帝幸濯龍中호샤 並召諸

才人호시니 下邳王已下ㅣ 皆在側이러니이러 請呼

皇后호대 帝笑曰호샤디 是家ㅣ 志不好樂호ㄴ니

雖來나 無歡호시이니라호 是以로 遊娛之事애 希

嘗從焉호시이다러 十五年에 帝按地圖호샤 將封皇

子호샤디 悉半諸國호시니더 后ㅣ見而言曰호샤디

諸子ㅣ 裁食數縣이어 於制여 不已儉乎가ㅣ잇

帝曰딩ᄒᆞ샤 我子는 豈宜與先帝子로 等乎리ㅣ

오 歲給二千萬이 足矣라니 時예 楚獄이 連年

不斷야ᄒᆞ 囚相證引야ᄒᆞ 坐繫者ㅣ 甚衆니ᄒᆞ더 帝感后

ㅣ慮其多濫샤ᄒᆞ 乘聞야ᄒᆞ 言及愴然대ᄒᆞ 신 帝感

悟之샤ᄒᆞ 夜起彷徨샤ᄒᆞ 爲思所納샤ᄒᆞ 卒多有所

降宥니라시 時예 諸將奏事와 及公卿較議難

平者를 帝數以試后시ㅣ눌어 后ㅣ輒分解趣理

샤ᄒᆞ 各得其情샤ᄒᆞ더 每於侍執之際예 輒言及

政事샤 多所毗補고시 而未嘗以家私로 干
欲실 寵敬日隆샤 始終無衰니시 及帝崩
써제 肅宗이 即位샤 尊后曰皇太后시다라
눌 諸貴人이 當徙居南宮이어 太后ㅣ感析別
之懷샤 各賜王赤綬고시 加安車駟馬와 白
越三千端과 雜帛二千匹와 黃金十斤다시
自撰顯宗起居注샤 削去兄防의 參醫藥
事시눌 帝請曰샤 黃門舅ㅣ朝夕供養이
且一年니이 旣無褒異고시 又不錄勤勞미샤

無乃過乎아 太后ㅣ 曰디호샤 吾ㅣ 不欲令
後世로 聞先帝의 數親後宮之家故로 不著
也ㅣ라호노 建初元年에 欲封爵諸舅ㅣ늘 太后
ㅣ不聽호시 明年夏애 太旱ㅣ늘 言事者ㅣ
以爲不封外戚之故ㅣ더니라호 有司ㅣ因此야
上奏宜依舊典이이다로소 太后ㅣ詔曰디호샤
凡言事者ㅣ皆欲媚朕야 以要福耳라니昔애
王氏五侯ㅣ同日俱封늘 其時에黃霧ㅣ
四塞고不聞澍雨之應며又田蚡과竇嬰이

寵貴橫恣ᄒᆞᆫ 傾覆之禍ㅣ 爲世所傳ᄒᆞᄂᆞ니 故로

先帝防愼舅氏ᄒᆞ샤 不令在樞機之位ᄒᆞ시고 諸

子之封을 裁令半楚淮陽諸國ᄒᆞ샤 常謂我子

ᄂᆞᆫ 不當與先帝子ᄅᆞ 等ᄉᆞ이니라ᄒᆞ더시니 今에 有司ㅣ

奈何欲以馬氏로 比陰氏乎오 吾ㅣ 爲天下

母ㅣ래 而身服大練ᄒᆞ며 食不求甘ᄒᆞ며 左右ㅣ 但

著帛布ᄒᆞ고 無香薰之飾者ᄂᆞᆫ 欲身率下也ㅣ라

以爲外親이 見之ᄒᆞ면 當傷心自勅이어라 但笑

言太后ㅣ 素好儉ᄒᆞ니다 前過濯龍門上ᄒᆞ셔ᄂᆞᆫ

見外家의 問起居者ㅣ니호 車如流水ㅣ며호 馬如游龍이며호 倉頭ㅣ 衣綠褠ㅣ오호 領袖ㅣ 正白ㅣ늘호 顧視御者된호 不及이 遠矣라러 故로 不加譴怒고호 但絶歲用而已는 異以默愧其心늘이어 而猶懈怠야호 無憂國忘家之慮니호 知臣이 莫若君이리 況親屬乎여 吾ㅣ 豈可上負先帝之吉고호 下虧先人之德야호 重襲西京의 敗亡之禍哉아 固不許대호 帝省詔고시 悲歎샤호 復重請曰샤 漢興에 舅氏之封侯는 猶皇子

之爲王也ㅣ니 太后ㅣ 誠存謙虛나ㅎ시 奈何今

臣로 獨不加恩三舅乎ㅣ고ㅣ잇 且衞尉는 年尊

고 兩校尉는 有大病니ㅅ 如今不諱면 使臣로

長抱刻骨之恨니이 宜及吉時라 不可替留ㅣ니

다이 太后ㅣ 報曰딕ㅎ사 吾ㅣ 反覆念之야ㅎ 思今

兩善니이 豈徒欲獲謙讓之名야ㅎ 而使帝로 受

不外施之嫌哉오리 昔에 竇太后ㅣ 欲封王皇

后之兄늘이어 承相絛侯ㅣ 言다호 受高帝約이호

無軍功과 非劉氏든어 不侯ㅣ니라 今에 馬氏無

功於國닌ᄒᆞ니 豈得與陰郭中興之后로 等耶ㅣ리
오 嘗觀富貴之家닌호 祿位重疊미호 猶再實之
木이 其根이 必傷ᄒᆞ며 且人所以願封侯者ᄂ
欲上奉祭祀고ᄒᆞ 下求溫飽耳니 今에 祭祀則
受四方之珍고ᄒᆞ 衣食則蒙御府餘資ᄒᆞ니 斯
豈不足야ᄒᆞ 而必當得一縣乎오ㅣ吾ㅣ計之
熟矣니로 勿有疑也라ᄒᆞ 夫至孝之行은 安親이
爲上니에 令에 數遭變異야ᄒᆞ 穀價ㅣ數倍ᄒᆞ시 憂
惶晝夜야ᄒᆞ 不安坐卧닐어 而欲先營外封야ᄒᆞ

違慈母之拳拳乎아 吾ㅣ 素剛急ᄒᆞ야 有胃中
氣라 不可不順也ㅣ니 若陰陽이 調和ᄒᆞ며 邊
境이 淸靜然後에 行子之志라ᄒᆞ 吾ᄂᆞᆫ 但當含
飴弄孫ᄒᆞ고 不能復關政矣라호리라 時예 新平主
家御者ㅣ 失火ᄒᆞ야 延及北閣後殿ᄒᆞᄂᆞᆯ이어 太后
ㅣ 以爲己過ᄒᆞ샤라 起居를 不歡ᄒᆞ샤 時예 當謁
原陵이시니러 自引守備不愼ᄒᆞ야 憋見陵園ᄒᆞ이시라
고 遂不行ᄒᆞ니라시 初애 大夫人葬애 起墳이 微
高늘ㅣ어 太后ㅣ以爲言ᄒᆞ대신 兄廖等이 即時

減削라ᄒ니其外親이有謙素義行者ᄃᆞᆯ이어輒
假借溫言ᄒ야賞以財位ᄒ고시如有纖介ᄃᆞᆯ어든則
先見嚴恪之色然後에加譴ᄒ며시其羡車服
不軌法度者란便絶屬籍ᄒ야遣歸田里더ᄒ
다시廣平과鉅鹿과樂成王과車騎朴素ᄒ야無
金銀之飾ᄂᆞᆯ이어帝以白太后ᄃᆡᄒ신太后ᅵ卽
賜錢各五百萬ᄒ니시於是예內外從化ᄒ야被
服이如一ᄒ니諸家ᅵ惶恐이倍於永平時ᄒ더ᄒ
라乃置織室ᄒ야蠶於濯龍中ᄒ고시數往觀視

샤ᄒᆞ以爲娛樂시ᄒᆞ다더嘗與帝로旦夕에言道政

事ᄒᆞ며시及敎授諸小王論語經書ᄒᆞ며서述敍

고ᄒᆞ方垂ㅣ無事ᄂᆞᆯ어帝遂封三舅廖와防과

平生샤ᄒᆞ雍和終日시ᄒᆞ다더四年에天下ㅣ豊稔

光야ᄒᆞ爲列侯대ᄒᆞ신並辭讓야ᄒᆞ願就關內侯에

ᄂᆞᆯ太后ㅣ聞之曰듸ᄒᆞ사聖人設敎ㅣ各有其

方은知人情性이莫能齊也니ㅣ吾ㅣ少壯時

옌但慕竹帛고ᄒᆞ志不顧命니ᄒᆞ다今雖已老니

而復戒之在得라이故로日夜애惕厲야ᄒᆞ思自

降損야 居不求安며 食不念飽야 冀乘此道

不貪先帝며 以化導兄弟야 共同斯志야

欲令瞑目之日에 無所復恨니라 何意老

志를 復不從哉오 萬年之日앤 長恨矣다로 廖

等이 不得已야 受封爵고 而退位歸第焉니

라 太后ㅣ 其年에 寢疾샤 不信巫祝小醫샤

數勅絶禱祀시니더 至六月야 崩니 在位二

十三年이오 年이 四十餘시다러

後漢人明德馬皇后는

伏·뻑波방將쟝軍군援·완이아·기·싼리사
니·라 伏뻑波방將쟝軍군은 ·버·스리·라 져머셔아바님일
·호·시·고 몯오·라비客·쾩卿경이양노·ᄒ·더
·니일죽거·늘어마·님蘭린夫붕人신이·이슬
혀病·뼝어더慌황惚홀·ᄒ거·늘后ᅘᆑᇢ一ᅵ그
·삐나·히열·히러시·니欵·이·로고숨아·라·ᄒ
·샤종호·ᄒ기걸·ᄒ·시·니안팟기든ᄌ와호
믈·이리얼운과곤더시·니·처서·미모·든지

·비아·디 몯·ᄒ·더·니 後(흫)·에 든·고 다 嗟(챠)嘆(탄)·ᄒ·야 奇(끵)異(잉)히 너·겨 ᄒ·더·라 后(흫)ㅣ 아래 오·래 病(뼝)·ᄒ·앳거시·ᄂᆞᆯ 大(땡)夫(붕)人(신)이 占(졈)卜(복)·히신·대 占(졈)卜(복)·호 사ᄅᆞ미 닐·오·디 이 ᄡᅳ리 비·록 病(뼝)·이 이시·나 반·드기 ᄀᆞ장 貴(귕)·ᄒ·리니 兆(뚱)·롤 니·ᄅᆞ·디 몯·ᄒ·리로·다 兆(뚱)앳 마·리·라 後(흫)·에 ·쏘 相(샹) 보·리롤 블·러 모·ᄃᆞᆫ ᄯᅩ·롤 占(졈)卜(복)·히·대 后(흫)

內訓 卷第二十

훔·롤보숩고장놀라닐·오·ᄃᆡ내반드·기

·이女녕·룰爲윙·ᄒ·야臣씬下ᅘᅡᆼㅣ·라일·로

·이리로다그러나貴궝·ᄒ·야도子즁息식

·이져그리니·ᄂ·미子즁息식·을기르·면

니부미나호니예더으·리라ᄒ더·미필·ᄒ

야太탱子즁宮궁·의드르시니그·쁴나·히

·열셰히러시니陰음皇ᅘᅪᆼ后ᅘᅮᆼ·룰셤기·시

·며同똥列렴·을對됭接졉·ᄒ·샤디禮롕法

법 이닷ᄀᆞ시며구조신대上쌍下뺭一便

뼌安한히너기더니得득寵통ᄒᆞ샤녜

後홓堂땅애겨시더니明명帝뎽即즉位

윙ᄒᆞ샤后홓로貴귕人신을사ᄆᆞ시니라

그ᄢᅵ后홓ㅅ前쪈母뭉ㅅ兄형의ᄯᅩᆯ賈강

氏씽ᄯᅩᆯ히야드러肅슉宗죵을낫ᄉᆞ온

대肅슉宗죵은明명帝뎽ㅅ아ᄃᆞ님孝횽章쟝皇ᅘᅪᆼ帝뎽라帝뎽ㅣ后

홓ㅣ子ᄌᆞ息식업다ᄒᆞ샤ᄆᆞ로命명ᄒᆞ야

기르라ᄒᆞ시고니르샤ᄃᆡ사ᄅᆞ미반ᄃᆞ기
제아ᄃᆞᆯ룰나하ᄊᆞᆯ홀디아니니오오직여엿
비너겨길우미至징極곡디몯호ᄆᆞᆯ分분ᄂᆞᆫ
別별홀ᄊᆞ릴미라后ᅘᅮᇢㅣ그제ᄆᆞᅀᆞᆷ시장
어르ᄆᆞᆯ아기르샤受쓩苦콩ㄹㅣ이ᄒᆞ샤미
나호니예더ᄒᆞ더시니肅슉宗종도ᄼᅩ孝효
性셩이두터우시며恩ᅙᅳᆫ性셩이天텬
然션히至징極곡ᄒᆞ샤母ᄆᆞᆼ子ᄌᆞᆼ의慈ᄍᆞᆼ

愛ᅙᆡᆼᄒᆞ샤 처섬과 내죵괘 ᄃᆞ져 고 맛ᄉᆞᅀᅵ도

엄스시니라 后ᅘᅮᇢㅣ 샹녜 皇황 帝뎽ㅅᄌᆞ

즁 息식이 닙디 몯다 ᄒᆞ샤 ᄆᆞ로 샹녜시ᄅᆞ

ᄅᆞ머 그샤 左장 右ᅌᅮᆷ를 擧겅 薦젼 ᄒᆞ샤

몬 미 ᄎᆞᆯᄃᆞ시 ᄒᆞ샤 後ᅘᅮᇢ 宮궁이 나ᅀᅡ비ᅀᅮ

오니 잇거든 샹녜 慰ᅙᅱᆼ 勞롱를 더 ᄒᆞ시며

萬먼 一ᅙᅵᇙ에 조 보시니 어 든 노 피 對

됭 接졉 ᄒᆞ더시다 求ᵹᅇᅮ 平뼝 三삼 秊년 春

츈에 有ᅌᅮᆸ司ᄉᆞᆼㅣ 長땅秋츓宮궁 셰요ᄆᆞᆯ
엳ᄌᆞ와ᄂᆞᆯ 長땅秋츓宮궁인 皇ᅘᅪᆼ后ᅘᅮᇦ人ᅀᅵᆫ宮궁이라 皇ᅘᅪᆼ帝뎽니
니ᄅᆞ디 아니ᄒ얫더시니 皇ᅘᅪᆼ太탱后ᅘᅮᇦㅣ 니
ᄅᆞ샤디 馬망貴귕人ᅀᅵᆫ이 德득이 後ᅘᅮᇦ宮
궁에 爲윙頭뚱ᄒ니 곧 긔 사ᄅᆞ미라 ᄒ야
시ᄂᆞᆯ 셔샤 皇ᅘᅪᆼ后ᅘᅮᇦㅣ 드외시니라 일
몬져 수메 혀근ᄂᆞᆫ 벌에 數숭 업시 모매
브고 ᄯᅩ 갓과 솔왓 ᄉᆡ예 드러 도로 ᄂᆞ라

나니라 ᄒᆞ마 宮(궁)中(듕)에 位(윙)를 正(졍)히 ᄒ샤 더욱 ᄌᆞ걔 謙(켬)讓(샹)ᄒ시며 조심ᄒ더시고 몸 기리 닐굽 자 두 치시고 이비 方(방)ᄒ시고 마리 됴ᄒ시고 能(능)히 易(역)을 외오시며 春(춘)秋(츄)와 楚(츠)辭(쌍)ᄅᆞᆯ 즐겨 닐그시며 더옥 周(쥼)官(관)과 董(동)仲(듕)舒(셩)ㅅ 書(셩)ᄅᆞᆯ 잘ᄒ더시다 易(역)과 春(춘)秋(츄)와 楚(츠)辭(쌍)와 周(쥼)官(관)ᄋᆞᆫ 일후미오 董(동)仲(듕)舒(셩)ㅣ 周(쥼)ㅅ 官(관)員이오 書(셩)ᄂᆞᆫ 董(동)仲(듕)舒(셩)의 글이라

밍ᄀᆞᆫ론 그리라란

샹녜 굴근 기블 니브시고 치마애

변주를 도디 아니ᄒᆞ더시니 朔(삭)望(망)

애 모든 公(공)主(즁)ㅣ 뵈ᅀᆞ올 제 后(ᅘᅮᆼ)ㅣ 綺(킝)ㅅ 오

시 얼믜오 굴구믈 보라고 도ᄅᆞ혀 綺(킝)縠(혹)

(綺킝ᄂᆞᆫ 기븨오 縠혹ᄋᆞᆫ 뇌라)

(縠혹)이라 너기다가 나ᅀᅡ 보

숩고 우ᅀᆞᆫ대 后(ᅘᅮᆼ)ㅣ 니ᄅᆞ샤ᄃᆡ 이 기비를

드로매 特(뜩)別(ᄲᅧᆯ)히 마졸ᄉᆡ 쁘라 ᄒᆞ신대

六(륙)宮(궁)이 아니 嗟(챵)嘆(탄)ᄒᆞ리 업더니

라 六록宮궁은 ᄒᆞ나흔 皇황后ᅘᅮᆼㅣ 겨시
고 다ᄉᆞᆺ 夫붕人신ᄋᆞ롯 아래 잇ᄂᆞᆫᄯᅡ
帝뎅ㅣ 일즉 苑ᅯᆫ囿ᅙᅮᇢ離링宮궁에 行ᅘᆡᇰ
幸ᅘᆡᇰ〮ᄒᆞ거시든 苑ᅯᆫ囿ᅙᅮᇢᄂᆞᆫ 즘ᄉᆡᇰ 치ᄂᆞᆫ ᄯᅡ히오 離링宮궁ᅌᆞᆫ 各각別ᄲᅧᆯᄒᆞᆫ 宮궁이라
后ᅘᅮᆼㅣ 곧 ᄇᆞᄅᆞᆷ과 邪썅氣킝
와 이슬와 안개로ᄡᅥ 警경誡ᄀᆡᇰ ᄒᆞ샤 말
ᄉᆞᆷ과 ᄠᅳ디 精정誠써ᇰ ᄃᆞ외시며 ᄀᆞ
자 ᄒᆞ샤 ᄆᆞᆯ 보더시다 帝뎅ㅣ 濯팍龍룡中듕
에 行ᅘᆡᇰ 幸ᅘᆡᇰ ᄒᆞ샤 濯팍龍룡ᄋᆞᆫ 後ᅘᅮᇢ苑ᅯᆫ

才(쩡)人(신)을 다 브르시니 〔才(쩡)人(신)은 後(훙)宮(궁)ㅅ 벼슬 일후미라〕

邠(빙)王(왕) 已(ᅌᅵ)下(행)ㅣ 다겨 잇 덛니 〔邠(빙)王(왕)ᄋᆞᆫ 明(명)帝(뎽)ㅅ 아ᄃᆞ니미라〕

皇(황)后(훙)ᄅᆞᆯ 브르쇼셔 請(쳥)혼대 帝(뎽) 우ᅀᅥ시니

이 家(강)ㅣ 〔家(강)ᄂᆞᆫ 皇(황)后(훙)ᄅᆞᆯ 솔오니라〕 ᄠᅳ디 樂(학)을 즐기디 아니ᄒᆞ시ᄂᆞ니 비록 오시나 즐거 아니ᄒᆞ리라 ᄒᆞ시니 이런ᄃᆞ로 노니시ᄂᆞ니 레 조ᄎᆞ샤미 드므더시다 〔十(씹)五(:옹)年(년)〕

에帝(뎽)ㅣ 地(띵)圖(똥)를 보샤 댱太皇(ᅘᅪᇰ)子를 封(봉)호려 ᄒᆞ샤ᄃᆡ다 諸(졍)國(귁)에 ᄲ반 만호려 ᄒᆞ뎌시니 后(ᅘᅮᇢ)ㅣ 보시고 슬효샤ᄃᆡ 모ᄃᆞ아 두리브,론 두ᅀᅥ 縣(ᅘᅯᆫ) 만머구미 法(법)에 아니너 무쳐 그니잇가 帝(뎽)니ㄹ샤ᄃᆡ 내아ᄃᆞᄅᆞᆫ 엇뎨 先(션)帝(뎽)ㅅ 아ᄃᆞᆯ 와로 ᄀᆞᆯ오리오 ᄒᆞ히예 二(ᅀᅵᆼ)千(쳔)萬(먼)을 주미 足(죡)ᄒᆞ니라 그ᄢᅦ 楚(총)人獄(옥)이여

內訓卷二上　四十六

·러 히 ·믈 몯 ·ㅎ·야　【楚총人ㅅ 獄옥·은 楚총王왕瑛영·이 謀뭏叛빤·커·늘 ·뎌·니·라】 罪쬥囚쓩

틴 사ᄅ·미 甚씸·히 하·더·니 后ᅙᅮᆼㅣ 그·르 ·ㅎ·샤 ·ᄉ·ᅀ·어 ᄃ·샤 말·ᄊ

미 한 가 分분別뼕 ·ㅎ·샤 ·ᄉ·ᅀ·어 ᄃ·샤 ·바

매 슬·허 ·ㅎ·신·대 帝뎽ㅣ 感감動똥 ·ㅎ·샤 ·바

민·니·러 彷빵徨쾅 ·ㅎ·샤　【彷빵徨쾅·은 머·믈·출·시·라】

온 ᄆ·룰 ᄉ·랑 ·ㅎ·샤 ᄆ 太태매 노 ·ㅎ·샤 ·믈

·ㅎ·시·니·라 그 쁴 諸졍將쟝 ·의 ·면·숩 ·이·일·와

公공卿경의 議의論론이 一ᄒᆞᆼ 定뎡 어려운이롤 帝뎽 后ᅘᆕᆼ끠 묻ᄌᆞᆸ거시든 后ᅵ 글히 지버 理링예 맛게 ᄒᆞ샤 各각각 그 情쪙 實씷을 得득 더시다 샹녜 뫼ᅀᆞ와 실 저긔 곤 말ᄉᆞ미 政졍事ᄊᆞ애 미츠샤 돕ᄉᆞ오미 하시고 죠간도 지빗아 둠ᄋᆞ료 求꿈請청 아니ᄒᆞ실ᄉᆡ 得득 寵통 ᄒᆞ시며 恭공敬경 ᄒᆞ샤미 날로 더으샤 처서 ᄆᆞ로

:내죵·내 衰쇠호·미 ·업스시·니·라 帝뎽 崩붕커시ᄂᆞᆯ 肅슉宗종이 卽즉位·윙ᄒᆞ·샤 尊존ᄒᆞ·샤 皇쐉太탱后뚱ㅣ·라 ᄒᆞ·시·다 諸졍貴귕人ᅀᅵᆫ이 南남宮궁예 ·올·마 가거ᄂᆞᆯ 〔諸졍貴귕人ᅀᅵᆫ은 明명帝뎽ㅅ 後宮궁이라〕 太탱后뚱ㅣ 여·희ᄂᆞᆫ ·ᄠᅳ·들 :感감ᄒᆞ·샤 各각各각 王왕赤쳑綬쓩·룰 ·주시·고 〔赤쳑은 블·근 비·치·오 綬쓩ᄂᆞᆫ 印인ㅅ ·긴히·라 安한車겅은 안자 ᄒᆞᄂᆞᆫ 술·위·오〕 安한車겅 駟ᄉᆞᆼ馬:망·와 〔駟ᄉᆞᆼ馬:망ᄂᆞᆫ 네 ᄆᆞ·리·라〕

白·뻥越·웛 三삼千쳔匹·픵·와〔白·뻥越·웛·은 플·로 나·혼 ·흰 ·비·라〕雜·짭帛·뻥 二·싱千쳔匹·픵·와 黃·뽱金금 열斤근·을 더 주·시·다 조·개 顯·현宗종ㅅ 起·콩居겅注·즁〔起·콩居겅注·즁·는 實·씷錄·록·이·라〕·를 撰·짠集·찝ᄒᆞ·샤·디 몬·오·라·비 防의 醫·힁藥·약·애 叅참預·영ᄒᆞ·이·롤 ·앗·거·시·놀 帝·뎅ㅣ 請·쳥ᄒᆞ·여 ·술·오·샤·디 黃·뽱門문 아자·비〔黃·뽱門문·은 [illegible]·이·라〕·라스·리 朝둏夕쎡·에 供공養·양ᄒᆞ·슈·오·미 ᄒᆞ

히니호·마 褒·봄賞·샹 아·니호·시·고 쏘功·공

勞·롱·롤 記·긩錄·록 ·디아·니호·샤·미 아·니너

·미니·잇·가 太·탱 后·흫 ㅣ니·르·샤·딕 내 後·흫

世·솅로 先·션 帝·뎽·의 後·흫 宮·궁·의 지·블ㅅ

조 親·친·히호·샤 몯·들 ·디아·니콰·뎌·호·논·젼

太로·스·딕아·니호·노라 建·건 初·총 元·원 年

·녀·에 모·든·아·자·비·룰 封·봉 爵·쟉 호·려·커·놀

太·탱 后·흫 ㅣ·들·디아·니호·시·다·이·듬·힛·녀

르미ㄱ장ㄱ몰어 노이를 니를사ㄹ미 닐

오ᄃᆡ쎠 戚쳑〮을 封봉 ᄐᆡ아니 ᄒᆞ젼ᄎᆞ라

ᄒᆞ더니 外횡戚쳑은〮어 有ᅌᅮᇢ 司ᄉᆞ〮 ㅣ 이ᄅᆞᆯ

因ᅙᅵᆫ ᄒᆞ야연〮 즈오ᄃᆡ 녯 法법을〮 조ᄎᆞ〮

맛당〮ᄒᆞ시도소이다 太탱 后ᅘᅮᇢ ㅣ 詔죵 書

ᄒᆞ야니ᄅᆞ샤ᄃᆡ 믈읫일을〮니ᄅᆞᆯ사ᄅ

내게고ㅣ여 福복〮을〮 求꿀 코져ᄒᆞᆫᄅ미니

라 네 王왕 氏씽 五ᅌᅩ〮 侯ᅘᅮᇢ ㅣ (王왕 氏씽 五成 / 侯ᅘᅮᇢ)

셩帝뎽人 時썽예 太탱后ᅘᅮᇢ人 오라비 타
人솔 封봉ᄒᆞ야 닐오되 五옹侯ᅘᅮᇢㅣ라
ᄒᆞ더니라 ᄒᆞᆯ 다 封봉ᄒᆞ야 놀 그ᄲᅵ 누런 안개
四승方방애 ᄀᆞ독ᄒᆞ고 비 온 應ᅙᅳᇰ을 듣디
몯ᄒᆞ며 坰田뗜蚡뿐과 實뗾嬰ᅙᆼ괘 蚡뿐坰田뗜
온 景ᄀᆜᇰ帝뎽人 皇ᅘᅪᇰ后ᅘᅮᇢ人 오라비오 實씨ᇙ
嬰ᅙᆼ은 文문帝뎽人 皇ᅘᅪᇰ后ᅘᅮᇢ人 四승
아ᄃᆞ라라니 ᅀᆞ촌오라비 尊존貴귕ᄒᆞ야 아니 환ᄒᆞ야
傾켱覆뽁ᄒᆞ 炎ᅌᅧᇝ禍ᅘᅪᇰㅣ 傾켱覆뽁은 기울 업더
라 딜시 世셍예 傳뙨호미 ᄃ외니 이럴시 先

先帝뎅ㅣ 舅꿍氏씽·롤 마가 삼舅샤 조·슷 르윈 벼·스레 잇·게 아·니 ·호·시고 모·든 아·돌 封봉호·물 楚총와 淮휑陽양 봇나·라 해·벼 론半·반 만·케 ·호·샤 〔楚총와 淮휑陽양과·논 光광武뭉ㅅ 아·돌 封봉이·라〕 흔나·라 ·아래 니·르·샤·ᄃᆡ 내 아·ᄃᆞ·른 先션帝뎅·ㅅ 아·돌와·로 골·오미 ·몬·호·리·라 ·호·시·니 ·이·제 有융司승ㅣ 엇·뎨 馬망氏씽·로 陰음氏씽 새가 죨·묘·려 ·호·ᄂ·노 내 天텬下·행앳

어미 드외여셔 모매 굴근 깁니브며 飮〮:흠

食씩〮에 됴〯ᄒᆞᆫ 거슬 求끃〮ᄒᆞ야 니〮아니〯ᄒᆞ며 左〯장

右〯윻 엣 사〮ᄅᆞ미〮 오직〮 깁과 뵈〮ᄅᆞᆯ 닙〮고 香향

薰훈 엣 수〯뮤미〮 업〮수믄 薰훈은 나〮ᄂᆞᆫ 프〯리라 모

무로 아래〮로 거〮ᄂᆞ리고〮져 호〮ᄆᆡ라 너고디〮

外욍 親친 이〮보면 반〮ᄃᆞ기〮 모〮ᅀᆞ매 슬허 제

警경 誡갱〮 ᄒᆞ〯리라 ᄒᆞ다니〮오직〮 우〮ᅀᅥ닐〮오

디〮太탱〮后〯ᅘᅮᇢ 一本본 來링 儉껌〮 朴팍 호〮몰

즐기ᄂᆞ니라 ᄒᆞᄂ다 알ᄑᆡ 濯똭龍룡門문

을디 나갈제 外욍家강의 安한否ᄬᆞᇦ 무를

사ᄅᆞᆷ보니 술위ᄂᆞᆫ ᄒᆞ르ᄂᆞᆫ 믈을 곤ᄒᆞ며 ᄆᆞ

른 혜ᄂᆞᆫ 龍룡 곤ᄒᆞ며 倉창頭뚱ᅵ 倉창頭뚱

라이 ᄑᆞ른 襜궁ᄅᆞᆯ닙고 옷오시라 襜궁ᄂᆞᆫᄒ 깃과ᄉᆞ매

正졍히히어 노侍쌍衞윙ᄒᆞᄂᆞᆯ도라본ᄃᆡᆫ

몬 미추미 머더라 그럴ᄉᆡ외다ᄒᆞ야 怒농

ᄐᆞᆯ아니ᄒᆞ고 오직歲솅예 ᄲᅮᆯ거슬그칠신

룸호면그모수매좀좀ᄒᆞ야붓그리과더

브라거늘손지게을어나라分분別뼓·ᄒᆞ

고집니줄혜미업스니ᄯᅩ下:향아로미

님금곤ᄒᆞ니업스니ᄒᆞᄫᆞᆯ며아승미ᄯᅩ녀

내엇뎨우호로先션帝뎽人ᄲᅢ들지여ᄫᅵ

리고아래로先션人신의德득을ᄒᆞ야ᄫᅵ

려다시西셩京경의西셩京경은前젼漢한이라敗뺑

亡망徵징禍뼝롤조ᄎᆞ리오ᄒᆞ시고구

티여 許헝티 아니 ᄒᆞ신대 帝뎽ㅣ 詔죻書
셩ㅣ룰 보시고 슬허 嗟차嘆탄ᄒᆞ샤 ᄯᅩ 다시
請쳥ᄒᆞ야 솔오샤ᄃᆡ 漢한이 니르와다나
매 舅꿈氏씽의 封봉 侯ᅘᅮᇢ호ᄆᆞᆫ 皇ᅘᅪᆼ子ᄌᆞ
王왕 ᄃᆞ외욤과 ᄀᆞᆮᄒᆞ니 太탱后ᅘᅮᇢㅣ 眞진
實씷로 謙켬讓샹ᄋᆞᆯ 두시나 엇뎨 날로 ᄒᆞ
오 ᅀᅡ세 아자비 거긔 恩ᅙᅳᆫ惠ᅘᅨᆼ롤 더으디
아니케 ᄒᆞ시ᄂᆞ니잇고 ᄯᅩ 衛윙尉휑ᄂᆞᆫ 나

히 놈고 衛윙尉윙는 오라비 廖룡의 벼슬이라 太탱后흏ㅅ몬 兩량

校굘尉윙 兩량校굘尉윙는 防 尉윙 눈 큰 病뼝이 잇ᄂ니

빵과 光광과 의 벼슬이라 ᄒ다가 주그면 ·날로·써 예 刻

큰 혼·애·와 툐·믈 ·기·리 머·거·시·리·니 告 時

·룰 미·처 홀·디·라 더듸·머 미로·미 몬ᄒ·리

이다 太탱后흏ㅣ 對됭答답 ᄒ·야 니ᄅ·샤

디내 드위힐·훠 ᄉ랑ᄒ·야 둘·히 됴·케 호·믈

ᄉ랑ᄒ·노·니 엇·뎨 ᄒ·갓 謙겸讓샹 ᄒ·야 ·다ᄉ·일

후를 원고져 ᄒᆞ야 帝뎽로 外웽施싱 티 아

니 호 嫌혐疑ᅌᅴ를 가지게 ᄒᆞ리오 施싱ᄂᆞᆫ 外웽施

외戚쳑에 恩惠ᅘᅨᆼ를 더을 시라 네 實씽太탱后ᅘᅮᇢㅣ 王왕

皇ᅘᅪᆼ后ᅘᅮᇢㅅ 몬 오라비를 封봉 호려커

늘 實씽太탱后ᅘᅮᇢᄂᆞᆫ 文문帝뎽ㅅ 皇后ㅣ오 王왕

皇ᅘᅪᆼ后ᅘᅮᇢᄂᆞᆫ 景경帝뎽ㅅ 皇后ㅣ라 丞씽

相샹條똠候ᅘᅮᇢㅣ 닐오ᄃᆡ 高꿍

祖종 期끵約약 올맛도니 丞씽相샹條똠候ᅘᅮᇢᄂᆞᆫ 前쪈

漢한ㅅ 周쥬亞항 軍군功공 업스니와 夫붕의 벼스리라

劉류氏씽아니어든諸졍侯뿔를封봉·티

말라ᄒᆞ니이제馬망氏씽나라해功공이

업스니엇뎨陰흠氏씽郭곽氏씽中듕興

ᄒᆞ신后뿔와ᄀᆞᆯ오리오아래富붕貴궹

ᄒᆞ지블보니祿록과벼슬왜重듕ᄒᆞᆯᄠᅵ·ᄒᆞ

요미다시여름연남기그불휘반ᄃᆞ기傷

샹홈곤ᄒᆞ며쏘사ᄅᆞ미封봉侯뿔롤願원

호ᄆᆞᆫ우ᄒᆞ론祭졩祀씅롤爲윙ᄒᆞ고아래

론·더 우·며 비블우·믈 求꿍홀·씨·라 ·미·니·이

졔祭졩祀쏭 食씩·는 四ᄉᆞᆼ方방·앳 貴·귕ᄒᆞ거·슬

받·고 衣힁食씩·은 御엉府뿡·앳 나ᄆᆞᆫ거·슬

닙ᄂᆞ니·이 ·엇·뎨 不붕足죡ᄒᆞ·야 구·틔·여ᄒᆞ

ᄀᆞ올·홀·가 죠미 맛당ᄒᆞ·리오 ·내 혜·유·믈·니

기호·니 疑읭心심 말·라 至징極끅호 孝ᅘᅭᇢ

道뚤·앳 行ᅘᆡᇰ·은 親친·을 便뼌安한 호·미 爲윙

횡頭뚱ᄒᆞ·니·이제 祖조宗ᇰ 쯍ᄋᆞᆯ 變변·을 맛나

穀곡食씩·감시두서倍ᄈᆡᆼㄹ시밤나·지 分
分분別ᄈᆞᆯ·ᄒᆞ야안ᄌᆞ며누우믈 便ᄈᅠᆫ安한·히
:몬거늘外ᅙᆡᆼ戚쳑封봉호믈몬져·호려호
·야慈ᄍᆞᆼ母ᄆᆞᆼ의拳꿘拳꿘·올거스로려호
·노뇨分분別ᄈᆞᆯ拳꿘拳꿘·호시라내本본來링剛강호
:고쎨라가ᄉ매ᄀᆡ운이잇ᄂᆞᆫ디라順쓘티
아니호미몬ᄒᆞ리라호다가陰흠陽양·이
調뜡和ᅘᅪᆼ·ᄒᆞ며邊변境경이ᄌᆞᆨ노ᄌᆞᆨ호

後홍에 ᄊᆞ그딋ᄠᅳᆯ 行ᅘᆡᆼᄒᆞ라ᄂᆞᆫ오직
여슬머구머 孫손子ᄌᆞᆨ룰 놀이고 다시 政졍
事ᄊᆞᆼ룰 參참預영티 아니호리라 그ᄠᅵ
新신平뼝公공主ᄌᆠ人집사ᄅᆞ미 브를 내
야 北븍閣각後홍殿뗜에 미처 놀 太탱后
홍ㅣ 내 罪쬥라 ᄒᆞ샤 起킝居겅를 즐기디
아니ᄒᆞ샤 그ᄢᅵ 原원陵릉을 뷔ᅀᅩ려 ᄒᆞ
더시니 ᄌᆞ개간 슈호 물조심ᄆᆞᆫ호라 ᄒᆞ야

陵(룽)室(실)에 뵈ᅀᆞ오몰 붓그례라 ᄒ시고

아니 가시니라 처서믜 大(땡)夫(붕)人(신)送(송)

葬(장)애 墳(쁜)墓(몽)멍ᄀ로 미쳐 기놉거

太(탱)后(흫)ㅣ 니르신대 몯 오라비 廖(룡)

돌히 即(즉)時(씽)예 더러 갓ᄀ니라그ㅆ

親(친)이 謙(켬)讓(샹)ᄒ며 儉(깸)朴(팍)ᄒ야 어

딘횡뎍ᄒ리 잇거든 곧 溫(온)和(황)ᄒ말ᄊ

ᄆ로 빌이 샤 쳔량과 벼슬로 賞(샹)給(급)ᄒ

시고 ᄒᆞ다가 져 고 맛 혀 머리 잇거든 믄져

식식 ᄒᆞ향 ᄌᆞ를 비신 後훃에 ᄉᆞ외다 ᄒᆞ시

머 그 술위와 옷과ᄅᆞᆯ 됴히 ᄒᆞ야 法법을 좃

디 아니ᄒᆞᄂᆞ니란 곤 屬쇽籍젹에 그쳐 本본

鄕향애 보내더시다 親친일훔 브튼 글 屬쇽籍젹은 族쪽 쪽

라 廣광平뼝과 鉅겅鹿록과 樂악成셩

王왕 괘 廣광平뼝王왕과 鉅겅鹿록ᄂᆞᆫ 다 明명帝뎨

뎽ᄉᆞ아리라 술위와 믈왜 儉쪔朴박ᄒᆞ야 金금

銀은 ·오로수유미업거늘帝뎅ㅣ太탱后

썅씌솔오신대太탱后뿡ㅣ즉재돈을各

각各각五옹百빅萬먼을주시·위이에內

눵外·횅化황·롤조차옷니·부미호ᅇᅣᆼ곤ᄒᆞ

·니모든지비두리유미永ᅌᅧᆼ平뼝시졀에

·셔더으더라織·직室·실을두샤·은織직室·실造쫑

·쯸ᄒᆞᆫ·비라濯딱龍룡中듕에누에치이시고

죠조가보샤즐겨ᄒᆞ더시다샹녜帝뎅·와

로 朝똠 ·에 政·졍 事·씅 ·룰 니ᄅ·시며 모

든 져믄 王왕 ·을 ᄀᆞᄅ·치시며 經경 書셩 ·룰

議·읭 論론 ·ᄒᆞ시며 平뼝 生싱 ·을 ·니ᄅ·샤 終

죵 日·싏 ·토·록 雍ᅙᅩᆼ 和·ᄒᆞ더시ᄃᆞ 和ᅘᅪ雍ᅙᅩᆼ·ᄒᆞᆯ

·라 四·ᄉᆞ 年년 ·에 天텬 下·ᅘᅡᆼ ᅵ가 ᄉᆞ·며오 四

·승 方방 人 ᄀᆞ·미 無뭉 事·씅 ·커늘 帝·뎽 ·셰 아

·자 비 廖ᄅᆛ ·와 防뻥 ·과 光광 ·을 封봉 ·ᄒᆞ야 諸

·졍 侯ᅘᆃ ·ᄅᆞᆯ ·외오·신 ·대 다 辭씅 讓·샹 ·ᄒᆞ야

關관內뇡侯薴룰 호야지이다 호야늘

內뇡侯薴ᄂᆞᆫ 벼슬이라 太탱后薴ㅣ 드르시고 니르샤ᄆᆞ

샤딘 聖셩人신이 草ᄆᆞᆯ밍ᄀᆞ샤미

各각 各각 法법이이 솝ᄆᆞᆫ 情쪙 性셩

셩이 能능히 ᄀᆞ족디 몯호ᄆᆞᆯ 아ᄅᆞ시니 내

져머 壯장ᄒᆞ시 절엔 오직 竹듁帛ᄤᆨ 올ᄉᆞ

랑ᄒᆞ고 竹듁帛ᄤᆨ인ᄎᆞᆯ 죠히 업서 대와

ᄠᅳ데 命명을 도라보디 아니타니 이제 비

록늘그나쏘 警경誡갱ᄒᆞ야 두매 잇ᄂᆞᆫ

디라 이런젼ᄎᆞ로 日실 夜양애 조심ᄒᆞ야

내 ᄂᆞ치기 ᄒᆞ며 더로 몰 ᄉᆞ랑ᄒᆞ야 이쇼매

便뻔安한 호ᄆᆞᆯ 求꿀티 아니ᄒᆞ며 머구매

비블우믈 ᄉᆞ랑티 아니ᄒᆞ야 이 道뚤ᄅᆞᆯ 가

져 先션帝뎽ᄅᆞᆯ 지여 ᄡᅵ리디 아니ᄒᆞ며 兄

형弟뎽ᄅᆞᆯ ᄀᆞᆯ쳐 이 ᄡᅵ들곤게 ᄒᆞ야ᄂᆞᆫ ᄀᆞ

믈나래 ᄂᆞ외야 뉘으추미 업게 코져 ᄒᆞᄂᆞ다

디엇뎨늘그니쁴들다시죳디아니호몰

너기리오萬면年년後훌엔기리뉘으츠

리로다廖륳돌히不붏得득ㄹ잉호야封

봉醫쟉을受쓯호고벼슬말오치비도라

가니라太탱后흫ㅣ그히예오래病삥호

샤무당과醫힁貟원을信신티아니호샤

祈낑禱돌말라조勑틕호더시니六륙

月윓에니르러주그시니位윙예겨샤미

스믈세히시고나히마ᅀᆞ나ᄆᆞ니러시다

內訓卷第二上

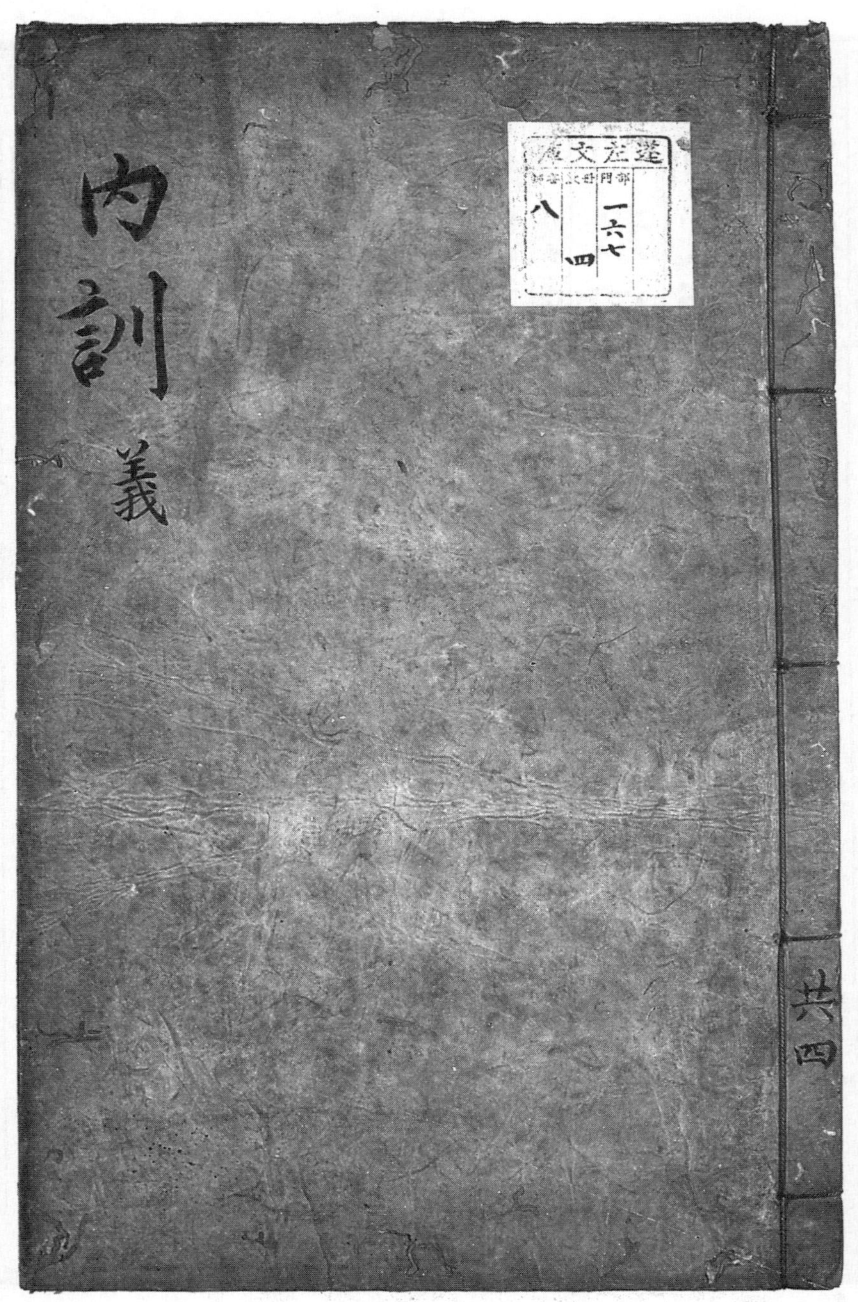
內訓
義
蓬左文庫
部門 一六七
御書架人數 四
八
共四

內訓

天地之靈ᄒᆞ며 含五常之德ᄒᆞ야
理無不具로ᄃᆡ 而有蘭艾之異ᄂᆞᆫ 何則고
在於學之盡與未盡矣ᄂᆞ니 周文之化ㅣ
基於太姒之明ᄒᆞ고 楚莊之霸ㅣ 多在於
樊姬之力이니 事君事夫ㅣ 敢勝於此오 余ㅣ
讀書而至於妲己之咲와 褒姒之寵과 驪
姬之讒과 飛燕之譖ᄒᆞ야 未嘗不廢書寒心노라
由此觀之댄 治亂興亡이 雖關夫主之明

聞나호 亦繫婦人之藏否ㅣ라 不可不教ㅣ니 大

抵디호 男子는 游心於浩然며호 玩志乎衆妙야호

自別是非야호 可以持已니어 何待我教而後에

行也오ㅣ리 女子는 不然야호 徒甘紡績之粗細

고호 不知德行之迫雲니호 是余之曰恨也ㅣ라

且人이 雖素清通도야 不見聖學고호 而一旦

遽貴면호 則是沐猴而冠며이 面墙而立이라 固難

立之於世며 語之於人니이 聖人謨訓이 可謂

千金不償矣다로 且事有難易니호 孟子ㅣ 曰샤호

디
挾太山ᄒᆞ야 以超北海를 語人曰호ᄃᆡ 我ㅣ不
能이라ᄒᆞ면 是ᄂᆞᆫ 誠不能也ㅣ어니와 爲長者ᄒᆞ야 折枝
를 語人曰호ᄃᆡ 我ㅣ不能이라ᄒᆞ면 是ᄂᆞᆫ 不爲也ㅣ언
뎡 非不能也ㅣ니라 爲長者ᄒᆞ야 折枝ᄂᆞᆫ 易ᄒᆞ고
挾太山ᄒᆞ야 超北海ᄂᆞᆫ 難ᄒᆞ니 以此觀之댄 修身
之道ᄂᆞᆫ 非若等의 兩難也ㅣ라 堯舜은 天下大
聖이샤ᄃᆡ 而子有丹朱商均ᄒᆞ니 嚴父ㅣ 孜訓之
前에도 尚有不淑之子ㅣ온 況余ᄂᆞᆫ 寡母ㅣ라 能見
王化之婦耶아 是以로 小學烈女女敎明鑑

이 至切且明호디 兩卷秩이 頗多야 未易可曉

시ᄂ 兹取四書之中에 可要之言야 著爲七章

야호 以遺汝等라노 嗚呼ㅣ라 一身之敎ㅣ 盡在

於斯니호 一失其道면호 雖悔들 可追아 汝等이

銘神刻骨야호 日期於聖라호 明鑑이 昭昭니호 可

不戒歟아

成化乙未孟冬有日

大땡凡뼘호디 사ᄅᆞ미 나미 하ᄂᆞᆯㅅ 짜 靈령

호 기운을 ·트며 다·슷 덛덛호 德득을 머구

머 다ᄉᆞᆺ 던던호 德득은 아비와 아ᄃᆞ리왜 親친호미 이시며 :님금과 臣씬下행왜 義힁 이시며 남진과 :겨집과 ·ᄀᆞᆯᄒᆡ요미 이시며 ·얼운과 아ᄒᆡ왜 次충序썅ㅣ 이시며 ·버디 信신이 이쇼미라 理링ㅣ 玉옥과 돌콰이 ·달오미 :업수ᄃᆡ 蘭란草촣와 ·북의 ·달옴이 ·쇼믄 엇뎨오 :몸 닷골 道뚈ᄅᆞᆯ 다ᄒᆞ며 다ᄒᆞ디 ·몯호매 잇ᄂᆞ니 周즁文문王왕ㅅ 敎굘化황ㅣ 太탱姒ᄊᆞ이 ·ᄇᆞᆯᄀᆞ샤매 더욱 넙고 楚총莊장王왕 霸방主즁 ·ᄃᆡ외요미

霸방ᄂᆞᆫ 諸졍侯흫에 爲윙 […]

頭뚱·ᄒᆞᆯ ·시라 樊뻔姬긩·의 히메 해 잇ᄂ·니 :님금

셤기ᅀᆞ오ᄆᆞ며 남진 셥교미 누·예 셔더·으리

·오·내 글·넙·다·가 妲닳已:긩·의 우숨·과 褒봉

姒ᄽ·의 榮ᅘᅧᆼ寵통·과 驪링姬긩·의 우룸·과

飛빙燕현·의 하리·예 니르·러 紂뜡ᅵ 蘇송氏·씽룰 有ᄋᆞᆶ

·틴대 有ᄋᆞᆶ蘇송氏씽·라셔 姐닳已·긩·로 紂뜡

·의게 드·려·늘 紂뜡ᅵ 惑획ᄒᆞ·야 아·니ᄒᆞ고·란 貴·귕·히ᄒᆞ고

·마리 업·서 ·맛드·논 :사ᄅᆞ·미란 주·기더·니 그 ·뻬 諸정侯ᅘᅮᆼ

夢ᅵ 叛·빤ᄒᆞ·리 잇·거·늘 姐닳已:긩 ·ᄅᆞᆯ 닐·오·ᄃᆡ

罰뻘이 輕켱코 誅쥬ㅣ 져그면 威윙嚴엄
이 셔·디 아·니ᄒ·리라 ᄒ·야 紂뜡·를
重뜡ᄒ·고 刑형罰뻥·을 ᄒ·라 ᄒ·야ᄂᆞᆯ
ᄅᆞᆯ 달·오·고 :사ᄆᆞ·로 들·라 ᄒ·니 소
ᄂᆞᆯ ·다 ᄉᆡ구·리 기들 밍ᄀᆞ·라 ·로 곱
블 ·우·희 엿·고 주·글 :사ᄅᆞᆷ ᄋᆞ·로 돕·고
妲달己긩 우·ᅀᅳ·믈 ᄒ·더·니
오·딕 炮봏烙락ㅅ 刑형罰뻥이 이슈·믈 ᄒ·니라
王왕이 褒봄ㅣ·룰 퇴·ᄒ·야 褒봄ㅅ 王왕 :사ᄅᆞ·미
姒ᄊᆞ·를 進진上·쌍ᄒ·야ᄂᆞᆯ 王왕이 惑훅ᄒ·야
더·니 褒봄姒ᄊᆞㅣ 號·곡와 石ᄊᆞᆨ父뿡로 太탱子ᄌᆞ 宜잉
黨당ᄒ·야 申신后흏 … 와 太탱
ᄅᆞᆯ 廢폥ᄒ·고 褒봄姒ᄊᆞ로 后흏ᄅᆞᆯ 삼·고
한·대 王왕이 申신后흏와 宜잉 … 삼·고
아·ᄃᆞᆯ 伯빅服뽁ᄋᆞ·로 太탱子ᄌᆞᄅᆞᆯ 사·ᄆᆞ니·라 太탱史ᄉᆞ

令伯(ᄇᆡᆨ)揚(양)이 닐·오·ᄃᆡ 災(ᄌᆡᆼ)禍(ᅘᅪᆼ)ㅣ 일·리·니 ··· 홈·도 :업스·리·로·다 褒(봉)姒(ᄊᆞᆼ)ㅣ 우ᅀᅮ·믈 즐기·디 아·니ᄒᆞ·야 ᄯᅩ 王(왕)이 ···ᄅᆞᆯ 가·져·로 달·애요·ᄃᆡ 짐·줏 웃·디 아·니ᄒᆞ·더·라 王(왕)이 諸(정)侯(ᅘᅮᆸ)와·로 期(끵)約(·햑)·호·ᄃᆡ 도·ᄌᆞ기 오·면 烽(퐁)火(황)·ᄅᆞᆯ 드·러 信(·신)·을 사·모·ᄃᆡ 兵(병)馬(망)·ᄅᆞᆯ 가·져·와 救(궁)·ᄒᆞ·라 ᄒᆞ·얫더·니 緣(원)故(공) 업·시 烽(퐁)火(황)·ᄅᆞᆯ 드·ᄃᆡ 諸(정)侯(ᅘᅮᆸ)ㅣ 다 ·오·니 도·ᄌᆞ기 ·업·거·늘 褒(봉)姒(ᄊᆞᆼ)ㅣ ᄀ·쟝 우·스·ᄂᆡ·라 ·ᄯᅩ 褒(봉)姒(ᄊᆞᆼ)ㅣ 깁 ᄲᅥᄲᅥ·논 소·리·ᄅᆞᆯ 즐·겨 듣·더·니 王(왕)·이 ·기·블 ·내·야 그 ᄠᅳ·데 맛·게 ᄒᆞ·더·니 申(신)國(·귁)[申(신)后(ᅘᅮᇢ)ㅅ 아·바니·미·오] ·님그른 犬(견)戎(ᅀᅲᆼ)[戎(ᅀᅲᆼ)은 ·되·라]과·로 王(왕)·을 ·티·거·나·ᄂᆞᆯ 王(왕) 일···

왕이 烽퐁火황ᄅᆞᆯ 드러 兵병馬망:망 모혼대왕
兵병馬망ᅵ오·다 아·니ᄒᆞ야·ᄂᆞᆯ 幽ᅙᅲᇢ王황
·을 주기·고 褒봄ᄡᅳᄅᆞᆯ 자바·니라 ◯ 晋
·진 獻헌公공이 驪링戎ᅀᅲᇰ·을 ·틴대 驪링戎ᅀᅲᇰ
奚ᄒᆡᆼ齊쪙·ᄅᆞᆯ 나·ᄒᆞ야·ᄂᆞᆯ 驪링姬긩제아·ᄃᆞᆯ :셰오·져
야·ᄂᆞᆯ 太탱子ᄌᆞᆼ 보·내야 曲콕沃혹·애 가 祭졩ᄒᆞ야 그
아·ᄂᆞᆯ 太탱子ᄌᆞᆼ:종·물:보·시니 曲콕沃혹·애 가 祭졩ᄒᆞ야 그
·고 膰뻔肉ᅀᅲᆨ·을 보·내야·ᄂᆞᆯ 公공이 마·초 아
山산行ᄒᆡᆼ갯더·시니 姬긩ᅵ 大땡關궠·애 藥약을
엿쇄·ᄅᆞᆯ 뒷더·니 公공이 오·나시ᄂᆞᆯ 公공
손ᄀᆞ 저좌·샤·미 몯ᄒᆞ·리라 ᄒᆞ·야 公공ᄭᅴ 술·오ᄃᆡ
녀·허 받ᄌᆞᆸ고 公공ᄭᅴ 술·오ᄃᆡ
ᄡᅥ해·노ᄒᆞ니 ᄯᅡ·히 부·프러 오·르고
주·니 가·히 죽·고 ᄒᆞᆫ 됴ᄒᆞᆯ ᄅᆞᆯ 주·니가

下·행ㅣ 죽·거늘 驪링姬깅·우·러 ᄇᆞᆯ·오·ᄃᆡ

조·긔 太·탱子·중·로 브·터 나·노·소·이·다 ·ᄒ·야·ᄂᆞᆯ

공·이 주·기·니·라 ○ 漢·한ㅅ 成·쎵帝·뎽 曲·콕 陽·양 阿·항 公·공 主·즁·ㅅ 지·븨 가 겨·시·더·니

니·블·나·가 시·다·가 大·땡闕·궒·에 飛빙燕·현·을 보·시·고 블·러

저·블·디·나·가 너·기·시·더·니 飛빙燕·현·ᄅᆞᆯ

잘·ᄒ·ᄂᆞᆫ 쟈ᇰ·이·어 엿·비 너·기·시·더·니 飛빙燕·현·ᄃᆞ

·쟝 右·옹·애 본 ·사·ᄅᆞ·미 다 큰 의·앗·이 양·ᄌᆞ·ㅣ 됴·커·늘 ·노·다

미 後·ᅘᅮᇢ宮궁·에 爲윙 婕·접好·영ㅣ ᄃᆞ외·야 爲윙 頭·똥·ᄒ·야·디·니 ·그 貴·귕·호·리·라

·ᄒᆞ·로·ᄃᆡ 后·ᅘᅮᇢ 와 同똥 上·썅 列·렳·엣 班반 婕·접好·영·ᄅᆞᆯ ·업·게·ᄒ·려·ᄒ·고

닉·이·다·ᄒ·야·ᄂᆞᆯ 皇황帝·뎽 올·히 드르·샤 后·ᅘᅮᇢ·를 廢·뼹·ᄒ·야 昭·쌷臺·띵宮궁·에

내시니라 일즉 글월 앗고 무ᅀᆞ매 서늘히 너기

디 아니ᄒᆞᆻ아니ᄒᆞ노라 일로브터 보건댄

다 솔며 어즈러우며 니러나며 敗(뺑)ᄂᆞᆫ 망

호미 비록 남지늬 어딜며 사오나오매 關(관)

관 係(곙)ᄒᆞ나 쏘져 지비 어딜며 사오나오

매 브튼 디라 그ᄅᆞ치디 아니호미 몬ᄒᆞ리

라 大(땡)抵(뎡)ᄒᆞᆫ디 男(남)子(ᄌᆞᆼ)ᄂᆞᆫ 무ᅀᆞᆷ ᄆᆞᆯ

고디 노니며 쁘들 여러 微(밍)妙(묭)ᄒᆞᆫ 디니

·겨·제是쎙非빙룰골히야어루모·몰가지

·리어늬내의ㄱ·ᄅ·쵸몰기드린後훻

·에ᄉᆞ行혱ᄒ·리오·겨지·븐그·러티아·니ᄒ·

야ᄒᆞᆫ갓질삼·의굴그며ㄱᄂᆞ록몰돌히녀

·기고德득行혱의노포·몰아·디·몬ᄒᆞᄂᆞ·니

·이내·의날·로애·와·티·논·이·리·라쏘·사ᄅᆞ미

비·록本본來링清청通통ᄒᆞ야도聖셩人

신ㄱ·ᄅ치샤몰보디몬ᄒ고ᄒᆞ룻아초ᄆᆞ

믄득貴·귕히 두외면이·ᄂᆞ 나비 곳 갈·시 이

·며 담애 놋도·라션·디·라眞·진實·씽·로 世·솅

셩人·신 ᄀᆞᄅᆞ치샤미어루 千·쳔金금·으로

·도 갑·디 몯·다 닐얼·디 로·다 소·이·리어려·우

·며 쉬·오·미 잇ᄂᆞ니 孟·ᄆᆡᆼ子·ᄌᆞᆼ ㅣ니ᄅᆞ샤·ᄃᆡ

·큰 뮈 홀 ᄲᅧ 北·븍녁 바ᄅᆞᆯ권너·믈 사ᄅᆞᆷᄃᆞ·려

·닐오·ᄃᆡ 내 잘·몯 ᄒᆞ리로·다 ᄒᆞ·면 이·ᄂᆞᆫ眞·진

實씷로 잘몯호미어니와 長땽者쟝ᄅᆞᆯ 爲
윙ᄒᆞ야 가지것 구믈 사ᄅᆞᆷᄃᆞ려 닐오ᄃᆡ 내
잘몯ᄒᆞ리로다 ᄒᆞ면 이ᄂᆞᆫ ᄒᆞ미 아니ᄒᆞᆯᄊᆞ
니 언뎡 잘몯ᄒᆞ야 ᄒᆞᄂᆞᆫ 주리 아니라 ᄒᆞ시
니 長땽者쟝ᄅᆞᆯ 爲윙ᄒᆞ야 가지것 고ᄆᆞᆫ 쉽
고 큰 믜홀ᄢᅢ 北븍녁 바ᄅᆞᆯ 건너ᄆᆞᆫ 어려우
니 일로 보건댄 몸닷ᄀᆞᆯ 道똥ᄂᆞᆫ 너희ᄃᆞᆯ희
어려이 홀배 아니라 쏘 堯ᅭᇢ와 舜슌과ᄂᆞᆫ

天텬下:행앳·큰聖셩人신·이 이샤·디아·드리

丹단朱쥬·와商샹均균·괘이시니식식·호

아바니미·브즈러니그르·치시·논알·피도

오히려어·디디·몯호子즁息·식·이잇곤호

몰며나·눈호·올어미라能능·히도·곤호

므슴맷며·느·리롤보아·리여·이럴시小솔

學·학烈럼女:녕女:녕教·굘明명鑑·감·이至짇

징極·끅·졀당호·며·쏘明명白·뼉호디卷권

數슝一ᄌ모ᄒᆞ쉬이아디몯ᄒᆞ릴ᄼᆞ이네
글욼中듕에어루조슈ᄅᆞ왼마ᄅᆞᆯ取츙ᄒᆞ
야닐굽章쟝을밍ᄀᆞ라너희ᄃᆞᆯ흘주노라
슬프다ᄒᆞ도매ᄀᆞᄅ쵸미다이에잇ᄂᆞ니
ᄒᆞ번그道뚱을일ᄒᆞ면비록누으츈ᄃᆞᆯ어
루미ᄼᆞ리여너희ᄃᆞᆯ히ᄆᆞᆺ매사기며써
에刻큭ᄒᆞ야날로聖셩人신에期끵約ᅙᅡᆨ
ᄒᆞ라볼디거우리몰ᄀᆞ며몰ᄀᆞ니어ᄅᆞ루ᄌᆞ

심티아니ᄒ야리여

內訓目錄

內訓卷第一

言行章第一

李氏女戒예 曰호 藏心이 爲情오 出口ㅣ 爲
語ㅣ니 言語者 논 榮辱之樞機며 親疏之大節
也ㅣ니 亦能離堅合異며 結怨興讎니 大者
則覆國亡家고 小者도 猶六親을 離間니 或
是以로 賢女ㅣ 謹口 논 恐招恥謗니 或在尊
前나 或居閒處에 未嘗觸應荅之語며 發諂
諫之言며 不出無稽之詞며 不爲調戲之事

며ᄒ·야 不涉穢濁ᄒ·며 不處嫌疑·라·니

李링氏씽女녕戒갱·예 닐·오ᄃᆡ ᄆ·슷·매 ᄀ

초아슈미 情쩡·이오 이·뻬내요·미 마리·니

마ᄅᆞᆫ 榮ᅙᅯᆼ華ᅘᅪᆼ·와 辱쇽·ᄭᅩᆺ지 두릿죠가·기

며 親친과 疎송·왓 큰ᄆᆞᄃᆡ·니 ·ᄊᆞ 能ᄂᆞᆼ·히 구

·든 거슬 여희에 ᄒ·며 다른 거슬 몬게 ᄒ·며

怨ᅯᆫ望망·올 지ᄉᆞ며 寬쿤讎쓩·룰 니ᄅᆞ완

·ᄂᆞ니 크ᄂᆞᆫ 나·라 ᄒᆞᆯ 배·며 지블 ᄂᆞᆫ 망ᄒᆞ고져

그 니도 오히려 六룩親친을 여희에 ᄒᆞ
니 六룩親친은 아비와 어미와 兄형과 아ᄉᆞ와 겨집과 子ᄌᆞ息식이라 이럴
싀 賢현女녕ㅣ 임 삼가오ᄆᆞᆺ 그러옴과
할아ᄆᆞᆯ 브틀가 져호미니 시혹 尊존前쪈
에 잇거나 시혹 寂쪅静쪙ᄒᆞᆫᄃᆡ 이쇼매
간도 對됭荅답ᄒᆞ논 마ᄅᆞᆯ 犯뼘觸쵹ᄒᆞ며
아당ᄃᆞ왼 말 내디 아니ᄒᆞ며 相샹考콩아
니혼 말 내디 아니ᄒᆞ며 노ᄅᆞᆺ일 ᄒᆞ디 아

니·ᄒ·며 ·더·러운·이 ·레 버므·디 아·니·ᄒ·며 嫌혐 疑ᅴᆼ 예 잇·디 아·니·ᄒᄂ·니·라

曲禮예 曰ᄀᆞᆯ·오·ᄃᆡ 共食에 不飽·ᄒ·며 共飯애 不澤手·ᄒ·며 毋搏飯·ᄒ·며 毋放飯·ᄒ·며 毋流歠·ᄒ·며 毋咤食·ᄒ·며 毋齧骨·ᄒ·며 毋反魚肉·ᄒ·며 毋投與狗骨·ᄒ·며 毋固獲·ᄒ·며 毋揚飯·ᄒ·며 飯黍디호 毋以箸·ᄒ·며 毋嚃羹·ᄒ·며 毋絮羹·ᄒ·며 毋刺齒·ᄒ·며 毋歠醢·니 客·이 絮羹·어든 主人·이 辭不能烹·고·ᄒ·고 客·이 啜醢·어든 主人·이

辭以襄ᄒᆞ며 濡肉을 齒決ᄒᆞ고 乾肉을 不齒決ᄒᆞ며

毋嘬炙라 이니

曲콕禮령 예닐오딕 모다 飮흠啜땀ᄒᆞ제

비브르디 말며 모다 밥 머글제 손브씨 말

며 밥믈의 디말며 바볼졋ᄭ써 먹디 말며

그지업시 마시디 말며 飮흠啜땀을 소리

나게 말며 씌를 너ᄒᆞ디 말며 고기를 도로

그르세 노티 말며 씌를 가희게 더 주디

말며 구틔여 어더 머구려 말며 밥흔 디 말
며 기장 바볼 머구틔져로 말며 羹깅 ㅅ거
리를 후려 먹디 말며 羹깅을 沙상鉢밣애
셔 고텨 마초디 말며 닛삿ᄲᅥᄅ 디 말며 젓
국 마시디 마롤디니 손이 羹깅올 沙상鉢
애셔 고텨 마초거든 主중ㅅ신이 잘ㄱ
히 디몯호물 辭쏭緣원ᄒᆞ고 손이 젓국을
마시거든 主중ㅅ신이 가난ᄒᆞᄆᆞ로 辭쏭

緣원ᄒᆞ며 져즌 고기란 니로 버히고 무른

고기란 니로 버히디 말며 炙젹을 ᄒᆞᄢᅩ 모

도 먹디 마롤 디니라

○男女ㅣ 不雜坐ᄒᆞ며 不同椸枷ᄒᆞ며 不同巾櫛

며 不親授ᄒᆞ며 嫂叔이 不通問ᄒᆞ며 諸母를 不漱

裳며 外言이 不入於梱ᄒᆞ고 內言이 不出於梱

이니 女子ㅣ 許嫁纓ᄒᆞ야 非有大故ㅣ어든 不

入其門ᄒᆞ며 姑姊妹와 女子子ㅣ 已嫁而反거ᄃᆞᆫ

兄弟弗與同席而坐ᄒᆞ며弗與同器而食이니라

남진과겨집괘섯거앉디말며옷거리롤

ᄒᆞᆫ듸말며手슈巾건과빗과롤ᄒᆞᆫ듸말며

親친히심기디말며嫂소와叔슉괘무루

믈서르말며嫂소ᄂᆞᆫ兄형의겨지비오叔슉은남진의兄형弟똉라

아비고마ᄅᆞᆯ아랫옷ᄲᆞ이디말며밧긧말

ᄉᆞ미門몬안해드리디말오안햇말ᄉᆞ미

門몬밧긔내디마롤디니라겨지비婚혼

姻인ᄒᆞ얫거든 큰 緣원故공ㅣ 잇디 아니

커든 그 門몬의 드디 말며 아ᄌᆞ미와 ᄆᆞᆫ누

의와 아ᅀᅮ누의와 ᄯᆞᆯ왜 ᄒᆞ마 婚혼姻인ᄒᆞ

야 도라왯거든 兄형弟똉 ᄒᆞᆫ 듯긔 앉디 말

며 ᄒᆞ 그르세 먹디 마롤디니라

○登城不指ᄒᆞ며 城上不呼ᄒᆞ며 將適舍실ᄒᆞᆯ 求母

固ᄒᆞ며 將上堂ᄒᆞᆯᄊᆡ 聲必揚ᄒᆞ며 戶外예 有二屨

든 言聞則入ᄒᆞ고 言不聞則不入ᄒᆞ며 將入戶ᄒᆞᆯᄊᆡ

視必下ᄒᆞ며 入戶ᄒᆞᆯ 奉扃ᄒᆞ며 視瞻을 毋回ᄒᆞ며 戶開든어 亦開고ᄒᆞ 戶闔든이어 亦闔디ᄒᆞ 有後入者에든 闔而勿遂라니 毋踐屨ᄒᆞ며 毋踏席ᄒᆞ며 摳衣趨隅야ᄒᆞ 必慎唯諾라이니

城쎵의 올아 그르 치디 말며 城쎵 우희 르디 말며 쟝太ᄂᆞ미 지비 갈제 求끃호ᄆᆞᆯ 구틔여 말며 쟝太堂ᄯᅡᆼ이오 롤제 소리ᄅᆞᆯ 모로매 펴ᄆᆞ며 문밧긔 두시니 잇거든 말ᄊᆞ

·미들·이거든들·오말ᄊ·미들·이디아니거
든드디말며쟝ᄎ이ᄑᆡ들제보몰모로매
ᄂᆞᄎ기ᄒᆞ며이ᄑᆡ들제걸쇠를바ᄃᆞ며보
몰두르디말며이ᄑᆡ여렷거든ᄡᅩ열오이
피다ᄃᆡᆺ거든ᄡᅩ다도디 後ᅘᅮᇹ에들리잇거
든다도몰다ᄒᆞ디마롤디니라ᄂᆞ미시ᄂᆞᆯ
볼ᄲᅵ말며ᄂᆞ미돗ᄀᆞᆯᄃᆞ디디말며오솔들
오모ᄒᆞ로ᄃᆞ라가모로매맛ᄀᆞᆯ모몰조심

·홀·디·니·라

○凡視·를 上於面則教·고 下於滯則憂·고 傾

則姦·라ᄒ·니

·믈·읫 보·ᄆᆞᆫ ·치오·ᄅ·면 傲 慢ᄒ·고 傲

·ᄂ ·업·시·울·시·오 慢·ᄋᆞᆫ 더·듸 너·길·시·라

·ᄯᅴ·에 ·ᄂ·리·면 ·시·름 곤

고기·울·면 姦 邪ᄒ·니·라

○毋不敬·야 儼若思·며 安定辭·면 安民哉·뎌ㄴ

敖不可長·며·이 欲不可從·며·이 志不可滿·며·이 樂不

可極이니 賢者는 狎而敬之며 畏而愛之며 愛而知其惡며 憎而知其善며 積而能散며 安安而能遷니라 臨財야 毋苟得며 臨難야 毋苟免며 狠毋求勝며 分毋求多며 疑事를 毋質야 直而勿有라ᄒᆞ니

恭敬 아니호믈 마라 식식ᄒᆞ야 ᄉᆞ랑ᄒᆞᄂᆞᆫ ᄃᆞᆺ ᄒᆞ며 말ᄉᆞᄆᆞᆯ 安定히 ᄒᆞ며 百姓을 便安케 ᄒᆞ리며 傲慢ᄋᆞᆫ

·은어루길오미몯ᄒᆞ·리며 私ᄉᆞᆼ欲욕 ·온어
·루노뇨하호미몯ᄒᆞ·리며ᄲᆞᆮᄃᆞ어루ㄱ득
호미몯ᄒᆞ·리며·ᄲᆞ라온이른어루ㄱ장호미
몯ᄒᆞ·리라어딘사ᄅᆞᆷ 조올아이호ᄃᆡ 恭공
敬경ᄒᆞ·며저호ᄃᆡᄂᆞᆺ며ᄃᆞ쇼ᄃᆡ그윈
이룰알며미요ᄃᆡ그어딘이룰알며사하
두ᄃᆡ 能능히호트며 便뼌 安한 호ᄃᆡᆯ 便뼌
安한히너교ᄃᆡ 能능히욤ᄂᆞ니·라 財ᄍᆡᆼ 寶

毋爲口容이라이니

毋放飯며호毋流歠며호小飯而亟之며호數嚃야호

少儀며日더호侍燕於君子則先飯而後已며호

기오디마라올호야도두믈마룰디니라

죠몰求 꿈 티말며疑잉心심드윈이룰마

토매이긔요몰求 꿈 티말며는호매해가

윤이룰디러셔구틔여免면호려말며듯

봉 룰디러셔구틔여어두려말며어즈러

少쇼儀의 예 닐오디 君군子ᄌᆞ 씌아돌며
뫼셔 밥머글 저기어든 몬져 먹고 後ᅘᅮ에
말며 바볼 젓떠 먹디 말며 그지업시마
시디 말며 혀 기머 거쉴리 습씨며 ᄎ조시
버입노로ᄉᆞ디 마롤디니라

○不窺密며ᅙ 不旁狎며ᅙ 不道舊故며ᅙ 不戲色
며ᅙ 母接來며ᅙ 母報往며ᅙ 母瀆神며ᅙ 母循枉며
母測未至며ᅙ 母訾衣服成器며ᅙ 母身質言語

그 슷ᄒᆞᆫ이룰 엿보디 말며 겨틧 사ᄅᆞ미게
억쎼ᄒᆞᆫ양 말며 녜아 논 사ᄅᆞ미 이룰니
근디 말며 노ᄅᆞᆺᄃᆞ 왼 顏안色식 말며 時씽急급히 가디 말며
急급히 오디 말며 時씽 急급히 말며
鬼귕神씬을 輕켱慢만히 말며 그ᄅᆞ 혼이
룰 좃드디여 말며 아니 왯ᄂᆞ니 룰 혜아리
ᄆᆡ 말며 ᄂᆞ미 옷과 일언 그ᄅᆞ슬 나ᄆᆞ라디 말

內訓卷第一

며제모ᄆᆞ로말ᄉᆞᆷ마기오ᄃᆡ마롤디니라

○執虛ᄒᆞᄃᆡ如執盈ᄒᆞ며入虛ᄒᆞᄃᆡ如有人이니라

ᄲᅵᆫ거슬자보ᄃᆡᄀ득ᄒᆞᆫ것자봄ᄀᆞᆮ히ᄒᆞ며ᄲᅵᆫᄃᆡ드로ᄃᆡ사ᄅᆞᆷ이솜ᄀᆞᆫ히홀디니라

論語에曰ᄒᆞᄃᆡ君이賜食ᄒᆞ시든必正席先嘗之ᄒᆞ시며君이賜腥ᄒᆞ시든必熟而薦之ᄒᆞ시며君이

賜生ᄒᆞ시든必畜之ᄒᆞ시다더

論語에닐오ᄃᆡ님금이바볼주어시

든모로매돗·골正졍·히ᄒᆞ·고몬져맛보시

·며님금이·놀고기롤주·어시ᄃᆫ모로·매

겨薦젼ᄒᆞ·치며님금·이산거슬·주어시ᄃᆫ

모로·매치더시·다

○侍食於君신ᄒᆞ실君祭든·껴시先飯시ᄒᆞ다더

님금·씌뫼셔밥머그·실저긔·님금이祭졩

ᄒᆞ·거시든몬져·좌터시·다

曲禮예曰ᄃᆡᄒᆞ賜果於君前시든어其有核者란

懷其核이니

曲콕禮롕·예 닐·오ᄃᆡ 果광實·씷·을 님금 알ᄑᆡ셔 주어시든 그 ᄌᆞ 잇ᄂᆞᆫ 거스란 그 ᄌᆞᄅᆞᆯ 푸므디니라

○御食於君호ᄃᆡ 君이 賜餘ㅣ어든 器之漑者란 不寫고 其餘란 皆寫ㅣ라ᄒᆞᄂᆞ니

님금씌 뫼셔 밥 머글 제 님금이 나ᄆᆞᆫ 거슬 주어시든 그르시 시슬 거스란 솓디 마오

그 나믄 거스란 다 소돌디니라

禮記예 曰호ᄃᆡ 君이 賜車馬시어든 乘以拜賜ᄒᆞ며 君이 衣服시어든 服以拜賜ᄒᆞ며 君이 未有命시어든 弗敢即乘服也ㅣ니라

禮령記긩예 닐오ᄃᆡ 님금이 술위와 ᄆᆞᆯ와 주어시든 타가 주샤믈 저ᄉᆞ오며 오시어든 니버 주샤믈 저ᄉᆞ오며 님금이 命명이 잇디 아니커시든 잠간도 즉자히 ᄐᆞ며 닙

·디마·롤디니·라

樂記예 曰딕호 君子ᄂᆞᆫ 姦聲亂色을 不留聰明
며 滛樂慝禮를 不接心術ᄒᆞ며 惰慢邪辟之氣
를 不設於身體야ᄒᆞ 使耳目鼻口心知百體로
皆由順正야ᄒᆞ 以行其義라니

樂악記긩예 닐오ᄃᆡ 君군子ᄍᆞᆼᄂᆞᆫ 姦간邪
ᄒᆞᆫ소리와 어즈러운 비ᄎᆞᆯ 귀 누네 머므
우디 아니ᄒᆞ며 滛음亂란ᄒᆞᆫ 音음樂악과

邪쌍慝특호 慝특은 邪쌍ᄒᆞᆯ·시·라 禮롕 數숭를 ᄆᆞᆺ·매 브·티아·니ᄒᆞ며 게으·르·며 기·우·트·긔 ·운을 모·매 두·디 아·니ᄒᆞ야 귀·와 눈·과 고·과 입·과 ᄆᆞᅀᆞᆷ·과 智딩 慧ᅘᆒ와 온가·짓 體롕·롤 ·히여 다 順쓘호·며 正졍·호ᄆᆞᆯ 브·터 ᄡᅥ 그 義링義ᅌᅴ는 맛·당·히 行ᅘᆡᆼ호·디·니라 ·롤 당ᄒᆞᆯ·시·라 行ᅘᆡᆼ호·디·니라

范뱀魯롱公궁質짒이 戒갱從쭁子ᄌᆞ詩시曰ᅌᅪᆯ되호 戒갱爾ᅀᆞᆼ이 勿무多당言ᅌᅥᆫ·ᄒᆞ·노·니 多당言ᅌᅥᆫ·은 衆즁兩량忌끵·라·니 苟굴不·붏慎씬樞슝機긩·ᄒᆞ·면 炎염厄

이 從此始ᄒᆞᄂᆞᆫ니 是非毀譽間애 適足爲身累ㅣ라 니

范(뻠)魯(롱)公(공)質(칭)이 아ᄎᆞᆫ아ᄃᆞᆯ警(경)戒(갱)ᄒᆞᆫ 詩(싱)예 닐오ᄃᆡ 네의 말 하디 아니호몰 警(경)戒(갱)ᄒᆞ노니 말 하면 한 사ᄅᆞᆷ의 ᄢᅴ리ᄂᆞᆫ 배니라 眞(진)實(쎵)로 지도릿 조각을 삼가디 아니ᄒᆞ면 災(정)害(행)ㅣ 왼 厄(읙)이 이를브터 비릇ᄂᆞ니 외니 올ᄒᆞ니 ᄒᆞ며 할아

며기리논ᄉᆞᆷ예足죡히모맷ᄠᅵ드올만

ᄒᆞᄂᆞ니·라

女敎·애 云디호·티 女有四行ᄒᆞ나니 一曰婦德·이오 二

婦言·이오 三曰婦容·이오 四曰婦功·이라 婦德·은 不

必才明絶異也·오 婦言·은 不必辯口利辭也

·오 婦容·은 不必顔色美麗也·오 婦功·은 不必

工巧過人也·라 清閑貞静·ᄒᆞ야 守節整齊·ᄒᆞ며 行

已有恥·ᄒᆞ며 動静有法·이 是謂婦德·이라 擇辭而

內訓卷一 十三

說야ᄒᆞ 不道惡語며ᄒᆞ 時然後에 言야ᄒᆞ 不厭於人이 是謂婦言이라 盥浣塵穢야ᄒᆞ 服飾이 鮮潔며ᄒᆞ 沐浴以時야ᄒᆞ 身不垢辱이 是謂婦容이라 專心紡績야ᄒᆞ 不好戲笑며ᄒᆞ 潔齊酒食야ᄒᆞ 以奉賓客이 是謂婦功이라 此四者ㅣ 女人之大德而不可乏者也니 然나이 爲之甚易니ᄒᆞ 唯在存心耳라 古人이 有言디ᄒᆞ 仁遠乎哉아 我欲仁면에 斯仁이至矣니라ᄒᆞ 此之謂也ㅣ라

女교애 닐오디 겨치비네 힝뎌 기잇

ᄂᆡ ᄒᆞ나 ᄒᆞᆫ겨지 ·비德득이오 둘ᄒᆞᆫ겨지

·비마리오 :세흔·겨지 ·비양지오 :네흔·겨지

·비功공이라·겨지 ·비德득은구·틔여·치조

·와聰총明명이 ·이ᄀ장달오 ·미아니오·겨지

·비마ᄅᆞᆫ구·틔여·이비 골히나며 말ᄉᆞ미ᄂᆞᆯ

카오미아니오·겨지 ·비양ㅈᆞᄂᆞᆫ구·틔여 顔

·色ᄉᆡᆨ이 ·이도ᄒᆞ며 고오미아니오·겨지·비

功공은구·틔여도 功공巧콩호미 사ᄅᆞᆫ·미게

內訓卷第一 十四

너무·미·아니·라 조ᄒᆞ며 ᄌᆞ녹ᄌᆞ녹ᄒᆞ며·교

·졍ᄒᆞ며 安한靜쪙ᄒᆞ야 節졍介갱·로 자바

整·졍齊쪙ᄒᆞ며 몸 行행ᄒᆞ요매 븟그러

·믈·두·며 무·움·과 고마·니 ·이쇼·매 法·법·이쇼

·미·이닐·온·겨 치·비 德득·이·라 말ᄊᆞ·ᄆᆞᆯ·골·히

·야 닐·어 모딘 마·롤 니ᄅᆞ·디 아·니ᄒᆞ·며 시·졀

·인 後훙·에 사ᄂᆞᆯ·어 사ᄅᆞ·미게·야 쳠ᄇᆞ·디·아

·니 호·미 ·이닐·온·겨 지·비 마·리·라 더러·운

슬시서옷과 수뮤미 조ᄒ며 沐목浴욕을

시졀로 ᄒ야 몰몰더럽게 아니 ᄒ미이닐

온 겨지비 양지라 질삼애 ᄆᆞᆷ믈 專쳔一

힘히 ᄒ야 노롯과 우수믈 즐기디 아니 ᄒ

며 술와 밥과 롤조히 ᄒ야 손을이 빠도미

이닐온 겨지비 功공 이라 이네 회겨지비

큰 德득 이라 업수미 몬 ᄒ리니 그러나 ᄒ

요미 甚씸히 수우니 오직 ᄆᆞ숨두매이실

쓰르미라 녯사르미닐오듸 仁신이며녀

내 仁신을 코져 호면 仁신이 이룰리라 호

니이룰니르니라

劉忠定公이 見溫公야호 問盡心行己之要ㅣ

可以終身行之者 대호 公이 曰디호샤 其誠乎 뎌니

劉公이 問行之何先고이잇 公이 曰디호샤 自不

妄語로 始라니 劉公이 初甚易之니 더 及退야호

而自隱括日之兩行과 與凡所言니호 自相製

肘矛盾者ㅣ 多矣니러 力行七年而後ㅿ아에 成야

自此로 言行이 一致라 表裏相應니 遇事坦

然야 常有餘裕ㅣ러라

劉忠定公이 溫公을 보

와 무슴믈 다야 모매 行홀 宗要를

ㅣ 어루 모미 뭇드록 行홀이

대 公이 니르샤 그 誠實호믈

劉公이 몬조오 行호 무숫거

슬믄져 ᄒᆞ리잇고 公공이 니ᄅᆞ샤ᄃᆡ 거즛

말 아니호ᄆᆞ로브터 비르소미니라 劉륭

公공이 처서믜 甚씸히 수이 너기더니 믈

러나 날로 行행 홀 바와 다ᄆᆞᆺ 믈읫 닐온 바

를 隱ᅙᅳᆫ 栝괄 ᄒᆞ야 보니 남隱ᄋᆞᆫ 그로 밍ᄀᆞ론 그

시라고 틸 스스로 서르 製텰 肘듕 矛몸

호ᄃᆡ 하더니 制텰은 ᄡᅳᆯ시오 肘듕는 ᄇᆞᆯ호

오고져 호ᄃᆡ 사ᄅᆞ미 ᄡᅳᄉᆞ면 能능히 뮈우

더 몬홀 시오 眉몬홀 시오 눈 고분 兵병 잡개 오 盾

쏜은 防뺑뼈뼁니 ᅌᅳᆷ몸로 사룸 몸 傷샹히 오려커든 防뺑뼈뼁로 마 글시니 서르 어르기니요 몰니라 힘뻐 行ᅘᅢᆼ호닐급힌 後ᄬᅮᆼ에 이러일로브터 言언 行ᅘᅢᆼ이 호글온호야 밧과 안쾌 서르 應ᅙᅳᆼ호니 이룰 맛나싀흰호야 샹녜 有ᅌᅮᆼ 餘영호더라

劉寬이 雖居倉卒도호야 未嘗疾言遽色니호더니 夫人이 欲試寬令恚야호 伺當朝會야호 裝嚴已訖늘이어 使侍婢로 奉肉羹야호 翻汚朝服고호 婢

遽收之니ᄒ더 寬이 神色이 不異야ᄒ 乃徐言曰

디 호 羹爛汝手乎니아ᄒ 其性度ㅣ 如此ᄒ더 라

劉릉 寬관이 비록 倉창 卒조 애 이셔도 창倉

卒조온 뵈 왓블시라 업간도 말ᄉ 몰ᄡᅥ리ᄒ며 비ᄎ

急급 遽껑히 아니ᄒ더니 夫붕人신이 寬

관 으로 히여곰 怒노호ᄆᆯ 試싱 驗험코져

ᄒ야 朝듐 會ᇦ예 當당호ᄆᆯ 여워 裝장 嚴

엄을ᄒ 마ᄆᆞ챗거늘 侍씽 婢삥로 고깃 羹

킹 ·을 바·다 朝(똥)服(뽁)·애 드위·텨 더·러이·고

婢(뼁)時(씽)急(급)·히 거·도더·니 寬(콴)·이 神(씬)

色(식)·이 다·라디 아·니·호야 安(한)徐(쎵)·히

오·딕 羹(갱)·애 네 소·니 데·어·녀 호·니 그 性(셩)

度(뚱)ㅣ·이 곤·더·라

孔子ㅣ 曰(디샤) 言忠信(고ㅎ) 行篤敬(면ㅎ) 雖蠻貊

之邦(·도이·라) 行矣(·와어·니) 言不忠信(고ㅎ) 行不篤敬

(면ㅎ) 雖州里(돌·니) 行乎哉(·아)

孔콩子ㅣ 니ᄅ샤ᄃᆡ 말ᄉᆞ미 忠듕心심 드외며 有ᄋᆞᆯ信신히ᄒᆞ고 ᄒᆡᆼ뎌 글도 타이ᄒᆞ며 恭공敬경ᄒᆞ면 비록 蠻만貊ᄆᆡᆨ 나라ᄒᆞ라도 蠻만ᄋᆞᆫ 南남녁 되오 貊ᄆᆡᆨ은 北북녁 되라 ᄃᆞᆮ니리어와 말ᄉᆞᆷ이 忠듕信신히 아니ᄒᆞ고 ᄒᆡᆼ뎌 글 도타이ᄒᆞ며 恭공敬경 아니ᄒᆞ면 비록 올ᄆᆞ술히 ᄃᆞᆮ니리여

論語에 曰ᄀᆞᆯ호 孔子ㅣ 於鄕黨애 恂恂如也ㅣ호야

似不能言者ㅣ시니러 其在宗廟朝廷ㅎ샤는 便便

言디ㅎ샤 唯謹爾다러시 朝애 與下大夫로 言ㅎ샤 間間

디 偲偲如也ㅣ며ㅎ시 與上大夫로 言디ㅎ샤 間間

如也ㅣ시다러

論론語엉에 닐오디 孔콩子ㅣ鄉향黨

당애鄉향黨당은 父뿡兄휑宗종族쪽이니라 信신實씷ㅎ

야能능히말ㅎ숨몯ㅎ는듯ㅎ더시다宗종

廟뭏ㅣ며朝 廷뗭에 겨샤는便뼌便뼌

·히 말ᄊᆞᆷᄒᆞ샤ᄃᆡ 오직 삼가 더시다 朝뚱廷

똉에 下ᅘᅡᆼ 大땡夫붕ᄃᆞ려 니ᄅᆞ니ᄅᆞ샤ᄃᆡ 剛강

直·띡 히ᄒᆞ시며 上썅 大땡夫붕ᄃᆞ려 니ᄅᆞ니ᄅᆞ

샤ᄃᆡ 和ᅘᅪᆼ 悅ᅌᅯᇙ히ᄒᆞ더시다

冠義예 曰ᅌᅯᇙ 凡人之所以爲人者ᄂᆞᆫ 禮義也

니 禮義之始ᄂᆞᆫ 在於正容體ᄒᆞ며 齊顏色ᄒᆞ며 順

辭令ᄒᆞ니이 容體正ᄒᆞ며 顏色이 齊ᄒᆞ며 辭令이 順而

後ㅅ에 禮義備라ᄒᆞ리니 以正君臣ᄒᆞ며 親父子ᄒᆞ며 和

長幼ㅣ니 君臣이 正며ㅎ 父子ㅣ 親ㅎ며 長幼ㅣ 和

而後사에 禮義立ㅎ리라

冠관 義읭예 닐오딕 믈읫 사룸미 뼈 사룸

드외옛논 바눈 禮령와 義읭니 禮령 義

의비로 소문 모믈 正정히 ㅎ며 놋비출

ㄱ주기 ㅎ며 말 合順쓴히 호매 잇ㄴ니 모

미 正히 졍호며 놋비치 ㄱ쥭ㅎ며 말 숭미 順

쓴호 後뚱에 ㅿ 禮령와 義읭왜 ㄱ쥬리라

·뻐님금臣씬下ᅘᅡᆼ·롤正졍·히ᄒᆞ·며아·비와

아·ᄃᆞᆯ와·롤親친·히ᄒᆞ·며얼운과·히와·롤

和ᅘᅪᆼ·히홀·디니님금과臣씬下ᅘᅡᆼ·왜正졍

·ᄒᆞ·며아·비와아·ᄃᆞᆯ왜親친·ᄒᆞ·며얼운과아

·히왜和ᅘᅪᆼ·ᄒᆞᆫ後ᅘᅮᆼ·에ᅀᅡ禮롕·와義읭·왜셔

·리라

孟子ㅣ曰ᇙ·샤ᄃᆡ人之有道也ㅣ나飽食暖衣ᄒᆞ·야ᇙ

逸居而無敎ᄒᆞ·면則近於禽獸ᄼᆞᆯ·시·릴聖人ㅣ이有

憂之·샤 使契·爲司徒·야 教以人倫· 니 시 父子

一 有親· 며 君臣·이 有義· 며 夫婦 一 有別· 며 長

幼 一 有序· 며 朋友 一 有信·라이 니

孟子 一 니 샤 사 미 道理

이시나 비브르게 먹고 더운 옷 니 니버 便

安한 히 살오 ᄀᆞᄅ쵸미 업스면 禽獸

에 갓가오릴 시 聖人 이시 ᄅᆞ 믈 두 샤

契 을 히여 司徒 롤 사마 는 벼

·라후·미 ·ᄀᆞᆯ효·디 人신倫륜·을 ·뻐 ·ᄒᆞ·게 ·ᄒᆞ시
·니아비·와아·ᄃᆞᆯ왜親친·호·미이·시·며님금
과臣씬下·ᅘᅡ왜義·ᅙᅴ이·시·며남진·과·겨집
괘·ᄀᆞᆯ·히요·미이·시·며얼운·과아·히왜次·충
第·뗑이·시·며버·디信신·이·이·쇼·미·니·라

濂溪周先生·이曰·ᄃᆡ·ᄒᆞ·샤仲由·ᄂᆞᆫ喜聞過·야·ᄒᆞ令
名·이無窮焉·니·ᄒᆞ·더今人·ᄋᆞᆫ有過·든·이·어不喜人
規·미·호如護疾而忌醫·야·ᄒᆞ寧滅其身而無悟也

噫희라

濂렴溪켱周즁先션生싱이 니ᄅᆞ샤ᄃᆡ 仲ᄠᅲᆼ由융ᄂᆞᆫ 허믈 드로믈 깃거 됴ᄒᆞᆫ 일후미 그지업더니 이젯 사ᄅᆞ믄 허믈 그리 잇거든 規귕諫간호ᄆᆞᆯ 깃디 아니호미 規귕諫ᄂᆞᆫ 말ᄉᆞ미 수미드럼직ᄒᆞᆯ시라 病뼝을 가져셔 醫ᅙ員원을 ᄭ려 ᄎᆞᆯ히 그 모미 주거도 아디 몯호미론ᄃᆞ니 슬프다

康節邵先生이 戒子孫曰 上品之人은 不
教而善고 中品之人은 教而後善고 下品之
人은 教亦不善니 不教而善이 非聖而何
며 教而後善이 非賢而何며 教亦不善이 非
愚而何오ㅣ리 是知善也者는 吉之謂也ㅣ로
善也者는 凶之謂也다ㅣ 吉也者는 目不觀
非禮之色며 耳不聽非禮之聲며 口不道非
禮之言며 足不踐非禮之地며 人非善든이
不交고 物非義든어 不取며 親賢디호 如就芝蘭

고ᄒᆞ고 避惡ᄃᆞ호ᄃᆡ 如畏蛇蠍ᄒᆞᄂᆞ니 或曰不謂之吉人
이라 則吾不信也리라 凶也者ᄂᆞᆫ 語言이 詭
고ᄒᆞ고 動止陰險ᄒᆞ며 好利飾非고ᄒᆞ고 貪滛樂禍ᄒᆞ며
疾良善ᄃᆞ호ᄃᆡ 如鱗隙고ᄒᆞ고 犯刑憲ᄃᆞ호ᄃᆡ 如飮食ᄒᆞ야 小
則隕身滅性고ᄒᆞ고 大則覆宗絶嗣ᄒᆞᄂᆞ니 或曰不
謂之凶人도이라 則吾不信也라ᄒᆞ리 傳에有之
니ᄒᆞ고 曰吉人은 爲善ᄃᆞ호ᄃᆡ 惟日不足ᄒᆞᄃᆞᆫ이어 凶人
은 爲不善ᄃᆞ호ᄃᆡ 亦惟日不足ᄒᆞ니라 汝等은 欲爲
吉人乎아 欲爲凶人乎아

康강節졀邵쏭先션生ᄉᆡᆼ이 子ᄌᆞ孫손ᄋᆞᆯ

警경戒갱ᄒᆞ야 닐오ᄃᆡ 上썅品픔엣 사ᄅᆞᆷ

ᄋᆞᆫ ᄀᆞᆯ치디 아니ᄒᆞ야도 善쎤ᄒᆞ고 中듕

品픔엣 사ᄅᆞᆷ은 ᄀᆞᆯᆞ친 後ᅘᅮᇢ에 善쎤ᄒᆞ

下ᅘᅡᆼ品픔엣 사ᄅᆞᆷ은 ᄀᆞᆯᆞ쳐도 善쎤ᄒᆞ디 몯

ᄒᆞᄂᆞ니 아 ᄀᆞᆯᆞ쳐도 善쎤호미 聖셩人ᅀᅵᆫ

신 아니라 엇뎌니며 ᄀᆞᆯᆞ친 後ᅘᅮᇢ에 善쎤

호미 賢ᅘᅧᆫ人신이 아니니라 엇뎌니며 ᄀᆞᆯᆞ

·쳐도 善쎤·티 몯호미 어린 거시 아·니·라 엇
·더니리오 ·이·럴·시 善쎤·이라 혼 거슨 吉긿
을 닐오·니오 不붕善쎤이·라 혼 거슨 凶흉
·을 닐오·닌 돌아·롤·디·로다 吉긿·이·라 혼 거
·슨 누네 非비禮령·옛 비·출 보·디 아·니 호·며
·귀예 非비禮령·옛 소·리·롤 듣·디 아·니 호·며
이·베 非비禮령·옛 마·롤 니·르·디 아·니 호·며
바·래 非비禮령·옛 ·짜·홀 ·뼈 아·니·호·며 사

르미善·썬·이아니어든사괴디아니ᄒᆞ고

物·믈·이義·읭아니어든取·ᄎᆔ·티아니ᄒᆞ며

賢·현ᄒᆞᆯ親·친히ᄒᆞ딕ᄎᆞᆼ霊·령芝·징蘭·란草

·애나ᅀᅡ깜ᄀᆡ티ᄒᆞ고모디닐避·삥호딕

·빗얌쇠야기저홈ᄀᆡ티ᄒᆞᄂᆞ니或·획·이닐

·오딕홈·굼혼사ᄅᆞ미라ᄒᆞ딕아니ᄒᆞ야도

·나ᄂᆞᆫ信·신티아니ᄒᆞ리라凶·홍이라혼거

·슨말ᄊᆞ미謏·굉謭·렴ᄒᆞ고行·ᄒᆡᆼ止·징擧·겅

動뜡·이그속·호·고險·험·호·며利·링롤즐기

·며윈·이롤수·미·고貪탐·호·고滛음亂란·호

·고災징禍·뽱롤즐·기머·어딘사롤·믜·요

·딩寃·뀐讎·쓭·ᄀ·티·호·고罪·쬉롤犯·뻠·호·딩

셩·을업·게·호·고크·면宗종族·쪽·을업·더·리

飮·흠食·씩·ᄀ·티·호·야·져그·면·모·롤배·여性

와·다繼·곙嗣·ᄉᆞᆼ롤긋·게·호·ᄂ·니或·획이·닐

요·딘·호사롤·미란·호·디·아·니·호·야·료

나ᄂᆞᆫ信신ᄐᆡ아니ᄒᆞ리라傳뎐에잇ᄂᆞ니
닐오ᄃᆡ吉긿ᄒᆞ사ᄅᆞᆷ善쎤을ᄒᆞᄃᆡ날을
不블足죡히너겨ᄒᆞ거든凶흉ᄒᆞ사ᄅᆞᆷ
不블善쎤을ᄒᆞᄃᆡᄡᅳᆯ날을不블足죡히
너겨ᄒᆞᄂᆞ다ᄒᆞ니너희ᄃᆞᆯᄒᆞᆫ吉긿ᄒᆞ사ᄅᆞ미
드외옷ᄒᆞ녀凶흉ᄒᆞ사ᄅᆞ미드외옷ᄒᆞ녀

張思叔의座右銘에曰호ᄃᆡ凡語를必忠信ᄒᆞ며
凡行을必篤敬ᄒᆞ며飮食을必愼節ᄒᆞ며字畫ᄋᆞᆯ

必楷正ᄒᆞ며 容貌ᄅᆞᆯ 必端莊ᄒᆞ며 衣冠ᄋᆞᆯ 必肅整ᄒᆞ며 步履ᄅᆞᆯ 必安詳ᄒᆞ며 居處ᄅᆞᆯ 必正靜ᄒᆞ며 作事ᄅᆞᆯ 必謀始ᄒᆞ며 出言ᄋᆞᆯ 必顧行ᄒᆞ며 常德ᄋᆞᆯ 必固持ᄒᆞ며 然諾ᄋᆞᆯ 必重應ᄒᆞ며 見善ᄒᆞ고 如己出ᄒᆞ며 見惡ᄒᆞ고 如己病ᄒᆞ니 凡此十四者ᄅᆞᆯ 我皆未深省ᄒᆞ야 書此當座隅ᄒᆞ야 朝夕에 視爲警ᄒᆞ노라

張댱思ᄉᆞ 叔슉의 안ᄂᆞᆫ 올ᄒᆞ녀 굿 銘명에 닐오ᄃᆡ 銘명은 警경戒계ᄒᆞᆫ 마리라 믈읫 마롤 모로매

忠듕信신히 ᄒᆞ며 믈읫 ᄒᆡᆼ뎍을 모로매 도
타오며 조심ᄒᆞ야 ᄒᆞ며 飮흠食씩ᄒᆞ모 모
로매 삼가 무디를 두어 ᄒᆞ며 字쫑ㅅ 그슬
모로매 고ᄅᆞ고 正졍히 ᄒᆞ며 容용貌뫃를
모로매 端돤正졍ᄒᆞ고 싁싁히 ᄒᆞ며 오시
며 곳가를 모로매 싁싁ᄒᆞ고 整졍齊쪵히
ᄒᆞ며 거름 거르며 볼 ᄲᅮ듸요믈 모로매 즈
녹즈느기 ᄒᆞ며 사ᄂᆞᆫ ᄯᅡ홀 모로매 正졍히

호고 寂쪅 靜쪙 히ᄒᆞ며 일지ᄉᆞᄆᆞᆯ 모ᄅᆞ매

始:싱 作작 애 혜아려 ᄒᆞ며 말ᄉᆞᆷ내 요ᄆᆞ

로매 횡뎍 을 도라보아 ᄒᆞ며 ᄠᅳᆫᄠᆫᄒᆞᆫ 德득

을 모로매 구디 자ᄇᆞ며 그라오녀 ᄒᆞ몰모

로매 미 이 맛골모ᄆᆞ며 善:쎤 을 보고 내 맷

매셔 나논 가 ᄀᆞ티 ᄒᆞ며 惡학 을 보고 모

病뼝 ᄀᆞ티 홀디니 믈잇이열네 가짓 이ᄅᆞᆯ

내 다 기피 차리디 몯ᄒᆞ야 ᄡᅥ앗논 모ᄒᆞᆯ 當

당케·호야·아홈나조히보아警경:戒갱·호

노라

呂正獻公이 自少로 講學디호 即以治心養性

로 爲本이니호더 寡嗜慾며호 薄滋味며호 無疾言遽

色며호 無窘步며호 無惰容며호 凡嬉笑俚近之語

를 未嘗出諸口며호 於世利紛華聲伎遊宴

로。 以至於博奕奇玩히 淡然無所好라호더

呂령正졍獻헌公공·이·져·머·셔브·터學빅

올 講강習씹 호디 무수믈 다ᄉ리며 性셩

을 養양 호모로 根근源원을 삼더니 즐겨

호모른 져기 ᄒᆞ며 滋ᄌᆞᆼ味밍룰 열이 ᄒᆞ며 셰

른말ᄉᆞᆷ과 急급遽껑 ᄒᆞ니 비치업스며 셩른

거르미업스며 게으른 양지업스며 믈을

노릇 웃우숨과 더러우며 샹된 왼말ᄉᆞᆷ을

잢간도 이베내디아니 ᄒᆞ며 世솅聞간ᅇᅢᆺ

취링 와 어즈러운 빗난것과 소리와 조

와노ᄆᆞ로 博박奕역奇긩玩완ᅟ애니ᄅ

博박은 쌍륙이오 奕역은 바독이오 奇긩玩완은 그림트렛 지죄라 淡땀

然션히 淡땀은 열 울시라 즐기논 배염더라

伊川先生의 母侯夫人이 七八歲時예 誦古

詩曰ᄃᆞ호 女子ㅣ 不夜出ᄒᆞ나니 夜出秉明燭

이라 自是로 日暮則不復出房閤ᄒᆞ니더 旣長

好文ᄒᆞ디 而不爲辭章ᄒᆞ며 見世之婦女ㅣ 以文

章筆札로 傳於人者고ᄒᆞ 則深以爲非라ᄒᆞ더

伊[ᅙᅵᇰ]川[천]先[션]生[ᄉᆡᇰ]이 어마님 侯[ᅘᅮᇢ]夫[붕]人[신]이 나히 닐굽 여들비 시졀에 녯그레 닐오ᄃᆡ 겨지비 바미 나ᄃᆡ 아니ᄒᆞᄂᆞ니 바미 날 뎨 볼고 燭[쵹] 올자ᄫᆞ라 호믈 외오고 일로브터 나리 졈글어든 외방이 나ᄃᆡ 아니ᄒᆞ더니 ᄒᆞ마 ᄌᆞ라 글월룰 즐겨 호ᄃᆡ 글치소ᄆᆞᆯ 아니ᄒᆞ며 그 시졄 겨지비 글지ᅀᅢ와 글 수ᄆᆞ로 ᄂᆞᄆᆡ게 보내ᄂᆞ닐 보고

쟝·외 오너·겨ᄒ·더·라

李氏女戒예 曰·디호 貧者ᄂᆞᆫ 安其貧ᄒᆞ고 富者ᄂᆞᆫ 戒其富ᄂᆡ 貧不自安者ᄂᆞᆫ 恥貧而廣求ᄒᆞᄂᆞ니 求旣不得ᄒᆞ면 怨由玆生ᄒᆞ야 室家ㅣ 相輕ᄒᆞ야 恩易情薄ᄒᆞᄂᆞ니라 富而不戒ᄒᆞ면 則夸勝之心이 生ᄒᆞᄂᆞ리 凌慢之容이 旣彰ᄒᆞ면 和柔之色이 安在오·리 棄和柔之色ᄒᆞ고 作嬌小之容ᄒᆞ면 是爲輕薄之婦人이니·라

李링氏씽 女녕 戒갱 ·예닐·오·디가난·ᄒᆞᆫ

가난·호·물 便뼌 安한 ·히너·기·고가ᅀᆞ·며ᄂᆞᆫ

便뼌 安한 ·히너·기·디아·니·ᄒᆞ·린가난·올·붓

가ᅀᆞ·며·로·물警·경 戒갱 ·홀·디·니간난·올·제

·그·려너·비求굴 ·ᄒᆞᄂᆞ·니求굴 ·ᄒᆞ·다·가·언·디

·몬·ᄒᆞ·면怨·뤈 ·이·이·롤·브·터·나夫붕妻쳉 ·이·서

·르므·던·히너·겨恩·ᄒᆞᆫ ·이·밧·고·며情쎵 ·이淡

·딴薄·박·ᄒᆞ리·라·가ᅀᆞ·멸·오警·경 戒갱 ·아·니

內訓 卷一

ᄒᆞ면 쟈랑ᄒᆞ며 더은 ᄆᆞᆺᄋᆞ미 나리ᄆᆞ던

히너기ᄂᆞᆫ 양ᄒᆞ마 나ᄐᆞ면 溫온和ᅘᅪᆼᄒᆞ

며 부드러운 顔안色ᄉᆡᆨ이어 피이시료 溫온

和ᅘᅪᆼᄒᆞ며 부드러운 顔안色ᄉᆡᆨ을 ᄇᆞ리

고 아룻다온 양 졸지ᄉᆞ면 이 輕경薄박ᄒᆞ

겨지비니라

柳류玭빈이 嘗샹著뎌書셔ᄒᆞ야 戒계其긔子ᄌᆞ弟뎨曰ᄋᆞᆯᄒᆞᄃᆡ 壞회名명災ᄌᆡ己긔

며 辱쇽先션喪상家가ᄒᆞᄂᆞᆫ 其긔失실이 尤우大때者쟈ㅣ 五오ㅣ니 宜의深심

誌之다어 其一은 自求安逸고ㅎ 靡甘澹泊야ㅎ 苟利於己든어 不恤人言라ㅎ시 其二는 不知儒術며ㅎ 不悅古道야ㅎ 懷前經而不恥며ㅎ 論當世而解頤야ㅎ 身既寡知고ㅎ 惡人有學라ㅎ시 其三은 勝己者를 厭之고ㅎ 佞己者를 悅之며ㅎ 唯樂戲談고ㅎ 莫思古道야ㅎ 聞人之善고ㅎ 嫉之며ㅎ 聞人之惡고ㅎ 揚之야ㅎ 浸漬頗僻야ㅎ 銷刻德義니ㅎ 簪裾ㅣ 徒在야ㅎ 廝養과 何殊오ㅣ리 其四는 崇好優游며ㅎ 耽嗜麴蘖야ㅎ 以銜杯로 爲高致고ㅎ

以勤事로 爲俗流ᄒᆞᄂᆞ 習之易荒이라이 覺已難悔라니 其五ᄂᆞ 急於名宦ᄒᆞ야 匿近權要ᄒᆞ야 一資半級을 雖或得之라도 衆怒群猜ᄒᆞ야 鮮有存者ㅣ라니 余見名門右族ᄒᆞ니 莫不由祖先의 忠孝勤儉ᄒᆞ야 以成立之ᄒᆞ고 莫不由子孫의 頑率奢傲ᄒᆞ야 以覆墜之ᄒᆞᄂᆞ니 成立之難은 如升天ᄒᆞ고 覆墜之易ᄂᆞ 如燎毛ᄒᆞ니 言之痛心ᄒᆞ니 爾宜刻骨이니

柳륳玭변이 아래 글워를 밍ᄀ라 그 子ᄌᆞᆼ弟뎨를 警경戒갱ᄒ야 닐오ᄃᆡ 일후믈 ᄒ야 브리며 모믈 災징害행ᄒ며 先션人신을 辱쇽히며 치 블배논 그 허므리 못 크니 다ᄉᆞ시니 기피 記긩知딩홀디어다 그ᄒ나 제 便뻔安한ᄒ몰 求꿈ᄒ고 澹땀泊박올 돌히 너기디 아니ᄒ야 기픈 소햿 믈 〔澹泊ᄋᆞᆫ ᄆᆞᆯ고 양ᄌᆞ지니 便뻔安한코 寂쪅静쪙ᄒ야 ᄆᆞᄆᆞᆷ업슬시라〕 져그나 제 모

·매 趣·링 ᄒ거든 ·미 마롤 分분別·뼗 아·니 ·ᄒᆞ시·라 그둘흔 션비·의 術·쓣 ·을 아·디 몯ᄒ ·며 녯 道·똠 ·로 ᄭᅵᆺ·디 아·니 ·ᄒᆞ·야 前·쪈 聖·셩 人 經·경 ·을 어·즐 호·ᄃᆡ 붓그·리·디 아·니 ᄒᆞ·며 當 당 世·솅 ·녯·이·롤 議·ᅌᅴᆼ 論론 ·ᄒᆞ·며 ·ᄐ·꼴 글·희 ·여·제 모미·ᄒᆞ마 아논·이리·젹·고·ᄂᆞᆫ ·미비·홈 이·쇼·몰 아·쳘시·라 그·셰흔 제 모·매 는·ᄒᆞ·닐 아·쳔·고 제 모·매 謜·텸 ᄒᆞ·릴·ᄭᅥᆺ 그·며 오·직 노

르·샛말 ᄒᆞ요 물즐기·고 녯 道똥理링 ᄉᆞ랑
호·믈 아·니 ·ᄒᆞ야 사ᄅᆞ·미 善쎤을 든·고 미·며
사ᄅᆞ·미 惡학 올·든·고 비·퍼 기우·러 邪썅僻
펵 ·호이·레 ᄌᆞ마·저 저 德득 義읭·롤 노·기·며
사겨 ᄇᆞ·리ᄂᆞ·니 冠관 服뽁·이 비·록 이·신둘
종·과 미·스·기 다ᄅᆞ·리오 그 네 흔 속 졀업시
·노뇨 믈즐·기·며 수·우·를 맛 드·러 盞잔 므로
므·로 노·픈이·롤 삼·고 일·ᄇᆞᆯ즈·러니 호 ᄆᆞ·로

世·솅俗·쏙·이 무·를 삼·닝·니 비·호·시 수·비 거·:

츠·러 아·라·도 ·마 누·으 초미 어·려 오·니·라

그 다·슷 名명利링 그 우·실 에 時씽 急·급

·히·호·야 有훙勢·셩 ·호·되 갓·가·이 ·호·야 ·호 資중

즁 ㅣ 나 半·반 드·리롤·비·록 시 혹 得·득 ·호·야

·도 衆즁人신·이 怒·농·호·며 물·사 룸·미 ·여

두·리·아 초 ·니·라 대 일훔 난 家강 門몬·과 노

·판 宗종族·쪽·올 보·니 믄 젓 祖·종上·쌍·이 忠

롱心심ᄒᆞ며孝흉道똠ᄒᆞ며브즈런ᄒ며

儉껌朴팍호모로브터이러셔디아니ᄒᆞ

ᄒᆞ며奢샹侈칭ᄒ며傲ᅙᆜ慢만호모로브

아니ᄒ고子ᄌᆞᆼ孫손의모딜며寵총率솔

터엄더디아니ᄒᆞ야아니ᄒᄂᆞᆫ니이러셔

미어려우므로하놀해올ᄋᆞᆫ고엄더듀

수우므터리ᄉᆞᄅᆞᆷ곤ᄒ니ㄹ건댄ᄆᆞᆺ

미알ᄑᆞ니너희쎠에刻큭호미맛당ᄒᆞ니

란,

漢昭烈이 將終호실신 勅後主曰호샤 勿以惡

小而爲之호며 勿以善小而不爲호라

漢한 昭죵 烈렬이 쟝太업스실제 後쥼主

롤 勅틱호야니루샤티 모딘이리적다

호모로호디말며됴호일이리적다호모로

마디말라

范忠宣公이 戒子弟야호 曰티호 人雖至愚토ㅣ라

責人則明ᄒᆞ고 雖有聰明이라도 恕己則昏ᄒᆞᄂᆞ니

爾曹ᄂᆞᆫ 但常以責人之心으로 責己ᄒᆞ고 恕己之

心으로 恕人ᄒᆞ면 不患不到聖賢地位也ᄒᆞ리라

范뻠忠듕宣쉰公공이 子ᄌᆞ弟똉ᄅᆞᆯ警경

戒갱ᄒᆞ야 닐오ᄃᆡ 사ᄅᆞ미 비록 至징極끅

어리여도 ᄂᆞ외다ᄒᆞ오ᄆᆞ란 ᄇᆞᆯ기ᄒᆞ고 비록

聰총明명ᄒᆞ야도 제모ᇝ져보ᄆᆞ란 어즐ᄒᆞ

ᄂᆞ니 너희 무른 오직 샹녜 ᄂᆞ외다ᄒᆞᄂᆞᆫᄆᆞ

수·ᄆᆞ·로제·모ᄆᆞᆯ·외·다ᄒᆞ·고제·몸졉·ᄂᆞᆫᄆᆞᄉᆞ

·ᄆᆞ·로ᄂᆞ·믈·져·ᄇᆞ·리·면聖·셩賢·현人地·띵位·윙

·예·니·르·디·몯·ᄒᆞ갓分·분別·볋·이·업·스·리·라

孔戩·감·이於爲義·읭·예若嗜慾·야·ᄒᆞ不顧前後·고·ᄒᆞ於

利與祿·란·애則畏避退怯·디·ᄒᆞ如懦夫然·ᄒᆞ·라

孔·콩戩·감·이義·읭·ᄒᆞ·요매즐·기·ᄂᆞᆫ일·ᄀᆞ·티

·ᄒᆞ·야ᄯᅮ·뒤흘·도·라보·디아·니ᄒᆞ·고利·링·와

爵·쟉祿·록·애·란저·허避·뼝·ᄒᆞ·야·믈·러두·류

디사오나온사룸곤더라

馬援이 兄子嚴敦이 並喜譏議야 而通輕俠

客니 더 援이 在交趾야 還書誡之曰디호 吾欲

汝曹ㅣ 聞人過失디호 如聞父母之名야 耳可

得聞뎡이언 口不可得言也라 노 好議論人이

長短며 妄是非正法이 此ㅣ 吾所大惡也니

寧死뎡ㅣ언 不願聞子孫의 有此行也라노 龍

伯高 敦厚周愼야 口無擇言며 謙約節儉

며호 廉公有威니호 吾ㅣ愛之重之야호 願汝曹이

效之라호노 杜季良은 豪俠好義야호 憂人之憂

며호 樂人之樂야호 淸濁애 無所失야호 父喪애 致

客듸호 數郡이 畢至니호 吾ㅣ愛之重之란마 不

願汝曹이 效也라호노 效伯高가호다 不得도이라

猶爲謹敕之士ㅣ니호리 兩謂刻鵠不成도이 尚

類鶩者也라ㅣ 效季良가호다 不得면호 陷爲天下

輕薄子ㅣ니호리 兩謂畫虎不成면호 反類狗者也

라ㅣ

馬망援원이 兄형의 아ᄃᆞᆯ 嚴엄과 敦돈괘

다 議ᄀᆡᆼ弄롱ᄒᆞᆯ 議의論론 을 즐겨 輕경 薄

박ᄒᆞ야 말잘ᄒᆞ는 손ᄋᆞᆯ 사괴더니 援원이

交꾜趾징예 이셔 글월ᄃᆞᆯ아 보내야 警경

戒갱ᄒᆞ야 닐오ᄃᆡ 나ᄂᆞᆫ 너희 무리 사ᄅᆞᆷ

허므를 드로ᄃᆡ 父뿡母ᄆᆞᇢ ㅅ일훔 드ᄅᆞᆫ 돗

ᄒᆞ야 귀예 어루 시러 드를쑤니 언뎡 이 베

어루 시러 니ᄅᆞᆫ디 몯과ᄃᆡ 여ᄒᆞ노라 사ᄅᆞ미

어딜며사오나오몰즐겨議·의論론·ᄒᆞ며

妄·망量량·으로正·졍호法·법을외니올·ᄒᆞᆫ·

니호미·이내이키아쳔논배니출·히주글

쑤니언뎡子·ᄌᆞᆼ孫손의·이런횡덕잇·다·ㅌ

로몰顧·원티아니ᄒᆞ·노라龍·룡伯·빅高·공

논도타오며曲·콕盡·진ᄒᆞ며조심ᄒᆞ·야·이

삐곧히욜마리업·스며謙·겸讓:샹ᄒᆞ·며簡

관略·략ᄒᆞ며무듸이시며儉:껌朴·박ᄒᆞ며·

淸청廉렴ᄒᆞ며公공反번ᄒᆞ며威ᅙᅱᆼ嚴엄
이잇ᄂᆞ니내ᄃᆞᅀᆞ며重뜡히너겨너희무
리본바도몰願원ᄒᆞ노라杜뚱季귕良량
은豪ᅘᅡᇢ華ᅘᅪᆼᄅᆞ외오말잘ᄒᆞ고義ᅌᅴᆼ를맛
드러사ᄅᆞ미시르믈시름ᄒᆞ며사ᄅᆞ미즐
교몰즐겨몰ᄀᆞ며호리요매일홀배업서
아비거상애소니오ᄃᆡ두ᅀᅥᄀᆞ올히다니
ᄅᆞ니내ᄃᆞᅀᆞ며重뜡히너기간마ᄂᆞᆫ너희

무릐본바ᄃᆞᆯ願·원·티아·니·ᄒᆞ노·라伯·ᄇᆡᆨ
高·고ᇢ·ᄅᆞᆯ본받·다가得·득·디몯·ᄒᆞ야도오히
·려조심·ᄒᆞᄂᆞᆫ士·ᄊᆞᆼᅵ·ᄃᆞ외·리니닐·온밧거
유·ᄅᆞᆯ사·기·다가·이·디몯·ᄒᆞ야도오·히·려·올
히ᄀᆞᆮ·다·호·미·라季·곙良·량·을본받·다가得
·득디몯·ᄒᆞ면ᄠᅥ디·여天·텬下·ᄒᆞᅡ·애輕·경薄
·박ᄒᆞᆫ아·ᄒᆡᄃᆞ외·리니닐·온밧범·을그·리·다
가·이우·디몯·ᄒᆞ면도ᄅᆞ·혀가히ᄀᆞᆮ·다·호·미·라

孝親章第二

文王之爲世子애 朝於王季호샤 日三시더니

鷄初鳴而衣服호샤 至於寢門外호야 問內竪之

御者야호야 曰 今日安否ㅣ 何如오 內竪ㅣ

曰 安커이든라 文王이 乃喜시호더 及日中야호야 又

至야호야 亦如之시며 及莫야호야 又至야호야 亦如之더호야

다시 其有不安節이시든어 則內竪ㅣ 以告文王야호야

든 文王이 色憂야호샤 行不能正履시호니더 王季復

膳然後애 亦復初시다더 食上애 必在視寒暖

內訓卷一

之節ᄒᆞ시며 食下커시든 問兩膳ᄒᆞ시고 命膳宰曰ᄒᆞ샤 末有原ᄒᆞ라 應曰ᄒᆞᄃᆡ 諾다이이 然後에ᅀᅡ 退ᄒᆞ더시다 다시

文王이 世子ᄃᆞ외야 겨실제 王季ᄭᅴ 朝ᄒᆞ샤ᄃᆡ 날마다 세번곰 ᄒᆞ더시니 ᄃᆞᆯ기 처ᅀᅥᆷ 울어든 옷 니브샤 寢室ㅅ門 밧긔 니르르샤 內竪ᄃᆞ려 무러 니르샤ᄃᆡ 內竪ᄂᆞᆫ 뫼ᅀᆞ왓ᄂᆞᆫ 혀근 臣下ᅵ라

오ᄂᆞᆺ安한否ᄬᅮᆼㅣ·엇더·ᄒᆞ시뇨內ᄂᆡᆼ竪·ᄊᆕ

ㅣ·닐오·ᄃᆡ便뼌安한·ᄒᆞ시이다·커든文문

王왕·이잇거·ᄒᆞ더시다낤가온·ᄃᆡ미·처쏘

니·르샤쏘·이곤히·ᄒᆞ시며나조·히미·처

쏘니·르샤쏘·이곤히·ᄒᆞ·더시·다便뼌安

한·티아니·ᄒᆞ신무·ᄃᆡ잇·거시든內ᄂᆡᆼ竪ᄊᆕ

ㅣ·뼈文문王왕·씌告곻·ᄒᆞ야ᄃᆞᆫ文문王왕

·이顔안色·식·을시름·ᄒᆞ샤녀샤·ᄃᆡ能ᄂᆡᆼ·히

正정히 드듸요 몰론ᄒ더시니 王왕 季
ᅵ 水슁 刺랑롤 녜ᄀ티ᄒ신 後ᄬ에 ᄉᆞ
쳐섬ᄀ티ᄒ더시다 水슁 刺랑 셔실 졔 모
로매 시ᄀ며 더운 므ᄃᆡ롤 솔펴 보시며
水슁 刺랑 므르거시ᄃᆞᆫ ᄭᅮᆷᄒᆞ산 바롤 무르시
고 섭니롤 命명ᄒ야 니ᄅ샤ᄃᆡ 다시 말라
對됭 답ᄒ야 닐오ᄃᆡ 그리ᄒ오리이다 그
리ᄒ 後ᄬ에 ᄉᆞ믈러 오더시다

內訓 卷一 四十

○文王왕이 有疾ㅣ시든어 武王왕이 不說冠帶而養시ㅎ니더 文王왕이 一飯ㅣ시든어 亦一飯ㅣㅎ며시 文문王왕이 再飯ㅣ시든어 亦再飯ㅣㅎ시다더

文문王왕이 病뼝이 잇거시든 武:뭉王왕이 곳갈씌룰 밧디아니ㅎ샤 養양ㅎ숩더시니 文문王왕이 ᄒᆞᆫ번 반좌ㅎ야시든 소ᄒᆞᆫ번 반좌시며 文문王왕이 두번 반좌ㅎ야시든 소두번 반좌터시다

孔子ㅣ 曰ᄒᆞ샤ᄃᆡ 武王周公ᄋᆞᆫ 其達孝矣乎ㅣ신뎌 夫孝者ᄂᆞᆫ 善繼人之志ᄒᆞ며 善述人之事者也ㅣ니 踐其位ᄒᆞ야 行其禮ᄒᆞ며 奏其樂ᄒᆞ며 敬其所尊ᄒᆞ며 愛其所親ᄒᆞ며 事死ᄒᆞ디 如事生ᄒᆞ며 事亡ᄒᆞ디 如事存ᄒᆞ니 孝之至也ㅣ라

孔子ㅣ 니ᄅᆞ샤ᄃᆡ 武王과 周公ᄋᆞᆫ 그 ᄉᆞᄆᆞᆾ 孝ᄒᆞᆫ 道ㅣ신뎌 孝ᄒᆞᆫ 道ㅣ라 혼 거슨 사ᄅᆞᆷ의 ᄠᅳ들 이대 니ᅀᆞ며

사ᄅᆞ의 이ᄅᆞᆯ 이대 ᄒᆞ요미니라 그 位·윙ᄅᆞᆯ 볼오며 그 禮·롕ᄅᆞᆯ 行·ᄒᆡᆼᄒᆞ며 그 音·흠 樂·악을 奏·즁ᄒᆞ며 그 고마ᄒᆞ시던 바ᄅᆞᆯ 恭·공敬·경ᄒᆞ며 그 조올아이ᄒᆞ시던 바ᄅᆞᆯ ᄉᆞ랑ᄒᆞ며 주그늬 셤교ᄃᆡ 사니 셤굠ᄀᆞ티 ᄒᆞ며 엄스니 셤교ᄃᆡ 잇ᄂᆞ니 셤굠ᄀᆞ티 ᄒᆞ시니 孝·효道·뜧의 至極·극ᄒᆞ샤미라

孟子ㅣ 曰·ᄃᆡᄒᆞ샤 曾子ㅣ 養曾晳·ᄃᆡᄒᆞ샤 必有酒

肉ㅅ호니더 將徹홀 必請所與호며 問有餘ㅣ시ᄃᆞᆯ어 必

曰호야 有ㅣ더ㅣ시다호 曾晳이 死ᄒ늘커ᄂ 曾元이 養曾

子호 必有酒肉이러더 將徹호ᄆ씨 不請所與호며 問

有餘ㅣ어든 曰호되 亡矣라호 將以復進也ㅣ라니 此

ᄂ 所謂養口體者也ㅣ니 若曾子則可謂養志

也ㅣ니 事親이 若曾子者ᄂ 可也ㅣ라ㅣ니

孟子ㅣ니ᄅ샤ᄃᆡ 曾子ㅣ 曾

晳셕을 養양호샤ᄃᆡ 모로매 술고기ᄅ롤잇

·게ᄒᆞ더시니쟝ᄎᆞ므를저ᄀᆡ모로매주샬바
·룰請쳥ᄒᆞ며有ᅌᅲ餘영ᄅᆞᆯ묻거시ᄃᆞᆫ모로
·매솔오ᄃᆡ잇ᄂᆞ이다ᄒᆞ더시다曾증哲셕
·이죽거늘曾증元원이曾증子ᄌᆞ養양
·므를저ᄀᆡ줄바ᄅᆞᆯ請쳥ᄐᆡ아니ᄒᆞ며有ᅌᅲ
·호ᄃᆡ모로매솔고기ᄅᆞᆯ잇게ᄒᆞ더니쟝ᄎᆞ
餘영ᄅᆞᆯ묻거시ᄃᆞᆫ솔오ᄃᆡ업스이다ᄒᆞ니
쟝ᄎᆞ뻐다시나소ᄅᆡ니라이ᄂᆞᆫ닐온밧입

과몸과를養양·호·미니曾중子ᄌᆞ공ᅵᆫ·호ᄃᆞ

어루·쁘·들養양·호누·다닐올디니어·버ᅀᅵ

섬교미曾중子ᄌᆞ공ᅵᆫ·호ᄂᆞᆫ可캉·호니·라

曾子ᅵ曰왈·호·샤孝子之養老也ᄂᆞᆫ樂其心·며

不違其志·며樂其耳目·며安其寢處·며以其

飮食·로忠養之ᄂᆞ니是故·로父母之所愛를亦

愛之·며父母之所敬을亦敬之·니至於犬馬

·도·야盡然·니이·어而況於人乎ᅵᆫ·ᄯᅡ

曾 子ᄌᆞᆼㅣ 니ᄅᆞ샤ᄃᆡ 孝ᅘᅭᆼ 道ᄯᅲᇢ 홀 子ᄌᆞᆼ

息ᄼᅵᆨ의 늘그시니 養ᅌᅣᆼ호ᄆᆞᆫ 그 ᄆᆞᄉᆞᄆᆞᆯ 즐

기게ᄒᆞ며 그 ᄠᅳ들 그르ᄃᆡ 아니케ᄒᆞ며

그 귀와 눈과ᄅᆞᆯ 즐거우시게ᄒᆞ며 그 飮ᅙᅳᆷ

며겨 샤ᄆᆞᆯ 便ᅙᅧᆫ 安한ᄒᆞ시게ᄒᆞ며 그

食씩 으로ᄡᅥ 忠튱 厚ᅘᅮᇢ히 養ᅌᅣᆼ홀디니이

런 젼ᄎᆞ로 父ᄲᅮᆼ 母ᄆᆞᇢㅣ ᄉᆞ랑ᄒᆞ시ᄂᆞᆫ 바ᄅᆞᆯ

ᄯᅩ ᄉᆞ랑ᄒᆞ며 父ᄲᅮᆼ 母ᄆᆞᇢㅣ 恭공 敬경ᄒᆞ시

눈바를쓰恭공敬경·홀·디니가·ᄒᆞᄆᆞ리게

니르러도다ᄀᆞ리홀·디어니·ᄒᆞ몰며살ᄅ

미쓰녀

孔子ㅣ曰·디·ᄒᆞ샤 父母ㅣ生之·니·ᄒᆞ시 續莫大焉

·며 君親이臨之·니·ᄒᆞ시 厚莫重焉·라·ᄒᆞ니 是故로 不

不愛其親·고·ᄒᆞ而愛他人者·를 謂之悖德·이·며

敬其親·고·ᄒᆞ而敬他人者·를 謂之悖禮·라

孔공子ㅣ니ㄹ·샤·디 父·ᄈᆞᆼ母·모子ㅣ나·ᄒᆞ

·시니 ᄉ샤미 ·이만·크·니 업·스며 君군親

친 ·이디르시니 두터·오미 ·이에·셔 重뜡ᄒ

·니 업스니라 ·이런젼太로 그 ·어버시롤 듯

디 아·니코 다ᄅᆞᆫ 사름ᄃ슈 ·릴닐·오·디 거슬

뜬德득 ·이라ᄒ며 그 어버시롤 恭공敬경

아·니코 다ᄅᆞᆫ 사름 恭공敬경 ·ᄒ릴닐·오

거슬 뜬禮롕 ·라 ᄒᄂ니라

○孝子之事親은 居則致其敬ᄒ며 養則致其

樂ᄒᆞ며 病則致其憂ᄒᆞ며 喪則致其哀ᄒᆞ며 祭則致
其嚴ᄒᆞᄂᆞ니 五者ㅣ 備矣然後ㅣ사애 能事親이니 事
親者ᄂᆞᆫ 居上不驕ᄒᆞ며 爲下不亂ᄒᆞ며 在醜不爭
ᄂᆞ니 居上而驕則亡ᄒᆞ고 爲下而亂則刑ᄒᆞ고 在醜
而爭則兵ᄒᆞᄂᆞ니 此三者를 不除면 雖日用三
牲之養도ᄒᆞ야 猶爲不孝也ㅣ니라

孝ᄂᆞᆫ 道ᄯᆞᆷ히 子ᄌᆞ息식의 어버ᅀᅵ셤교ᄆᆞᆯ
居경ᄒᆞ실저 그란 恭공ᄒᆞ며 敬경을 장ᄒᆞ며

養양 호ᅀᆞ오ᄆᆞ란 즐거우샤ᄆᆞᆯ ᄀᆞ장ᄒᆞ며 病뼝 호신저그란 시르ᄆᆞᆯ ᄀᆞ장ᄒᆞ며 喪상 호ᄆᆞ란 슬호ᄆᆞᆯ ᄀᆞ장ᄒᆞ며 祭졩 호ᄆᆞ란 싁싁호ᄆᆞᆯ ᄀᆞ장 홀디니 다ᄉᆞᆺ이 ᄀᆞ즌 後훟에ᅀᅡ 能능히 어버ᅀᅵ롤 셤기ᄂᆞ니라 어버ᅀᅵ 셤기ᄂᆞᆫ 사ᄅᆞ믄 우희 이셔도 驕굠慢만티 말며 아래 ᄃᆞ외야도 어즈럽디 말며 뭀듸 이셔도 ᄃᆞ토디 마롤디니 우희 사라셔

內訓卷一

驕귷慢·만 ·ᄒᆞ면 敗·배亡·망 ·ᄒᆞ고 아·래ᄃᆡ외

·야셔 어즈·러오·면 刑형罰뻘 ·ᄒᆞ고 모·든·ᄃᆡ

·이셔ᄃᆡ토·면 놀잡개·로·외ᄂᆞ니 ·이세ᄒᆞ더

·디아·니ᄒᆞ면 비록 날로 三삼牲싱

奉뽕養ᅌᅣᆼ·ᄋᆞᆯ ᄡᅥ도〔三삼牲싱ᄋᆞᆫ 쇼와 羊양과 돋괘라〕·오히려 不붏

孝ᅘᅭᇢㅣ니라

女敎·애 云ᅌᅲᆫᄃᆞ·호·ᄃᆡ 舅姑ㅣ 娶婦ᄂᆞᆫ 在能孝之·니 苟

不能孝·면 娶汝何爲·오리 爲之婦者ㅣ 夙夜祗

畏야ᄒ惟恐一毫ㅣ나ㅣ稍違其意라니舅姑之尊이

其高ㅣ猶天이니ᄒ必敬必恭야ᄒ母倚己賢오이倘

有答ᄛ도라悅豫而受라ᄒ此實我愛니言敢出

口아彼東隣婦에曾不施之오必於我親에

乃爾敎之니出言自解면ᄒ即同悖逆라但當

曲從야ᄒ孝敬을益力이니或有指使든ㅣ어聞

命即行니이雖甚勞勸나岂敢自寧오이安則

致養야ᄒ唯恐其餕고ᄒ病則致憂야ᄒ衣不解帶

라ᄒ後人이則傚야ᄒ亦如汝爲니ᄒ身敎而從

니이 愼之戒之 다어

女녕 教끃 애닐오딕 舅꿍姑공ㅣ며느리

어두믄 能늘히 孝흫道똥 호매잇ᄂᆞ니眞진

實씷로 能늘히 孝흫道똥 아니ᄒᆞ면너

를 어더 므슴ᄒᆞ료며 느리 외리일져므

리 恭공 敬경ᄒᆞ며 저허 오직 ᄒᆞ터럭매나

져기 그ᄠᅦ어 긜가 저홀디니라 舅꿍姑공

공의 尊존 호미 고 노포미 하ᄂᆞᆯᄀᆞᆮᄒᆞ니 모

로매 恭공 敬경ᄒᆞ며 모로매 溫온 恭공ᄒᆞ
야 제 몸어 디론 가ᄆᆞᆫ디 말오ᄒᆞ다가 티며
구지저 도ᄀᆞᆺ거바ᄃᆞ라 이 眞진 實씷 로 날
ᄉᆞ랑호미니 말ᄉᆞᆷᄋᆞᆯ 잢간이나 이 베 내야
리여뎌 東동 녁 ᄆᆞᄉᆞᆯ며 느리게 일 즉 펴디
아니ᄒᆞ고 모로매 내 親친ᄒᆞ 닉게 이러ᄃᆞ
시ᄀᆞᆫ치ᄂᆞ니 마롤 내야 ᄑᆞ로려 ᄒᆞ면 ᄀᆞᆫ
거슬ᄲᅮᆷ과 곤 혼 디라 오 직 반ᄃᆞ기 곡 진ᄒᆞ

內訓 卷一

죠차孝_{**}道_{**}와恭_공敬_경을더욱힘뻘

디라시혹비로미잇거든命_명을듣고

즉재行_혱홀디니비록그장곳바나엇데

좞간이나제便_뼌安_한호려호리오便_뼌

安_한커시든孝_{**}養_양올닐위여그비골

호실가저코病_뼝커시든시를믈닐위여

옷과씌와를밧디말라後_ᅘ사른미法

바다쏘네홈곤히호리니몸오로고른

쳐든 좃ᄂᆞ니 조심ᄒᆞ며 조심홀디어다

內則에 曰호ᄃᆡ 在父母舅姑之所ᄒᆞ야 有命之어시든 應唯敬對ᄒᆞ며 進退周旋에 愼齊ᄒᆞ며 升降出入에 揖遊ᄒᆞ며 不敢噦噫嚏咳欠伸跛倚睇視ᄒᆞ며 不敢唾洟ᄒᆞ며 寒不敢襲ᄒᆞ며 癢不敢搔ᄒᆞ며 不有敬事ㅣ어든 不敢袒裼ᄒᆞ며 不涉ᄒᆞ며 不撅ᄒᆞ며 褻衣衾을 不見裏ᄒᆞ며 父母唾洟를 不見ᄒᆞ며 冠帶垢ㅣ어든 和灰ᄒᆞ야 請漱ᄒᆞ며 衣裳이 垢ㅣ어든 和灰ᄒᆞ야 請澣ᄒᆞ며 衣裳이 綻裂이어든 紉箴ᄒᆞ야 請補

綴니·호·리 少事長·호·며 賤事貴·호·미 共帥時·라·니

內뷩 則즉·에 닐·오·디 父뿡 母:몽 舅:꿈 姑공

·스고 대·이·셔 命명·이 잇·거·시·든 맛·골·마·우

·룸내 슈·와 恭공 敬경·호·야 對됭 答답·호·슈

·오·며 나·슈·며 므·르·며 두·려·디 돌·며 모·것·거

도·로·매 삼·가 조·심·호·며 오·르·며 누·리·며

·며 드·로·매 구·브·며 펴·며 조·널·이·트·림·호·며

·한·숨·디·호·며 ·ㅊ·최·욤·호·며 기·춤·호·며 하·외

욤ᄒᆞ며 기지게ᄒᆞ며 ᄒᆞᆫ녁 발이 쳐 드듸며
지혀며 빗기 보ᄆᆞᆯ 말며 조널이 춤 바ᄐᆞ며
고 프디 말며 치워도 조널이 ᄠᅥᆫ 닙디 말며
ᄀᆞ라와도 조널이 긁디 말며 고마온 이
잇디 아니커든 조널이 메왓디 말며 믈
걷디 아니커든 거두드디 말며 더러온 옷
과 니블와ᄅᆞᆯ 안ᄒᆞ 뵈디 말며 父뿡母뭉ㅅ
춤과 고콰ᄅᆞᆯ 뵈디 말며 곳갈와 ᄠᅴ왜 ᄲᅵ

거든ᄌᆞᆺ믈골아시소믈請쳥ᄒ며옷과치

마왜ᄠᅵ묻거든ᄌᆞᆺ믈골아쏀로믈請쳥ᄒ

며옷과치마왜ᄧᅵ거든바ᄂᆞᆯ애실소아

깁누뷸믈請쳥홀디니져미니얼운셥기

며눌아오니貴귕ᄒᆞ니셤굠믈다이룰조

졸디니라

○子婦ㅣ 孝者敬者ᄂᆞᆫ 父母舅姑之命을 勿

逆ᄒᆞ며 勿怠ㄴ니 若飮食之ᄃᆞᆫ어시 雖不耆ㅣ나 必嘗而

待ᄒ며 加之衣服시어든 雖不欲나이 必服而待며ᄒ
고ᄒ 而姑使之而後ᅀᅡ에 復之라호리
加之事오 人代之已든어시 雖不欲나이 姑與之
아ᄃᆞᆯ와 며ᄂᆞ리왜 孝도ᄒ리와 恭ᄀᆞᆼ
敬경ᄒ리논 父뽕 母뭏 舅꿀 姑공 人命명
을 거스ᄠᅵ 말며 게으르ᄃᆡ 마롤디니ᄒ다
가 飮흠食씩을 머그라커시든 비록 즐기
ᄃᆡ 아니ᄒ나 모로매 맛보아 기드리며 오

솔 주거시든 비록 닙곳디 아니ᄒᆞ나 모
로 마니 버기ᄃᆞ리며 이롤 시기고 사ᄅᆞᆷᄋᆞ
로 나롤 ᄭᅥ어시든 비록 코져 아니ᄒᆞ나 아직
주고 쏘ᄇᆞ린 後에 사 다시 호리라

曲禮예 曰호ᄃᆡ 父母ㅣ 有疾이어든 冠者ㅣ 不
櫛ᄒᆞ며 行不翔ᄒᆞ며 言不惰ᄒᆞ며 琴瑟을 不御ᄒᆞ며 食肉
을 不至變味ᄒᆞ며 飲酒를 不至變貌ᄒᆞ며 笑不至
矧ᄒᆞ며 怒不至詈니 疾止커시든 復故ㅣ니라

曲콕禮롕예 닐오ᄃᆡ 父뽕母뭏ㅣ 病뼝이 잇거시ᄃᆞᆫ 冠관ᄒᆞ니 머리 빗ᄃᆡ 아니ᄒᆞ며 녀ᄃᆡ 봄 뇌ᄃᆡ 아니ᄒᆞ며 말ᄉᆞᄆᆞ 게을이 아니ᄒᆞ며 고비 화롤 노ᄃᆡ 아니ᄒᆞ며 고기롤 머고ᄃᆡ 맛가시요ᄆᆡ 니ᄅᆞᄃᆡ 말며 술 머고믈양 주가시요ᄆᆡ 니ᄅᆞᄃᆡ 말며 우수믈 닛ᄆᆡ요ᄆᆡ 니ᄅᆞᄃᆡ 말며 怒농ᄒᆞ몯 우지주매 니ᄅᆞᄃᆡ 마롤ᄃᆡ니 病뼝이ᄯᅭ 커시ᄃᆞᆫ 녜예

또ᄅᆞ갈ㄷㅣ니라

司馬溫公이曰父母舅姑ㅣ有疾子

婦ㅣ無故ㅣ어든不離側ㅎ며親調嘗藥餌而供

之고子婦ㅣ色不滿容ㅎ며不戲笑ㅎ며不宴遊

ㅎ며舍置餘事고專以迎醫檢方合藥ㅇ로爲務

ㅣ니疾已든復初ㅣ니라

司馬溫公이닐오ㄷㅣ父母

와舅姑ㅣ病이잇거시든아ᄃᆞᆯ와

며느리와 緣원故공ㅣ 업거든져 틔나디
말며 親친히 藥약을 프러 맛보아 밥즙고
아들와 며느리왜 눗비 츌효히 말며 노롯
호야 웃디 말며 이바디 호야 노디 말며 녀
눗이 롤브리고 젼혀 醫읭貟원 請쳥 호야
方방文문相샹考콯 호며 藥약 지소모로
힘쁠디니 病뻥이쇼커든 쳐셤ㄱ 힘홀디
니라

伯俞ㅣ有過ㅣ어늘 其母ㅣ笞之ㅣ대한대 泣ㅣ니한더 其
母ㅣ曰他日에 答듣한야 子ㅣ未嘗泣ㅣ니한더
今泣은 何也오 對曰더한 俞ㅣ得罪든어 答常痛
ㅣ니한 今에 母之力이 不能使痛일씨 是以로 泣
ㅣ호다노 故로 曰더한 父母ㅣ怒之든어시 不作於意
며한 不見於色야한 深受其罪야한 使可哀憐이 上
也ㅣ라 父母ㅣ怒之든어시 不見於
色이 其次也ㅣ라 父母ㅣ怒之든어시 作於意
見於色이 下也ㅣ라

伯빅俞융ㅣ 허믈 잇거늘 그 어미 틴대 우
더니 그 어미 닐오디 다ᄅᆞᆫ 나래 텨든 아ᄃ
리 젔간도 우디 아니터니 이제 우루믄 엇
뎨오 對됭荅답 호디 俞융ㅣ 罪찡를 어더
든 티샤미 샹녜 알ᄑᆞᆺ더니 이제 어마닚ᄒᆞ
미 能능히 알ᄑᆞᆺ게 몯ᄒᆞ실ᄉᆡ 이런 ᄃᆞ로 우
노이다 이런 젼ᄎᆞ로 닐오디 父뿡母뭏ㅣ
怒농ᄒᆞ거시든 ᄠᅳᆮ 짓디 아니ᄒᆞ며 顔안

色·식 애나토디아·니·호야 기피그 罪·찡를

受·쓩·호야어루어엿·비게·호미 上·썅이라

父·뿡母·뭉ㅣ怒·농·호거시든·뜨데짓·디아

니·호며顔·안色·식 애나토디아·니·호마·버

그·니·라父·뿡母·뭉ㅣ怒·농·호거시든·뜨데

지·스며顔·안色·식 애나토·미下·행ㅣ·라

內則·에曰·딕父母ㅣ有婢子若庶子庶孫·을

甚愛之·든어·시雖父母ㅣ沒·도·호샤沒身敬之·야·호

不衰호리라 子ㅣ有二妻를 父母ᄂᆞᆫ 愛一人焉이어든 子ᄂᆞᆫ 愛一人焉이어든 由衣服飮食과 由執事ᄅᆞᆯ 母敢視父母所愛ᄒ야 雖父母ㅣ 沒ᄒ샤도 不衰호리라

內(ᄂᆡᆼ)則(즉)에 닐오ᄃᆡ 父(뿡)母(ᄆᆞᆼ)ㅣ종이어나 ᄒᆞ다가 물子(ᄌᆞ)息(식)이어나 물孫(손)子(ᄌᆞ)죵룰 甚(:씸)히 ᄉ랑커시ᄃᆞᆫ 비록 父(뿡)母(ᄆᆞᆼ)ㅣ엄스샤도 미엄ᄃᆞ록 恭(공)敬(경)ᄒ·야

衰쇵·티 마·로리라 아·드·리 두·고 마·롤 父뿡

母뭉ᄂᆞᆫ 혼 사ᄅᆞᆷ ᄉᆞ랑ᄒᆞ시고 아·ᄃᆞ른

사ᄅᆞᆷ ᄉᆞ랑커·든 衣ᅙᅵᆼ 服뽁 飲ᅙᅳᆷ 食·씩 ·브

·터며 일 잡 주·윰 브·터 호·ᄆᆞᆯ 父뿡 母뭉ㅣ ᄉ

랑ᄒᆞ·시ᄂᆞᆫ 바·ᄅᆞᆯ 젹간 도·ᄀᆞᆯ와 마·라 비·록 父

母뭉ㅣ 업·스·샤도 衰쇵·티 마·로·리라

○子ㅣ甚宜其妻·도·라 父뿡 母뭉ㅣ 不說·시·이어든 出·고

子ㅣ不宜其妻·도·라 父뿡 母뭉ㅣ 曰·디ᄒᆞ·샤 是·사 善 事

我ㅣ셰ᄃᆞᆫ라커 子ㅣ 行夫婦之禮焉ᄒ야 没身不衰
호리라

아ᄃᆞ리 그 겨지블 甚씸히 맛당히 너겨도
父뿡母뭏ㅣ 깃디 아니 커시ᄃᆞᆫ 내티고 아
ᄃᆞ리 그 겨지블 맛당ᄒ히 아니 너겨도 父뿡
母뭏ㅣ 니ᄅᆞ샤ᄃᆡ 이ᄊᆞ나ᄅᆞᆯ 이 대셥기ᄂᆞ
다 ᄒ거시ᄃᆞᆫ 아ᄃᆞ리 夫붕婦뿜禮롕ᄅᆞᆯ 行
형ᄒ야 모미 업ᄃᆞ록 衰쉉티 마로리라

○舅ㅣ沒則姑ㅣ老ㅣ니ᄒᆞᄂᆞ니 冢婦ㅣ而祭祀賓客每事를必請於姑ᄒ고 介婦ᄂᆞᆫ請於冢婦ㅣ니라 舅姑ㅣ使冢婦ㅣ든 毋怠ᄒ며 不友無禮於介婦ㅣ라니 舅姑ㅣ若使介婦ㅣ든 毋敢敵耦於冢婦ᄒ야 不敢並行ᄒ며 不敢並命ᄒ며 未敢並坐라니 凡婦ㅣ不命適私室이든 不敢退니라 婦ㅣ將有事ᄃᆞㅣ어 大小ᄅᆞᆯ必請於舅姑ㅣ라니

싀아비업스면싀어미ᄂᆞᆼᄂᆞ니ᄆᆞᆫ며ᄂᆞ니라

祭졍祀ᄉᆞᆼ와 손待ᄃᆡ接졉·트렛일·두흘모
·로·매·시·어·밋긔請쳥ᄒᆞ고·버근·며ᄂᆞ리는
몬·며ᄂᆞ리·게請쳥쳥ᄒᆞᆯ디니라·싀아비시·어·
미몬·며ᄂᆞ리·ᄅᆞᆯ브리거시든게으르디·말
·며졌간도·버근·며ᄂᆞ리게無뭉禮령·히·마
·ᄅᆞᆯ디니라舅굴姑공ㅣᄒᆞ다가·버근·며ᄂᆞ
·리·ᄅᆞᆯ브리거시든몬·며ᄂᆞ리·게졌간도·마
·자럼·디·마·라졌간도·ᄀᆞᆯ·와·녀·디·말·며졌간

·도ᄅᆞ와 命명ᄒᆞ디 ·말며 졌간 ·도ᄅᆞ와 왓ᄃᆡ

마롤 디니라 ·믈 잇며 느리아ᄅᆞᆺ지 비命명

ᄒᆞ야가라 ᄒᆞ디 아니커시ᄃᆞᆫ 졌간 ·도 믈러

·오ᄃᆡ마롤 디니라며 느리쟝ᄎᆞᆺ이 리잇거

·돈글근·이리며 혀근·이ᄅᆞᆯ모로매 舅구 姑

공ᄭᅴ請쳥 ·홀디니라

○父母ㅣ雖没나ᄒᆞ시 將爲善ᄒᆞᆯ시 思貽父母令

名必果ᄒᆞ며 將爲不善ᄒᆞᆯ시 思貽父母羞辱야

必不果ㅣ니

父뿡母뭏ㅣ비록업스시나쟝ᄎᆞ善쎤을

호ᄃᆡ그父뿡母뭏씌됴ᄒᆞᆫ일홈기티믈ᄉ

랑ᄒᆞ야모로매果광斷딴히ᄒᆞ며쟝ᄎᆞ

不善쎤을호ᄃᆡ그父뿡母뭏씌붓그리우

며辱쇽ᄃᆞ왼일기틸가ᄉᆞ랑ᄒᆞ야모로매

果광斷딴히마롤디니라

伊川先生이曰ᄃᆡᄒᆞ샤人ᅀᅵᆫ이無父母ᄃᆞᆫ어生日

에 當倍悲痛니이 更安忍置酒張樂야호 以爲樂

오이리 若其慶者는 可矣라니

伊川헌 先生싱 이니르샤디 사ᄅ미

父뿡母ᄆᆞᆼㅣ 엄거든 나래반ᄃᆞ기 倍뼁

히 슬허홀디니 가샤야 엇디 술버리고 音

흠 樂악 ᄒᆞ야 뻐 즐교믈 ᄒᆞ리오 ᄒᆞ다가 吉

긤 慶경 ㄱ즈닌 可캉 ᄒᆞ니라

禮記예 曰디ᄒᆞ 事親디ᄒᆞ 有隱而無犯며ᄒᆞ 左右就

養ᄒᆞ되 無方ᄒᆞ며 服勤至死ᄒᆞ며 致喪三年이니라 事
君ᄃᆞ려 有犯而無隱ᄒᆞ며 左右就養ᄒᆞ되 有方ᄒᆞ며 服
勤至死ᄒᆞ며 方喪三年이니라 事師ᄃᆞ려 無犯無隱
ᄒᆞ며 左右就養ᄒᆞ되 無方ᄒᆞ며 服勤至死ᄒᆞ며 心喪三
年이니라

禮記예 닐오ᄃᆡ 어버싀ᄅᆞᆯ 셤교ᄃᆡ 隱은 호미잇고 犯호미업스며
隱은 ᄀᆞᆷ초아 諫간호시오 犯은 ᄂᆞ토아 諫간호시라
左右로 나ᅀᅡ가 養

:양 호ᄃᆡ 一ᅙᅵᇙ 定·뗭 ᄒᆞ고 디업스며 이롤 브즈러 ᄒᆞ야 주고 매니ᄅᆞ리 ᄒᆞ며 ᄀᆞ장 ᄒᆞᆯ 거상을 三삼 年년 을 ᄒᆞᆯ디니라 님금을 셤교ᄃᆡ 犯뻠 이잇고 隱은 이업스며 左장 右장 로 나ᅀᅡ 가 養양 호ᄃᆡ 一ᅙᅵᇙ 定뗭 ᄒᆞ고 드두며 일호ᄆᆞᆯ 브즈러니 ᄒᆞ야 주고 매니ᄅᆞ리 ᄒᆞ며 ᄀᆡ티 ᄒᆞᆯ 거상을 三삼 年년 을 ᄒᆞᆯ디니라 스승을 셤교ᄃᆡ 犯뻠 도업스며 隱은

도엽스며左장右훙로 나사가養양호디

一힗定뗭호고 디엽스며일호몰보디러

니호야주고매 니르리호며 모슴맷거상

을三삼年년을 홀디니라

司馬溫公이曰되샤 父母之喪애中門外예

擇撲陋之室애호 爲丈夫喪次고호 斬衰며호 寢苦

며호 枕塊며호 不脫經帶며호 不與人坐焉라이니

人은 次於中門之內別室고호 撤去帷帳衾褥

華麗之物ㅣ라이니 男子ㅣ 無故ㅣ어든 不入中門
며 婦人이 不得輒至男子喪次ㅣ라니 晉ㅅ 陳
壽ㅣ遭父喪야 有疾이어 使婢丸藥니더 客
이 往見之고 鄕黨이 以爲貶議니 坐是沈滯
야 坎坷終身니 嫌疑之際옌 不可不愼라이니

司馬溫公이 니ᄅ샤디 父母
ㅣ 人거상애 中門 밧긔 儉朴
더러운지블 ᄀᆯ히야 男人의 거상

따ᄒᆞ밍ᄀᆞᆯ오 斬잠 衰쵱 ᄒᆞ며 기슭아니호ᄂᆞ
니 斬잠衰쵱ᄂᆞᆫ 기슭 아니 호ᄂᆞᆫ 衰쵱ㅣ오
시온오 거적에 자며 흙무적 뻬며 經뗭帶댱
롤 밧디 아니ᄒᆞ며 經뗭은 삼으로 밍ᄀᆞ
샤 허리예 ᄯᅵᄂᆞ니라
사ᄅᆞᆷ과 다ᄆᆞᆺ 안ᄯᅵ마롤디니라 婦뿡人
은 中듕 門몬 안ᄧᅵ 別뼗 室씷 에 잇고 帳댱
이며 니블쇼히 빗난거슬 거더아 솔디니
라 男남人신이 緣원 故공ㅣ 업거든 中듕
門몬의 드디 아니ᄒᆞ며 婦뿡人신이 男남

子·죵이 거상호·논싸·해곤·니르·디마·롤·디
·니·라晉·진ㅅ陳·띤壽·쓩ㅣ아·비거상을·맛
·나病·뼝이잇거·늘겨집죵을호·야藥·약·을
부·비·이더·니소·디가보고鄕·향黨·당·이·뼈
외·다혼議·힁論·론·을호·니·라·이·다소·로沉
·띰滯·뗑호·야걸·여셔모·몰·모太·티디嫌·혐疑
·힁·리·왼수·싀·에·어·루삼가·디아·니호·미·몬
·호·리·라

○古者애 父母之喪앤 旣殯고ᄒᆞ 食粥ᄒᆞ며 齊衰
疏食水飲고ᄒᆞ 不食菜果ᄒᆞ며 父母之喪앤 旣
虞卒哭고ᄒᆞ 疏食水飲고ᄒᆞ 不食菜果ᄒᆞ며 期而小
祥고ᄒᆞ 食菜果ᄒᆞ며 又期而大祥고ᄒᆞ 食醯醬ᄒᆞ며 中
月而禫고ᄒᆞ 禫而飲醴酒ᄒᆞᄂᆞ니 始飲酒者ㅣ 先
飲醴酒고ᄒᆞ 始食肉者ㅣ 先食乾肉ᄒᆞᄂᆞ니 古人
居喪애 無敢公然食肉飲酒者ㅣ라ᄒᆞ니 漢昌
邑王이 奔昭帝之喪ᄡᅴ흘 居道上야ᄒᆞ 不素食ᄒᆞ
니 霍光이 數其罪而廢之ᄒᆞ니 晉阮籍이 頁

才放誕ᄒ야 居喪無禮ᄒ거늘 何曾이 面質籍於文

帝坐ᄒ야 曰호ᄃᆡ 卿은 敗俗之人이 不可長也ㅣ라

ᄒ고 因言於帝ᄒ야 曰호ᄃᆡ 公이 方以孝로 治天下ㅣ

뎌ᄒ 사ᄒ 而聽阮籍의 以重哀로 飮酒食肉於公

坐ᄒ니 宜擯四裔ᄒ야 無令汚染華夏ㅣ니 宋

盧陵王義眞이 居武帝憂ᄒ야 使左右로 買魚

肉珍羞ᄒ야 於齋內예 別立廚帳니리러 會長史

劉湛이 入ᄂᆞᆯ거 因命臑酒고 灸車螯대 湛이 正

色曰호ᄃᆡ 公이 當今에 不宜有此設이ᄒ다니 義眞

이 日왈 旦단이 甚寒심호니라 長史댱ᄉᆞᄂᆞᆫ 事同一家가니호 塈

不爲異라호니 酒쥬ㅣ至湛담이 起긔曰왈호 既不能

以禮례로 自處고호 又不能以禮례로 處人다호니 隋

煬帝爲太子애 居文獻皇后喪셔호야 每朝애

令進二溢米고호고 而私令外로取肥肉脯鮓야호

置竹筒中고호고 以蠟랍로閉口고호고 衣袱복로裹而納

之라 湖南楚王馬希聲이 葬其父武穆王

之日애 猶食雞臞며호더 其官屬潘起譏之曰

되호 昔에 阮籍이 居喪ᄉᆞ야호 食蒸豚니호더 何代

無賢호이어늘 然則五代之時예 居喪食肉者

를 人이 猶以爲異事ㅣ니 是流俗之弊其來甚

近也ㅣ로 今之士大夫ㅣ 居喪셔호야 食肉飮

酒ㅣ 無異平日며호 又相從宴集호야 靦然無愧

ㅣ어든커 人亦恬不爲怪호야 禮俗之壞를 習以爲常

ㅣ니호 悲夫ㅣ라 乃至鄙野之人이 或初喪애 未

飮도이라 則齋酒饌호야 往勞之든어 主人

이 亦自備酒饌야호 相與飮啜야호 醉飽連日며호

及葬도호야 亦如之니호라 甚者는 初喪애 作樂

야ᄒᆞ며 以娛尸ᄒᆞ며 及殯葬則以樂로ᄋᆞ 導輀車고ᄒᆞ며 而

號泣隨之ᄒᆞ며 亦有乘喪ᄒᆞ야 即嫁娵者ᄒᆞ니 噫라

習俗之難變과 愚夫之難曉ᅵ 乃至此乎여ᅵ

凡居父母之喪者ᄂᆞᆫ 大祥之前에 皆未可飮

酒食肉ᄒᆞ니이 若有疾ᄒᆞ야 譬須食飮이라 疾止든커

亦當復初ᄒ라ᅵ니 必若素食을 不能下咽ᄒᆞ야ᄒᆞ

而羸憊야ᄒᆞ 恐成疾者ᄂᆞᆫ 可以肉汁及脯醢와

或肉少許로 助其滋味뎡언 不可恣食珍羞盛

饌며ᄒᆞ 及與人燕樂니이 是則雖被衰麻나ᄒᆞ 其實

읻 不行喪也ㅣ니라 唯五十以上애 血氣旣衰야 必資酒肉야 扶養者ᄂᆞᆫ 則不必然爾라니 其居喪애 聽樂及嫁娶者ᄂᆞᆫ 國有正法호ㄹᄊᆡ 此애 不復論호라

녜 父母(뿡뭏)ㅅ 거상앤 ᄒᆞ마 殯(빙)ᄒᆞ고 粥(듁) 머그며 齊衰(즁청)【齊衰ᄂᆞᆫ 사오나온 뵈로 지ᅀᅳᆫ 오시라】예 블근밥 먹고 믈 마시고 菜(청)疏(송)와 果(광)實(씷)와ᄅᆞᆯ 먹디 아니ᄒᆞ며 父

父뿡母뭉ㅅ 거상앤 ᄒᆞ마 虞웅祭졩ᄒᆞ며 卒죻哭콕祭졩ᄒᆞ고 믈근밥 머그며 믈 마시ᄒᆞ며 돌새 小숗祥썅ᄒᆞ고 菜칭疏송와 果광實씷와ᄅᆞᆯ 머그며 쏘 돌새 大땡祥썅ᄒᆞ고 醋총와 醬쟝과ᄅᆞᆯ 머그며 돌 걸어 禫땀祭졩ᄒᆞ고 禫땀祭졩코 ᄃᆞᆫ수를 먹더니 쳐섬 술 머그리 몬져 ᄃᆞᆫ수를 먹고 쳐섬 고기

머그리몬져모ᄅᆞ고기를먹더니녯사ᄅ
·미거상애잢간도公공然션히고기머그
·며술머그리업더라漢한ㅅ昌챵邑읍王왕
이昭쫌帝뎽ㅅ거상을가니블제길헤
이셔소밥을아니먹더니霍확光광이그
罪쬉롤혜여廢뼁ᄒᆞ니라晉진ㅅ阮원籍
·쩍이진만고둛새워거상호미禮롕업
거눌何ᅘᅡᆼ曾증이文문帝뎽ㅅ坐쫭애셔

阮윈籍쩍이롤面면當당 호야구지저닐

오딕그디는風봉俗쏙을 호야비리는사

룸미라어루길어두미몬 호릭라호고因

인호야帝뎡씌솔와닐오딕公공이보야

호로孝善道뚱로天텬下행룰다스리샤

디阮윈籍쩍의큰거상으로公공坐쨩애

셔술머그며고기머고믈許형호시느니

四승裔영예내조초샤方방四승裔영는四승나승

內訓卷一

랏 內뇡예 ᄒᆞ면 싸 홀니라 ᄒᆡ여 華쾅 夏행로 더러요

미엄게 ᄒᆞ샤 맛당ᄒᆞ니이다 華ᄂᆞᆫ 中듕 夏행 華

황ㅅ빗 반ᄊᆞ히라 宋송 廬령陵릉王황義읭眞진

이 武뭉帝뎅ㅅ 시르메 이셔 左장右융엣

사ᄅᆞᆷ을 히여 믈고기며 믄고기며 貴귕ᄒᆞᆫ

차바ᄂᆞᆯ 사아 齋쟁室실 안해 各각別뼗히

廚뜡帳댱을 세 엿더니 廚뜡ᄂᆞᆫ 차반 밍ᄀᆞᄂᆞᆫ 디라 ᄆᆡ초

아 長댱史ᄉᆞᆼ 劉륳湛담이 들어 ᄂᆞᆯ 因힌ᄒᆞ

야 命명호디 술터이고 生승蛤갑구·어오
라 호대 湛담이 正졍色식호야 닐오디 公공
이 이제룰 當당호야 이셔 이런 法법律
이 쇼미 맛당티 몯호이다 義응眞진이
닐오디 아초미 甚씸히 치우니 長댱史송
눈이리 혼 집ㄱ티 딸이 너기디 아니캣
고 보라 노라 수리니 로거늘 湛담이니러
닐오디 호마 能능히 禮령로 뻐 스소 處처

斷·딴·티몯·호고坐·쪙能능·히禮·롕로·뻐ㄴ

몯處·쳥·티몯·호·矢다隋·쒕煬·양帝·뎽太·탱

子·쫑도외·야실·제文·문獻·헌皇·황后·흫人

거상·니·버·셔每·밍日·싏아太·탱미두좀·뻐·롤

바·티게·호고아롬·도이밧·글·히여술진·고

기와보·숙과젓·과·롤가·져·다가·대룡·싸·온

딕녀코·밀로이플막·고옷·보호·로·쁴·리·여

드·리·더·라湖·흫南·남楚·촁王·왕馬·망希·힁

聲셩·이 그 아바님 武:뭉 穆·목 王왕 葬·장 호나래·오·히려 듁 湯탕·을 먹더·니 그 官관 屬·쏙 潘판 起·킝 譏긩 弄롱·ᄒ·야 닐·오·ᄃ 녜 阮·원 籍·쪅·이 거상 ·ᄒ야셔 쁜 도·ᄅᆞᆯ 먹더·니 어 닉 代·띵·예 賢현 人신·이 업거·뇨 ·ᄒ·니 그러면 五·옹 代·띵 ㅅ 시·졀·에 唐땅 晉·진 漢·한 周 거상 ·ᄒ·야·셔고 기·머 그리롤 사·ᄆ·라 오·히려 다·ᄅᆞᆫ일·만 너·기니 홀·러·온 風봉 俗쇽

쏙 의 弊뼹 그 오·미 甚:씸 ·히 갓갑도·다 ·이 졋

士:ᄉᆞ 大땡 夫붕ㅣ 거상ᄒᆞ·야·셔 고·기 머·그며

머·술 머·고 미샹 녯 나·래·셔 달·오·미 ·업스·며

·쏘 서·르 조차·가·이 바·디 會ᅙᅰᆼ 集찝 ·ᄒᆞ·며 넙

·써 ·이 붓그·림 ·업거든 넘·도 ·쏘아 ᄆᆞ·라 토·아

·니·ᄒᆞ·야 달·이 너·기·디 아·니ᄒᆞ·야 禮:롕 옛 風

붕 俗쏙 의 ·허로·믈 니·겨 샹·녜ᄅᆞ ·이 너·기ᄂ

·니 슬·프·다 더·러운·미 ·햇사·ᄅᆞ·미 시·혹 첫거

상애 歛_렴 殯_빈 티몬ᄒᆞ·야셔도·아ᄉᆞ맷소

·니술와차바ᄂᆞᆯ가져다가 慰_윙 勞_롬ᄒᆞ·거

든 主_즁 人_신이·ᄶᅩ제 술차반 准_쥰 備_삥ᄒᆞ·

·야셔르다믓혀 醉_쥥ᄒᆞ·야·비블오·몰날니

·우ᄒᆞ·며 葬_장 호제미처도·ᄯᅩ이·리호매니

·리ᄂᆞ니라 甚_{:씸}·호샤ᄅᆞᆫ·첫거상애 音_음

樂_악 ᄒᆞ·야·ᄡᅥ주거믈·즐기게ᄒᆞ·며 殯_빈 葬

장호제미·처ᄂᆞᆫ 音_흠 樂_악 ·으로 輀_{ᅀᅵᆼ} 車_겅

롤 輪링 車경는 ·引인 導똥 ·호고 우러·미 조

·호며 ·쏘거샹·을 호·야·셔 곧 嫁강 娶충 ·호리

잇·ᄂᆞ니 슬·프·다 ·니근 風봉 俗쏙 ·의고 ·툐·미

어·려·움과 어·린 사ᄅᆞ·미 알·외욤 어·려·우·미

이·러·호·매 어·미·를 ·셔 믈·읫 父뿡 母뭉ㅅ ·거샹

·호리 大땡 祥썅 前쪈·에 다·어 루·고 ·기 머·그

며 ·술·머·고 ·미·몬 ·호·리·니 ·호·다가 病뼝·이·이

·셔·젔 간 모·로 매·고 ·기 ·머그·며 ·술·머·ᄭᅩᆯ·디·라

도病뼝·이 됴·커·든 쏘·모·로·매 쳐쇠·머 도·라

·갈·디니·라 반·득·기 ᄒᆞ·다·가 素송 ·차·바·ᄂᆞᆯ 能

ᄯᅳᆼ·히 모·기 ᄂᆞ·리·오·디 몯·ᄒᆞ·야·오·라아·시·ᄃᆞ

·러 病뼝·이 일·가·져 퍼·닌·어·루·고 ·깃汁집 과

脯봉肉ᅀᅲᆨ 과 ·젓·과 시·혹 고·기·아·니·ᄒᆞ·니·로

뼈·그 滋ᄌᆞᆼ味밍·룰 ·도·올·디·언·뎡 貴귕 ·호 飮

啖땀·과 盛뼝·호 ·차·바 ·놀·졋·깃·머 그·머 ·ᄉᆞ

툼·과 다·뭇·이·바·디·ᄒᆞ·며 ·즐·겨 ·호·미 可캉·티

內訓 卷 一

아니ᄒᆞ니 이ᄂᆞᆫ 비록 거상오솔ᄂᆞ니ᄇᆞ나 그

實씰은 거상을 ᄒᆞ디 아니ᄒᆞᆫ 거시니라 오직

쉰 以잉上쌍애 血ᄒᆑᆯ氣킝 ᄒᆞ마 衰쉬ᄒᆞ야

모로매 술 고기를 資ᄌᆞ頼랭ᄒᆞ야 더위자

바 養양ᄒᆞ린 모로매 그리 홀디 아니니라

그 거상ᄒᆞ야셔 音ᅙᅳᆷ樂악ᄋᆞᆯ 드르며 嫁강娶

춍ᄒᆞ린 嫁강ᄂᆞᆫ 겨지비 남진 어를시오 娶춍ᄂᆞᆫ 남진이 겨집 어를시라 ᄂᆞ

라 ᄒᆡ 正정ᄒᆞᆫ 法법이 이실ᄉᆡ 이에 다시 議

힁
論론아니ᄒᆞ노라

顏丁이 善居喪ᄒᆞ니더 始死애 皇皇焉如有求
而弗得ᄒᆞ며 旣殯ᄒᆞᆫᄋᆞ야 望望焉如有從而弗及
ᄒᆞ며 旣葬ᄂᆞᆫᄋᆞ야 慨然如不及其反而息이라ᄒᆞ더

顏안丁뎡이 거상을이매ᄒᆞᄃᆞ니 처엄주
고매 皇ᄒᆡᆼ皇ᄒᆡᆼᄒᆞ야 한 皇ᄒᆡᆼ皇ᄒᆡᆼ은 便뻔安안ᄒᆞ양지라
어두믜 몯읻ᄂᆞᆺᄒᆞ며 ᄒᆞ마殯빈ᄒᆞ야ᄂ
望망望망ᄒᆞ야 보디아니ᄒᆞᄂᆞᆫᄃᆞᆺᄒᆞ야 望망望망은 가디도라조

차가디 몯밋ᄃᆞᆺᄒᆞ·며 ·ᄒᆞ·마 葬장ᄒᆞ·야ᄂᆞᆫ 慨캥然션ᄒᆞ·야ᄂᆞᆫ 〔慨캥ᄂᆞᆫ 슳ᄲᅳᆫ ᄠᅳ디·라〕 그 ᄃᆞ·라·오·ᄆᆞᆯ 몯 밋ᄃᆞᆺᄒᆞ·야 기ᄃᆞ리·더·라

海虞令何子平이 母喪애 去官ᄒᆞ고 哀毁踰禮ᄒᆞ·야 每哭踊애 頓絕方蘇ᄒᆞ·더라 屬大明末애 東土ㅣ 饑荒ᄒᆞ고 繼以師旅ᄒᆞ·야 八年을 不得營葬ᄒᆞ·야 晝夜애 號哭호ᄃᆡ 常如袒括之日ᄒᆞ·야 冬不衣絮ᄒᆞ고 夏不就清涼ᄒᆞ·며 一日以米數合으·로 爲粥

고ᄒ 不進鹽菜ᄒ라ᄒ더 兩居屋이敗ᄒ야不蔽風日

늘이어 兄子伯興이 欲爲葺理ᄒ더 子平이不

肯曰ᄒ 我ᄂ 情事ᄅᆞᆯ 未申이라ᄒ 天地一罪人耳

니이 屋何宜覆오이리 蔡與宗이 爲會稽太守ᅵ라

甚加矜賞야ᄒ 爲營塚壙라ᄒ니

海힁 虞ᅌᅮᆼ 令령 何ᄬᅡᆼ 子쯩 平뼝이어 미거

샹애 그 우시ᄅᆞᆯ 보리고 슬허호믈 禮례 예

너모ᄒ야 미샹 봄뇌야 우로매 다 주ᄭᅦᆺ다

가셔더라 마초아 大땅明명末맗애 東동

·土통ㅣ 가난ㅎ고 軍군旅령ㅣ니 써실시

旅령는 할시라는 여듧 히롤 시러 몯 갊디 몯ㅎ야

·지며 밤미며 블러우로되 샹녜 祖땅括괄

·날ㄱ티ㅎ야 머리퍼딜시니 첫거상禮례 祖땅 안엇게 별지오 括괄은

·라 겨스레 소옴 둔 오솔 닙디 아니ㅎ고

·르메 서늘ㅎ되 가디 아니ㅎ며 ㅎㄹ 뽈

·호ㅸ로써 쥭을 밍글오 소곰과 ㄴ믈ㅎ올며

·디아·니ᄒᆞ·야ᄃᆞ여브·룸
·과·히·룰ᄀᆞ리오·디몯ᄒᆞ거·늘兄[휭]·의아·ᄃᆞᆯ
伯[ᄇᆡᆨ]·與[흥]·이爲[윙]·ᄒᆞ·야修[슝]理[링]·코·져ᄒᆞ·
더·니子[ᄌᆞᆼ]平[뼝]·이즐·기·디아·니·ᄒᆞ·야닐·오
·ᄃᆞ나·ᄂᆞᆫᄠᅦᆺ·이·롤·펴·디몯·ᄒᆞ·얫ᄂᆞᆫ·디·라天[텬]
地[띵]·예호·有[ᅌᅮᇢ]罪[쬥]·호·ᄉᆞ·ᄅᆞ·미어·니지
·블엇·뎨·니·요·미맛·당·ᄒᆞ·리·오蔡[챙]·興[흥]宗[종]
·이會[ᅘᅬᆼ]替[곙]太[탱]守[슈ᇢ]ㅣ드외·야甚[씸]

히더욱어엿비너기며과ᄒᆞ야爲윙ᄒᆞ야
무더므일우니라

昏禮章第三

昏義예曰ᄃᆞ호ᄃᆡ昏禮者ᄂᆞᆫ將合二姓之好ᄒᆞ야上
以事宗廟ᄒᆞ고而下以繼後世也ㅣ니故로君子
ㅣ重之ᄒᆞᄂᆞ니是以로昏禮예納采와問名과
納吉와納徵과請期를皆主人이筵几於廟
고ᄒᆞ야而拜迎於門外ᄒᆞ야入ᄒᆞ야揖讓而升ᄒᆞ야聽命

於廟ᄒ니ᄂ 所以敬愼重正昏禮也ᅵ라

昏[혼]義[읭]예 닐오ᄃᆡ 昏[혼]姻[인]禮[령]ᄂᆞᆫ 쟝 二[두]姓[셩]의 됴ᄒᆞᆷ 모화 우흐론 宗[죵]廟[묭]ᄅᆞᆯ 셤기고 아래론 後[ᅘᅮᇢ]世[솅]ᄅᆞᆯ 닛게 ᄒᆞᄂᆞ니 그럴ᄉᆡ 君[군]子[ᄌᆞ]ᅵ 重[ᄠᅲᆼ]히 ᄒᆞᄂᆞ니 이런ᄃᆞ로 昏[혼]姻[인]禮[령]예 納[납]采[청]와 納[납]采[청]ᄂᆞᆫ 그려기 드려 곧 희ᄂᆞᆫ 禮[령]라 問[문]名[명]과 問[문]名[명]은 겨집의 어믜 일훔 무를 시라 納[납]吉[긿]와 納[납]吉[긿]은 됴ᄒᆞᆫ 占[졈]

복 드·릴 納·납徵딩·과 ·ᄲ·드·려 昏혼姻힌·은

納납徵딩은 幣삥帛ᄇᆡᆨ·으로 ·보

시·라 請청期끵·호·몰

請청期끵ᄂᆞᆫ 昏혼姻힌 ·호·나·를 請청·호·시·라

다 主쥬人신·이 廟묭·애 ᄃᆞᆺ·실·며 几긩노

廟묭ᄂᆞᆫ 祠ᄊᆞᆼ堂땅·이·라 堂땅·이·라

코 門몬밧·긔 절·ᄒᆞ·야 마·자 드

·러 揖흡·ᄒᆞ·야 辭ᄊᆞᆼ讓·양·ᄒᆞ·야 ·올·아 廟묭·애

命·명·을 든·ᄂᆞ·니

命명·은 사·회 昏혼姻힌 禮롕·예 ·이·셔 마·리·라

·룰 恭공敬·경·ᄒᆞ·며 삼·가·며 重ᄄᆂᆼ·히·ᄒᆞ·며

正졍·히·ᄒᆞ·미·라

○敬愼重正而后애 親之니ᄒᆞᄂᆞ니 禮之大體니

而所以成男女之別야ᄒᆞ야 而立夫婦之義也ㅣ라

男女ㅣ有別而后애 夫婦ㅣ有義ᄒᆞ고 夫婦

有義而后애 父子ㅣ有親ᄒᆞ고 父子ㅣ有親而

后애 君臣이 有正ᄒᆞᄂᆞ 故로 曰호ᄃᆡ 昏禮者ᄂ

禮之本也ㅣ라

恭敬ᄒᆞ며 삼가며 重히ᄒᆞ며 正

히後에ᅀᅡ 親ᄒᆞᄂᆞ니 禮의 大體體

뎡·니 남진겨집ᄀᆞᆯ히요ᄆᆞᆯ일·워夫붕婦뽕ᄋᆞ
의義ᅙᅵᆼ·ᄅᆞᆯ셰요·미라남진과겨집괘ᄀᆞᆯ·히
요·미이신後뿡에ᅀᅡ夫붕婦뽕ㅣ義ᅙᅵᆼ잇
고夫붕婦뽕ㅣ義ᅙᅵᆼ이신後뿡에ᅀᅡ아비
와아ᄃᆞᆯ왜親친ᄒᆞ요미잇고아비와아ᄃᆞᆯ
왜親친ᄒᆞ요미이신後뿡에ᅀᅡ님금과臣
씬下ᅘᅡᆼ왜正정히ᄒᆞ요미잇ᄂᆞ니그런ᄃᆞ
로닐오ᄃᆡ昏혼姻인禮롕ᄂᆞᆫ禮롕·의根ㄱ

源원이라

禮記예 日호 夫昏禮는 萬世之始也ㅣ니 取於

異姓은 所以附遠厚別也ㅣ니 幣必誠며 辭

無不腆야 告之以直信니 信은 事人也ㅣ며

信은 婦德也ㅣ라 一與之齊면 終身不改ㄴ

故로 夫死도 야 不嫁니라 男子ㅣ 親迎야

男先於女는 剛柔之義也ㅣ니 天先乎地며

先乎臣이 其義一也ㅣ라 執摯야 以相見은 敬

章別也ㅣ니 男女ㅣ有別然後에父子ㅣ親

며ㅎ父子ㅣ親然後에義生며ㅎ義生然後에禮

作며ㅎ禮作然後에萬物이安ㅎ니ᄂᆞᆫ無別無義

ᄂᆞᆫ禽獸之道也ㅣ라

禮렝記긩예닐오ᄃᆡ昏혼姻힌ㅎ논禮렝

ᄂᆞᆫ萬먼世솅의비르소미니다ᄅᆞᆫ姓셩에

取츙홈ㆁ요ᄆᆞᆫᄡᅥ머리ㅎ오ᄆᆞᆯ블게ㅎ며코ㅎ

요ᄆᆞᆯ두터이ㅎ논배니라幣뼁를모로매

精졍誠쎵도이ᄒᆞ며말ᄊᆞ믈두터이아니
효업시ᄒᆞ야告곡ᄒᆞ디直띡과信신과로
ᄡᅥᄒᆞᄂᆞ니信신은사ᄅᆞ믈셤기며信신은
겨지비德득이니라ᄒᆞᆫ번다ᄆᆞ지ᄌᆞ기ᄒᆞ
면모미믓드록가ᄉᆡ디아니ᄒᆞᄂᆞ니이런
드로남지니주거도ᄅᆞ웬디아니ᄒᆞᄂᆞ니라
男남子ᄌᆞㅣ親친히마자남지니겨지비
게ᄆᆞ져홈ᄆᆞᆫ剛강과柔ᅀᅲ왓ᄲᅵ디니ᄒᆞᄂᆞᆯ

히·써 ᄒᆞ·롯 몬·져 ᄒᆞ·며 님·금이 臣·씬下·행·ᄅᆞᆯ 롯

몬·져 ᄒᆞ·며 그·ᄠᆞ·디 ᄒᆞ가지·라 摯·징·ᄅᆞᆯ 자·바

려기·라 摯·징·ᄂᆞᆫ 그·ᄡᅥ 서르 보·ᄂᆞᆫ 恭·공敬·경 ᄒᆞ·야

有·융別·뼕 ᄒᆞ·ᄆᆞᆯ 볼·기 개니·라 男·남女·녕ㅣ

골·히요·미·이신 後·흫·에 ᄉ·아·아비와 아·ᄃᆞᆯ·왜

親·친 ᄒᆞ·며 아·비와 아·ᄃᆞᆯ왜 親·친ᄒᆞ 後·흫에

ᄉ·義·읭 나·며 義·읭 난 後·흫·에 ᄉ·禮·롕

·며 禮·롕·ᄃᆞ·왼 後·흫·에 ᄉ·萬·먼 物·뭃이 便·뼌

安한ᄒᆞ니 골ᄒᆞ욤 업스며 義ᅙᅴ 업소ᄆᆞᆯ

禽끔 獸쓩의 道똥ㅣ라

王吉이 上疏曰ᄒᆞ 夫婦ᄂᆞᆫ 人倫大綱이니 夭壽

之萌也ㅣ라 世俗이 嫁娶太蚤ᄒᆞ야 未知爲人父

母之道而有子ᄒᆞᄂᆞ、 是以로 教化ㅣ 不明而

民多夭라ᄒᆞ니

王왕吉낌이 이 글워를 進진上썅ᄒᆞᇫ와 닐

오디 夫부婦뿡ᄂᆞᆫ 人신倫륜의 큰 綱강領

령이니短딴命명ᄒ며長땽壽쓩홀萠밍
孝향ㅣ라世솅俗쏙이嫁강娶춍호ᄆᆞᆯ해
일ᄒ야사ᄅᆞ미父뿡母ᄆᆞᇢ두외욜道뚱ᄅᆞᆯ
아디몯ᄒ야셔子ᄌᆞ息식이잇ᄂᆞ니이런
드로敎ᄀᆛ化황ㅣ붉디몯ᄒ며百빅姓셩
이해일죽ᄂᆞ니이다
文中子ㅣ曰왈호ᄃᆡ婚娶而論財ᄂᆞᆫ夷虜之道也
니君子ㅣ不入其鄉햐ᇰᄒᆞᄂᆞ라古者애男女之族

이 各·각擇德焉·뎡이언 不以財·ᄅᆞ 爲禮·니·라ᄒᆞ·더

文문中듕子ㅈ ㅣ 닐·오·ᄃᆡ 婚·혼娶·츙호·ᄃᆡ

쳔량議·읭論론호·ᄆᆞᆫ 되·다대·의道·뚬ㅣ·니

君군子ㅈ ㅣ 그·올히드·디아·니ᄒᆞ·ᄂᆞ·니

·라녜남진겨·지비아ᇫ미各·각各·각德·득을삼

·을골ᄒᆡ·ᄊᆞ·니언·뎡쳔량·으·로·ᄡᅥ禮·롕룰삼

·디아·니·ᄒᆞ더·니·라

○早婚少聘·은 敎人以偸·오 妻勝無數·ᄂᆞᆫ 敎

人以亂니이 且貴賤이 有等ᄒ니 一夫一婦ᄂᆞᆫ 庶
人之職 也ㅣ라

일 婚(혼)姻(힌)ᄒ며 져머셔 媒(밍)聘(펑)ᄒᆞᆫ
媒(밍)ᄂᆞᆫ 듕신이라
사ᄅᆞ몰 ᄀᆞᄅ쵸ᄃᆡ 輕(경)薄(빡)ᄒ
이롤 써 ᄒ논디오 고마롤 數(숭)업시 ᄒᆞᆫ
사ᄅᆞ몰 ᄀᆞᄅ쵸ᄃᆡ 어즈러오몰 써 ᄒ논디
니 쏘 貴(귕)ᄒ니와 賤(쪈)ᄒ니왜 差(창)等(ᄃᆞᆼ)
이 잇ᄂᆞ니ᄒ 남진ᄒ겨지븐 庶(셩)人(신)의

셕시라

司馬溫公이 曰호ᄃᆡ 凡議婚姻호ᄃᆡ 當先察其壻
與婦之性行과 及家法이 何如오ᄒᆞ고 勿苟慕其
富貴라ᄒᆞ니 壻ㅣ 苟賢矣면 今雖貧賤이들 安知異
時예 不富貴乎오ㅣ리 苟爲不肖ㅣ면 今雖富盛
이들 安知異時예 不貧賤乎오ㅣ리 婦者ᄂᆞᆫ 家之
所由盛衰也ㅣ니 苟慕一時之富貴而娶之호면
彼挾其富貴ᅙᅣ호 鮮有不輕其夫而傲其舅姑호
養成驕妬之性호면 異日爲患이 庸有極乎

ㅣ오리
借使因婦財[야ᄒᆞ] 以致富[며ᄒᆞ] 依婦勢[야ᄒᆞ] 以
取貴[돌ᄒᆞᆯ] 苟有丈夫之志氣者[ᅵᆫ댄] 能無愧乎[아]
司[ᄉᆞ]馬[망]溫[혼]公[공]이 닐오ᄃᆡ 믈잇 婚[혼]
姻[인]을 議[힁]論[론]호ᄃᆡ 모로매 몬져 그 사
회와 며ᄂᆞ리의 性[셩]과 힝뎍과 그 家
法[법]이 엇던고ᄒᆞ야 솔피고 苟[궁]且[챠]히 그
가ᄉᆞ멸며 벼슬 노폰이룰 과ᄒᆞᄃᆡ 마롤디
니라 사회 眞[진]實[씷]로 어딜면 이제 비록

가난코놀아온들다ᄅᆞᆫ시졀에富뿡貴귕
티아니흘돌엇뎨알리오眞진實씷로不
肖숗ᄒᆞ면이제비록富뿡貴귕ᄒᆞᆫ들다
ᄅᆞᆫ시졀에貧삔賤쪈티아니흘돌엇뎨알
리오며ᄂᆞ리라혼거슨지비盛씽커나衰
커나호매브톤배니ᄒᆞ다가一ᅙᅵᇙ時씽
엿富뿡貴귕롤과ᄒᆞ야娶츙ᄒᆞ면뎨그富
貴귕롤뼈셔그남진을ᄆᆞ던히녀기며

그 싀아비 싀어미게 傲홍慢만 티아니ᄒ
리져 그니 驕ᄀᆢᆼ慢만ᄒ며 새옴ᄒᄂᆞᆫ 性셩
식을 養양ᄒ야 일우면 다ᄅᆞᆫ 나래 分분別별
ᄃ외요미어딋던 그지 이시리오 비록
며ᄂᆞ리 쳔량을 因인ᄒ야 ᄡᅥ 가ᄉᆞ며로 몰
닐위며 며ᄂᆞ리 有ᅌᅮᆼ勢셩를 브터ᄡᅥ 貴귕
호ᄆᆞᆯ 取츙ᄒᆞᆯ 眞진實씷ㅅ 丈땅夫붕ᅴ
뿐과 긔운과룰 딋ᄂᆞᆫ 사ᄅᆞ미댄 能능히 붓

그러오미엄스리여

安定胡先生이 曰호 嫁女호 必須勝吾家者

니 勝吾家則女之事人이 必欽必戒호리라 娶

婦호 必須不若吾家者니 不若吾家則婦之

事舅姑ㅣ 必執婦道ㅣ라 호리

安한定뎡胡홍先션生ᄉᆡᇰ이 닐오ᄃᆡ ᄯᆞᆯ

얼요ᄃᆡ 모로매 내 지비셔ᄂᆞᆫ 한뎌 호리니

내 지비셔ᄂᆞᆯ면 ᄉᆞ리 사ᄅᆞᆷ 셤교미 반ᄃᆞ기

恭공敬:경ᄒᆞ며 반ᄃᆞ기 조심ᄒᆞ리라ᄒᆞ며 ᄂᆞ

:리를 어두ᄃᆡ 묘로매 내 집만 곤ᄃᆡ 몯ᄒᆞ니

:를 호ᄃᆡ 내 집만 곤ᄃᆡ 몯ᄒᆞ면 며ᄂᆞ리의

舅:구姑공ᄅᆞᆯ 셤교미 반ᄃᆞ기 며ᄂᆞ리 道ᄯᅩᆼ理

ᄅᆞᆯ 자ᄇᆞ리라

士昏禮예 曰ᄃᆞᆯ 父ᅵ 醮子고ᄒᆞ 命之曰ᄃᆞᆯ 往迎

爾相야ᄒᆞ 承我宗事ᄃᆡᄒᆞ 勗帥야ᄒᆞ 以敬先妣之嗣

고ᄒᆞ 若則有常라ᄒᆞ 子ᅵ 曰ᄃᆞᆯ 諾다이 惟恐弗堪

니와어 不敢忘命에ㅎ다리 父ㅣ送女홀 命之曰호ㄷ

戒之敬之야ㅎ 夙夜無違命라ㅎ 母ㅣ施衿結帨

고ㅎ 曰호ㄷ 勉之敬之야ㅎ 夙夜無違宮事라ㅎ 庶母

一 及門內야ㅎ 施鞶고ㅎ 申之以父母之命고ㅎ 命

之曰호ㄷ 敬恭聽宗爾父母之言야ㅎ 夙夜無愆

ㅎㅎ 視諸衿鞶니ㅎ라ㄴ

士승昏혼禮령 예닐오ㄷ 아비 아ㄷ를 醮

죵ㅎ고 醮죵는 아ㄷ를 婚혼姻힌흘제 술이바ㄷ시라 命명ㅎ야

닐오ᄃᆡ 가 너도 올 사ᄅᆞ믈 마자 우리 宗(종)

廟(묭)ㅅ 이룰 니ᄉᆞᄃᆡ 힘ᄡᅥ 드려 先(션)妣(빙)

니술이룰〔先(션)妣(빙)ᄂᆞᆫ 祠(쑹)堂 ᄯᅡᆼ애 든 녀편 들 히라〕恭(공)敬(경)

ᄒᆞ고 네 덛편호ᄆᆞᆯ 두라 아ᄃᆞ리 닐오ᄃᆡ 그

리ᄒᆞ리이다 오직 몯 이길가 져카니와 잢

간도 命(명)을 닛디 아니ᄒᆞ리이다 아비 ᄲᅡᆫ

롤 보ᄇᆞᆯ 제 命(명)ᄒᆞ야ᄂᆞᆯ 오ᄃᆡ 조심ᄒᆞ며 恭(공)

敬(경)ᄒᆞ야 일져 미리ᄒᆞ야 命(명)을 그릇

디 말라 어미씌미오 手슘巾근 미오 닐오

디 힘뻐며 恭공 敬경ᄒ야 일져 미힣ᄒ야

젻이 롤 그릇 디 말라 묽어미 門몬 안해미

처ᄂ 믓 쵸이고 父뿡 母뭏ㅅ 命명을 다시

ᄒ고 命명ᄒ야 닐오 디 네 父뿡 母뭏ㅅ 말

수믈 恭공 敬경ᄒ야 든ᄌ와 尊존히ᄒ야

일져 미리ᄒ야 허 미리 업스라 ᄒ고 씨와

ᄂ믓과 롤 보라 ᄒᄂ니라

孔子ㅣ曰ㅎ샤ᄃᆞ 婦人은 伏於人也ㅣ니 是故로
無專制之義ㅎ고 有三從之道ㅣ니 在家ㅎ야는 從
父ㅎ고 適人ㅎ야는 從夫ㅎ고 夫死ㅎ든 從子ㅎ야 無所
敢自遂也ㅣ니 敎令을 不出閨門ㅎ며 事在饋
食之間而已矣라니 是故로 女는 及日乎閨門
之內ㅎ고 不百里而犇喪ㅎ며 事無擅爲ㅎ며 行無
獨成ㅎ며 參知而後에 動ㅎ며 可驗而後에 言ㅎ며
晝不遊庭ㅎ며 夜行以火니 所以正婦德也니
라 女ㅣ有五不取니 逆家子를 不取ㅎ며 亂家

子ᄅᆞᆯ 不取호며 世有刑人ᄃᆞᆯ이어 不取호며 世有惡疾ᄃᆞᆯ이어 不取호며 喪父長子ᄅᆞᆯ 不取ᅵ니라 婦ᅵ 有七去호니 不順父母ᄃᆞᆯ커든 去호며 無子ᄃᆞᆯ커든 去호며 淫ᄒ거든 去호며 妬ᄃᆞᆯ커든 去호며 有惡疾ᄃᆞᆯ커든 去호며 多言ᄃᆞᆯ커든 去호며 竊盜ᄃᆞᆯ커든 去호라ᅵ니 有三不去호니 有所取ᅵ오 無所歸ᄃᆞ어 不去호며 與更三年喪ᄃᆞ이어 不去호며 前貧賤ᄒ고 後富貴ᄃᆞ어 不去ᅵ니라 凡此ᄂᆞᆫ 聖人이 所以順男女之際ᄒᆞ며 重婚姻之始也ᅵ니라 孔콩子ᄌᆞᅵ 닐ᄅᆞ샤ᄃᆡ 婦뿡人ᅀᅵᆫ은 사ᄅ

·미 긋브ᄂᆞᆫ거·시니 ·이런젼ᄎᆞ·로오·ᄋᆞ·로 制·뎡斷·돤 ᄒᆞᄂᆞᆫ ᄠᅳ디·업·고 :세 좃ᄂᆞᆫ 道·똥理·링 잇ᄂᆞ니 지·비이·셔ᄂᆞᆫ 아·비·롤 좃·고 사·ᄅᆞ미·게 가ᄂᆞᆫ 남진·을 좃·고 남진 죽·거·든 아·ᄃᆞ·롤 조·차 잇·간 도 절·로 일·오ᄆᆞᆫ 배·엽·스·니·라 ᄀᆞᄅᆞ·치ᄂᆞᆫ 令·령·을 閨·곙門·몬·에 내·디 아·니ᄒᆞ·며 이·리 밥 이받ᄂᆞᆫ ᄉᆞᅀᅵ·예 이·실 ᄯᆞ·ᄅᆞ미 니·라 이·런젼ᄎᆞ·로 겨지·ᄇᆞᆫ 閨·곙門·몬 안해

셔나롤져믈오고百뵉里링싸해겨상니

브라가몯아니ᄒ며이롤쥬변으로ᄒ미

업스며行ᄒᆡᆼ을ᄒ오싸일우미업스며모

다안後ᅘᅮᆼ에싸뮈며어루본ᄎᆕᆼᄒᆞᆫ後ᅘᅮᆼ에

싸나ᄅᆞ며나진뿔혜노니디아니ᄒ며바

먼뎌보ᄅᆞᆯᄡᅥ홀디니뼈겨집의德득을

교ᄌᆕᆼ히논배니란겨집이마솟取ᄎᆔᆼ티아

녀호뻐잇ᄂᆞ니거슬ᄲᅮᆫ짓아ᄃᆞᆯ取ᄎᆔᆼ티

말며어즈러온짓아ᄃᆞ롤取[츙]디말며뉘

마다罪[쬐]니븐사ᄅᆞ미잇거든取[츙]디말

며뉘마다모딘病[뼝]잇거든取[츙]디말며

아비일흔몯아ᄃᆞ롤取[츙]티마ᄅᆞᆯ디니라

겨지비닐굽내튜미잇ᄂᆞ니父[뿡]母[뭉]씌

順[쓘]티아니커든내티며아ᄃᆞᆯ업거든내

티며淫[음]亂[롼]커든내티며새옴커든내

티며모딘病[뼝]잇거든내티며말숨하거

든 내 티며 ·ᄀ믈·ᄒᆞ 盜(똥)賊(쪽) ·ᄒᆞ거든 내 틀
디니라 세 몯 내 튜미 잇ᄂᆞ니 取(츙) 혼 배 잇
고갈 배 업거든 ·내티디 ·말며 더브러 三(삼)
슈년 거상 ·올디 내여든 내 티디 ·말며 본져
貧(쪤)賤(쪈) ·ᄒᆞ고 後(ᅘᅮᇢ)·에 富(부)貴(귕) 커든 ·내
티디 ·말디니라 믈읫 ·이ᄂᆞᆫ 聖(셩)人(신) ·이
男(남)女(녕) 人(ᄉᆞᆫ) 소ᄆᆡ를 順(쓘) ·케ᄒᆞ시며 婚(혼)
姻(인) 人(ᄉᆞᆫ) 始(ᄉᆡᆼ)作(작) 올 ·重(뜡) 히 ·ᄒᆞᄂᆞᆫ 배 시

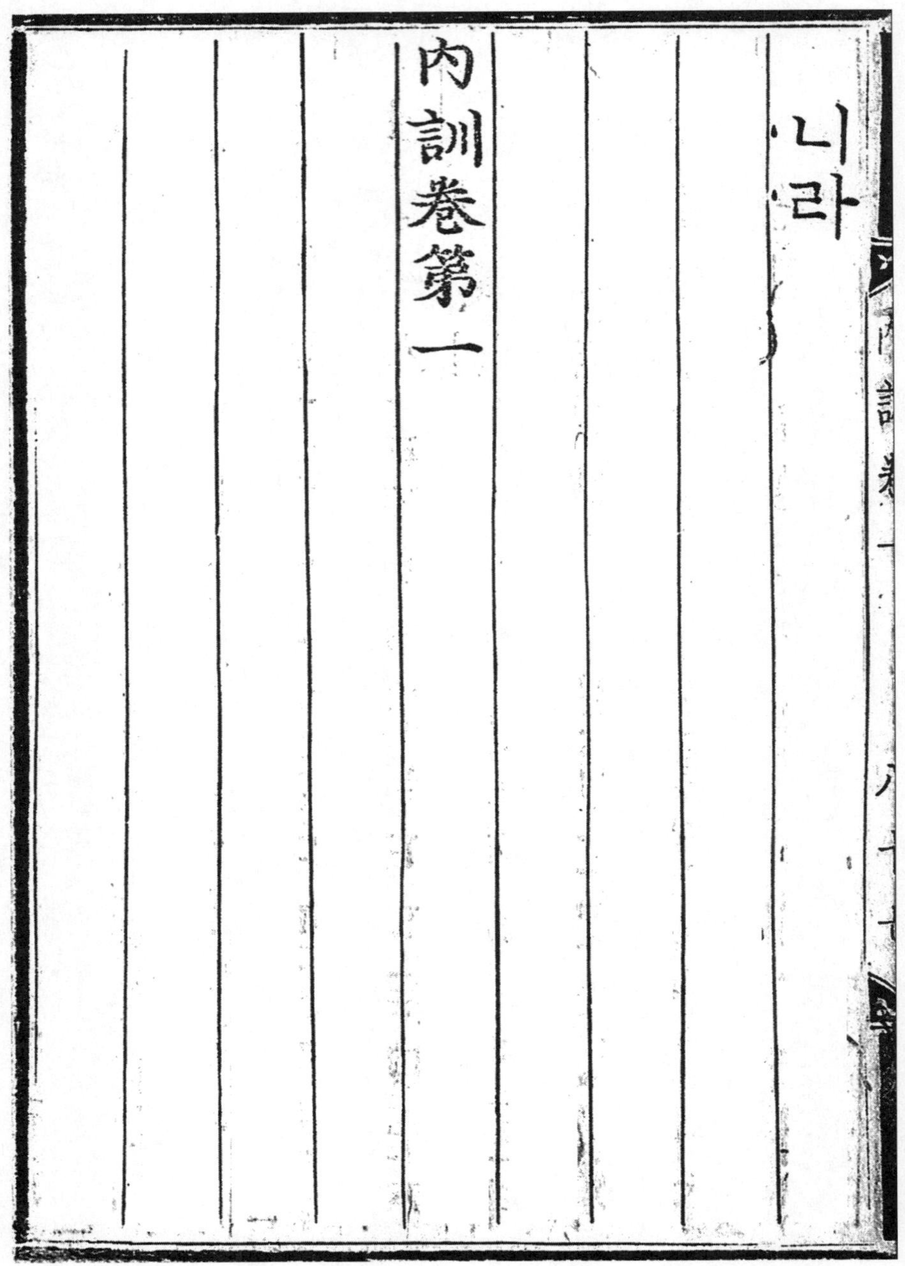
內訓卷第一
니라

萬曆元年十二月　日

內賜成均館典籍沈忠謙內訓一件

命除謝

恩

左承旨臣鄭（着名）

内訓
逢左文庫
一六七
八／四
共四

내
(內
訓)
훈

이 景印 蓬左本 內訓 原本은
日本名古屋 蓬左文庫 所藏으
로 1963년 金智勇 敎授가 蓬
左文庫 當局의 許可를 받아
마이크로필름으로 撮影해오신
것을 景印한 것이다. 本書를
景印함에 있어 이를 諒解해준
蓬左文庫 當局과 金智勇 敎授
에게 謝意를 表하는 바이다.

〈延世大學校 人文科學研究所〉

내 훈(內訓)

초판 인쇄 : 2011년 7월 5일
초판 발행 : 2011년 7월 12일

찬 : 昭惠王后
해 설 : 金 智 勇
발 행 자 : 金 東 求
본문편집 : 이명숙, 양철민

발 행 처 : 明 文 堂(1923. 10. 1 창립)
서울시 종로구 안국동 17~8
우체국 010579-01-000682
Tel (영)733-3039, 734-4798
(편)733-4748 Fax 734-9209
Homepage : www.myungmundang.net
E-mail : mmdbook1@kornet.net
등록 1977. 11. 19. 제1~148호

• 낙장 및 파본은 교환해 드립니다.
• 불허복제

값 50,000원

ISBN 978-89-7270-987-9   93190

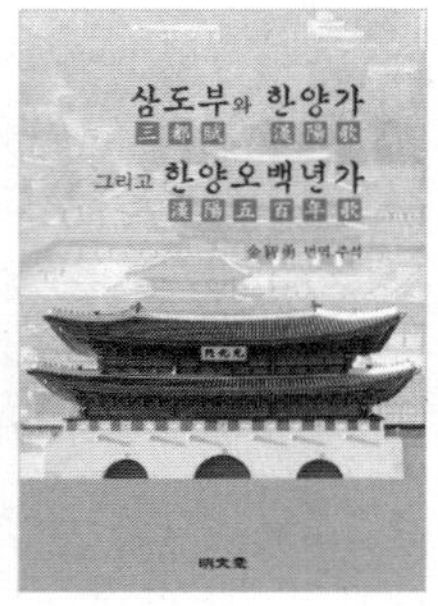

[삼도부와 한양가 그리고 한양오백년가]

■ 김지용 번역 주석 / 신국판 양장　•값 30,000원

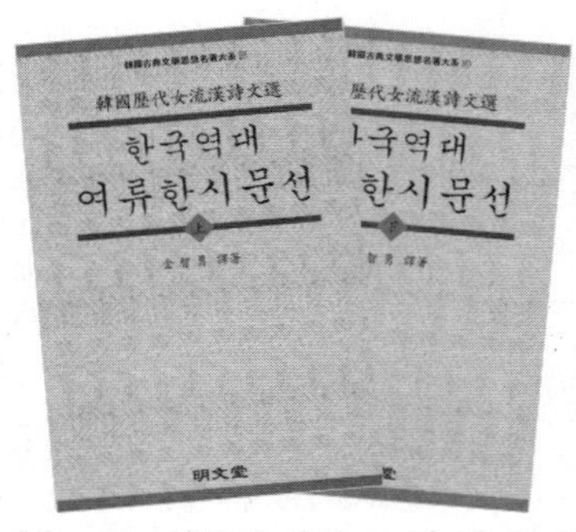

[한국역대 여류한시문선 (上·下)]

■ 김지용 譯著 / 신국판 양장　•값 각 25,000원

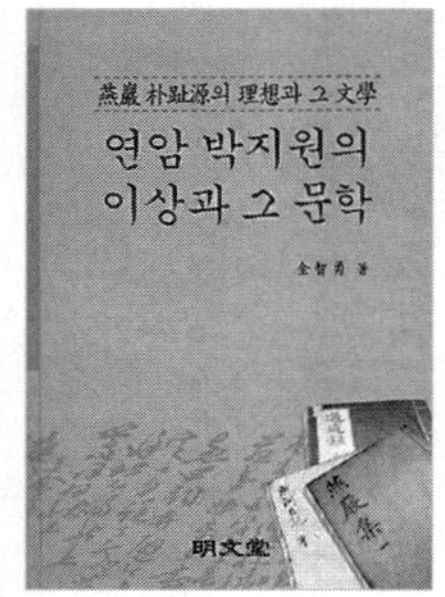

[연암 박지원의 이상과 그 문학]

■ 김지용 著 / 신국판 양장　•값 30,000원

명문 동양문고④
[농가월령가와 월여농가 시(詩)]

■ 김지용·김미란 共著 / 4×6판　•값 10,000원

[다산(茶山)의 시문(詩文) (上·下)]

■ 김지용 著 / 신국판 양장　•값 각 25,000원

[뇌천(雷川) 김부식(金富軾)과 그의 시문(詩文)]

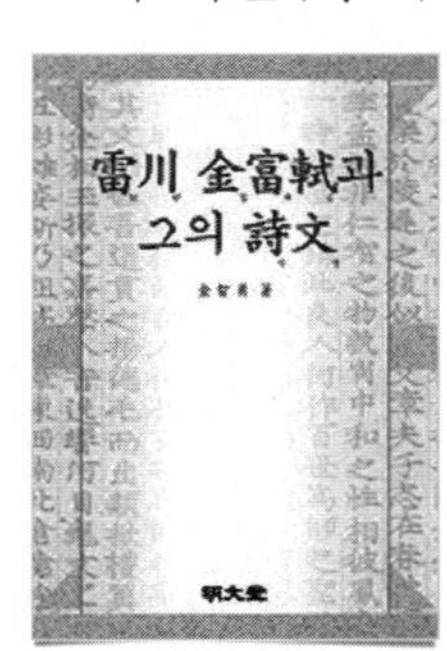

■ 김지용 著 / 신국판 양장　•값 20,000원